改訂第2版
新グローバル公共政策

庄司 真理子
宮 脇　昇 編著
玉 井 雅 隆

晃 洋 書 房

巻　頭　言

グローバル空間の公共化と公共政策のグローバル化
──『改訂第2版　新グローバル公共政策』の刊行にあたって──

　21世紀に入って，世界は前世紀末の冷戦体制崩壊を受けて羅針盤なき航海を続けているようにみえる。とくに2001年9月11日にアメリカで発生した同時多発テロ事件以後の世界は，ポスト冷戦後（post Post-Cold War）時代に入ったといわれるように，イラク戦争，「アラブの春」とその後の混乱，シリアを始めとする中近東地域での紛争の長期化，エスニック紛争の続発，中東・アフリカ，アジア，ユーラシアに蔓延するテロリズムの日常化が象徴するように，国家間のパワーの配分関係の変化から秩序の変動を読み解こうとしてきた旧来の国際関係パラダイムがまったく通用しなくなった時代を漂泊する。

　同時に，伝統的な国家安全保障や国際安全保障の認識パラダイムでは，もはや越境する環境破壊やエボラ熱・ジカ熱などの感染症，組織犯罪，人権擁護，などの争点を正しく捉えきれなくなった。本書で取り上げられた環境問題やジェンダー，人権問題といった争点は環境安全保障や「人間の安全保障」といった新しい概念の登場を意味しており，安全保障の公共空間が国境やリージョンを超えてグローバルな広がりをみせている何よりの証しである。

　国際公共政策やグローバル公共政策という政策概念が社会科学の分野で市民権を得たのは，それほど古いことではない。もともと公共政策という概念が用いられる場合の公共空間は，国内社会における公共財の創出や公共財が用いられる空間を指す場合が多く，国家の対外関係で意識される場合，同盟政治や通商・金融の世界での国家間取引や国際機構との間の公共財の創出活動をめぐる国家の活動に焦点があわされてきた傾向が強い。

　しかし，前世紀後半から急速に発展した情報・通信技術は，国際関係における公共空間の圏域を全世界に広める役割を果たし，グローバル空間の公共化を一挙に進める駆動因となった。インターネットのグローバルな普及と展開は，この傾向を補強してやまない。その勢いは，衰えることなくいまも続く。しかも，国家以外の行為体（アクター）が国家の自律性を脅かすほど影響力を強めるようになり，公共政策はナショナル・ガバナンスの圏域を超え，リージョナル

な広がりやグローバル・リーチの範域をもつようになった。しかも国家社会内のローカル・ガバナンスや企業などの集団ガバナンス，そして市民社会内部のガバナンス（civil governance）をも巻き込んでいく。2004年12月に東南アジアや南アジアを襲ったインド洋での津波災害後の復旧事業や津波対策の越境化も，その例にもれない。

　このような分野での国際協力には，国連やアジア開発銀行（ADB），アジア・インフラ投資銀行（AIIB）といった国際機構はもとより，多くの非政府組織（NGO）が深く関わる。公共空間のNGO化（NGOization）が進むのも，公共政策のグローバル化が進展しつつある証しといっていい（Mary Kaldor, *Global Civil Society: An Answer to War.* London: Polity Press, 2003, p.92.（邦訳　M・カルドー『グローバル市民社会論——戦争への一つの回答』（山本武彦・宮脇昇・木村真紀・大西崇介訳）法政大学出版局，2007年）。このような強い影響力をもった新しいアクターの登場は，公共政策の決定過程に国々の政府アクターはもとより，国際機構やNGOが関わる度合いを強め，戦略的な相互作用を営む頻度を高めずにはおかない。世界貿易機関（WTO）のシアトル閣僚会議（1999年）や先進国首脳会議（サミット）などでしばしば反グローバリズムを掲げる活動家が抗議行動を行ってきたのも，ある意味で反政府組織（AGO：anti-governmental organizations）のグローバルな連携を伴った市民社会アクターのネットワーク化を示している。

　したがって，グローバル公共政策という場合，対象とすべき政策空間はおそろしいほど広範なものとならざるをえない。本書では取り上げられなかったが，エネルギー政策もその重要な争点分野となっており，グローバル公共政策を論じる場合，避けて通れない分野である。とりわけ，エネルギー資源の乏しい日本にとって自国のエネルギー政策はもとより，東アジア地域のエネルギー公共政策という地域公共財の創出にも関わる論点を孕む。それは，かつてマラッカ海峡に出没した海賊への対策という非伝統的安全保障の公共政策をも包み込む。この例にもみられるように公共政策の一分野は，他の公共政策領域とも複合的にリンクし合うという問題認識をまずもっておくことが大切である。

　本書で分析されたグローバル公共政策は，いずれも国々の政府や国際機構，NGOなどの市民社会アクターが相互に敏感性を高めながら相互作用の営みを通じて決定され，また実行されている。問題の1つは，このような公共政策が形成され，実施され，フィードバックされる過程をどのような分析概念で読み解いていくかという点である。本書の第1章で論及されているハーバーマスの

公共性（公共圏）概念の適用は，そのための有力な規範的接近法といっていい。また，初歩的な操作方法としてゲーム理論を組み込むのも一案であろう。国際関係論の枠組みのなかに公共政策論が組み込まれるようになったのは，最近のことであり，理論構築の作業はいまだ初期の段階に留まっている。「公」と「民」の接合領域が拡大すればするほど，理論構築とその精緻化への要請はいやがうえにも高まろう。

　いずれにせよ，邦書ではほとんど見られることのなかったグローバル公共政策という新鮮な視座から，多領域にまたがる争点分野に分析が施されたことの意義は大きい。公共政策論や国際関係論を学ぶ人たちはもとより，NGO などの実践的な場で活躍される方々に広く読まれることを期待してやまない。

　2021 年 2 月

早稲田大学名誉教授

山本武彦

はじめに

　近年，国内政治の分野では，公共性，公共政策の議論は，非常に活発になされている。しかし，この問題を国際社会，ひいては国境を越えてグローバル化する地球社会に持ってきた場合，どのように当てはめられるのだろうか。多極的かつ多次元的なアクターを包摂し，価値観も歴史も種々雑多な国際社会に，簡単に国内の公共性や公共政策の議論を当てはめることは難しい。しかし，見出すのが難しい地球社会の公共政策の議論も，全く皆無というわけではない。地球規模の環境問題をはじめ，グローバルに検討しなければ人類存亡の危機に陥る問題は枚挙に暇がない。

　本書は，このようなグローバルな社会における公共政策を検討するという新たな試みから出発した。ひとりではとてもなしえない作業を，2006年に編者の宮脇先生が中心となってメンバーを集め，研究会を組織した。何回も集まって「グローバル公共政策」の理論構築に向けて議論した。本書は，グローバルな公共政策論を構築して描くというメンバーの大志と，初学者でも読める教科書という読みやすさ，分かりやすさも配慮しながら作成した。教科書という本書の性格上，注は最低限にとどめた。また，近年多くの授業で必要とされているアクティブ・ラーニングに活用してもらうため，各章ごとに「考えてみよう」「議論してみよう」のQ&Aコーナーを設けた。読者諸氏が，この本を土台として発想をさらに広げてもらえたら幸甚である。

　本書は次のような3部構成をとって，グローバル公共政策の鳥瞰図を描くことを志した。まずは，グローバル公共政策とは何か，公共性，公共財，公共政策の3つの観点から，地球規模に適用される公共政策のあり方を模索した。

　次に，このような公共政策が，どのようにして決められるのか，政策決定過程を，国連，WTO，EU，サミット，NGO，企業などを通して検討した。ここでアメリカについて特筆したのは，今日の国際社会において唯一の覇権国たるアメリカの政策が，そのままグローバル公共政策となってしまっている側面があることも無視できないからである。もちろんアメリカの政策のみがグローバル公共政策のすべてであるとはいえない。グローバルな公共政策決定の場は，上述のごとく多様である。

　最後に，グローバルな公共政策を具体的な問題に即して，どうすればいいのか検討した。人間の安全保障，軍備管理，テロリズム，民主化と人権・マイノリティ，ジェンダー，地球環境，資源，貧困と開発，深海底・宇宙等のグローバル・コモンズ，デジタル・トランスフォーメーション（DX）など地球的課題をとりあげ，これらの課題にどのように立ち向かったらよいのか検討した。

　読者諸氏に，グローバル公共政策の輪郭がいかなるものか，少しでも理解していただけたら幸いである。

　末筆ながら，私たちを影から支え見守ってくださって巻頭言をご執筆くださった山本武彦先生，わかりやすく，かつ深い考察を加えた原稿を寄せてくれた執筆者の皆様，編集の細かい裏方作業を担当してくれた大学院生の清嶋友喜氏，たえず私どもを励まし支えてくださった晃洋書房の西村喜夫氏，山中飛鳥氏に心から感謝したい。また出版社と執筆者間の密な連絡を請け負ってくれた玉井雅隆先生に，感謝したい。そのような私を温かく見守ってくださった皆さんの支えがあって，この本は誕生した。グローバル公共政策の議論が，私たち製作者の手を離れて一冊の本として一人歩きを始める。この議論が，読者諸氏にとって公共の財産となることを願ってやまない。

　　　　　　　　　　　　　　　編者を代表して　　庄司真理子

目　　次

<table>
<tr><td>第Ⅲ部</td><td>何が問題なのか</td></tr>
</table>

第19章　国際機構とデジタル・トランスフォーメーション（DX）

第Ⅰ部

国際公共政策とグローバル公共政策

　「公共」という概念は，決して新しい概念ではない。しかし国際社会における「公共」概念は，近年の様々な問題領域におけるグローバル化に伴い，提唱されるようになった，比較的新しい概念である。

　第Ⅰ部では「公共政策」に焦点を当て，「国際公共政策」と「グローバル公共政策」に関し，その違いを明確にしつつ国際社会における「公共政策」とは何か，ということについて検討していく。

第 1 章
グローバル公共性

庄司真理子

「将来を形成するに当たって，今ほど人間の集団としての力がおおきくなり，さらにその力を行使する必要性が高まってきたことはない。この集団としての力を総動員して，21 世紀の生活をより民主的に，より安全に，そしてより持続可能なものにすることは，今を生きる私たちの世代にとって一番大きなチャレンジである。あらゆるところで人々を奮い立たせ，共通の関心事と分かち合うべき運命の場においてより高いレベルで協力していくために，いま，世界は新たなビジョンを必要としている。」（グローバル・ガバナンス委員会[1]）

「公共」という言葉を耳にしたとき，まず頭に浮かぶこの言葉の使用方法は，これまでは次のようなものだったのではないだろうか。第 1 に，公的なもの（Official）すなわち国家に関係する事柄である。公共の交通規則であるとか，公共料金の支払いであるとか，国家の法や政策に従わなければならないという観念もそこに含まれる。国家が市民に対して法や政策を強制する代わりに，そこに国家と市民の間の権利義務関係が生じる。第 2 に，すべての人々に共通（Common）であることが頭に浮かぶ。共通の利益，規範，関心事などがこれにあたる。この場合，公共の福祉，公益，秩序，公共心などの意味合いが含まれている。これに対して個人が自分だけの私的権利を主張したり，私利私欲に走ったり，私心で行動したりというような個人的な問題が対置される。第 3 に，誰に対しても開かれている（Open）ことが必要である，ということである。すなわち公園などの誰もがアクセスできる空間，インターネットのホームページにあるような情報公開がその例である。

広辞苑を引いてみると，「公共」という言葉は，「社会一般，おおやけ」と説明されている。さらにこの「おおやけ」という言葉を引いてみると，次のような説明がなされている。「① 天皇，皇后，中宮，② 朝廷，政府，官庁，官事，③ 国家・社会または世間。④ 表立ったこと。公然。⑤ 私有でないこと。公共。公

有。⑥ 私心のないこと。公明。公正。⑦ 金持。財産家。²⁾」ここに示されている
説明から,「公共」の意味を考えるとき, ことに ① から ③ までの意味は,「お
上」ともいうべき権力者が想定される。「公共」とは本当にこのようなことを
指すのだろうか。公共性の意味についてもう一度考え直してみよう。

1.　公共性の構造転換

　1950 年代頃から, それまでの「公共」の言葉の意味について, 疑問を投げか
ける人たちが現れた。まずその第一人者ともいうべき人物はアレント (Hanna
Arlendt) である。³⁾彼女は, 公共性を「現れの空間」と「世界」の２つの次元か
ら考えている。ここでいう「現れの空間」とは,「公共的に現れるあらゆるもの
は各人によって見られ, 開示されうるということ」である。また,「世界」は,
「人為的なもの, 人間の手によって作られたものを表すとともに, 人間の手に
なる世界に共に生きる者たちの間に生起する事柄をも表している」。アレント
はこのような公共的領域で大切なことは, 人間が他者と異なる自己を際立たせ
ながら, 他者とコミュニケーションし, 自己のアイデンティティを確立してい
くことであると考えている。彼女の考え方を「活動的コミュニケーション」と
いう言葉で説明する人もいるが, アレントは「公共性」の基本的な原点を自己
と他者とのコミュニケーションに置くことを提起することによって, これまで
の「公共性」概念の変革をはかっている。
　公共性の概念を大きく変革させた, いまひとりの人物は,『公共性の構造転
換』という著書を著したハーバーマス (Jürgen Habermas) である。⁴⁾ハーバーマス
の議論は,「市民的公共性論」と呼ばれる。彼は, 社会を国家・市場・市民社会
の３つのカテゴリーに分類し, これまで「公共性」の担い手が主として国家で
あったものを, 市民社会の手に渡したのである。すなわち公共性の担い手は,
国家でも市場でもなく, 両者を排除した市民にこそあると考えることによって,
従来の公共性論を覆したのである。
　このように公共性という概念が構造転換するプロセスで, これを分析する学
問の性質もまた変化した。政治, 法, 経済そのほかの社会科学によって学際的
に公共性の概念が検討されるようになった。

2.　公共哲学の視点の展開

　前述の公共性の議論をみると，哲学の視点から根源的に「公共性」を問い直す作業がなされてきていることがわかる。ここで日本の山脇直司氏の「公共哲学」を紹介しておこう。[5] 山脇氏は，公共性ないし公共世界というコンセプトを見直して，公共的な空間を次の三元論で解釈した。「政府や官の公」，「民（市民，国民，住民などの総称）の公共」，「私的領域」の「相関的三元論」である。この場合，私的領域は公共空間とは別個のものである。

　ここで議論の対象となるのは「政府や官の公」，「民の公共」の2つである。この2つの関係は，「滅私奉公」「滅公奉私」でなく「活私開公」であるべきであると山脇氏は考える。

　また学問の学際性も公共性の重要な要素であって，以下のような多次元的アプローチを提唱する。まず「ある＝現状分析」論，「べき＝規範」論，「できる＝政策」論の学際的統合が必要であると説く。また公共哲学とは，文明・宗教・国家間対話に基づくグローバルな公共政策論であり，かつグローバリズムではなく，グローバルとローカルの双方の接点をも見据える「グローカル」な哲学であることを説く。さらに，多次元的・応答的「自己―他者―公共世界」理解が必要であるとしている。山脇氏の「公共哲学」は，「公共性」を理解するためには，視野を広げる必要があることを強調している。

　ところでここで注目しておきたいのは，公共性の構造転換の時代には，「公共性」を国家や政府などのお上の手から市民社会の側に引き渡すことを主眼としていた。しかし今日，もう一度グローバルな観点から「公共性」の概念を問い直す必要がある。同概念が，市民社会を排除しないことと同様に，国家を排除しない。さらには後述のように市場すなわち企業や投資家をも排除せずに公共性を考える必要があるだろう。

3.　公共性と国連

　最後に，グローバルな公共性を考える上で，国際連合が果たしている役割は大きい。そこで国連の場で注目された「公共性」に関わる議論に簡単に触れておきたい。

（1）　国 際 公 益

　まず，国連が成立する以前にさかのぼり，なぜ国連をはじめとする国際機構が誕生したかを考えてみよう。そもそも国際機構が国際社会に誕生するきっかけとなったのは，国際公益というグローバルな公共性を考慮する必要性が生じたからであった。国際公益の考え方の土台となっているのは，ミトラニー（David Mitrany）が示した機能主義（Functionalism）という考え方である[6]。機能主義は，国際社会が，まったく別の方向を向いた個々ばらばらな国々で構成されていた時代に，国家間に共通するもの，ばらばらな国々が共有できるもの，その接点を 1 つ 1 つ拾い集めていこうという考え方である。

　国際公益の考え方に基づいて，国際機構の前身として，19 世紀に数多くの国際行政連合が創設された[7]。国際社会の現実は，一挙に統一的世界政府を樹立する状況ではないので，国境を越えた共通の必要が存在するところから，徐々に統合を進めることになった。すなわち政治的分野から遠い専門的かつ技術的分野から国家間の共通の利益（すなわち国際公益）を見出すべく協力関係を構築し，国際社会を統合する考え方である。この考え方は別名，段階的平和論（Peace by Pieces）などと呼ばれている[8]。

　国際行政連合の例としては，郵便，通信を共通のものにしようとする 1865 年の国際電気通信連合，1878 年創設の万国郵便連合および，ヨーロッパの鉄道を共有にした 1890 年の国際鉄道輸送連合などがある。この考え方は第 2 次世界大戦後の国連の専門機関設置時の構想にも反映された[9]。

（2）　地球公共財

　「地球公共財」の考え方は，1999 年に国連開発計画（UNDP：United Nations Development Programme）の研究部長インゲ・カール（Inge Karl）が中心となって提唱した概念である。その定義は，「すべての国家，すべての人々，すべての世代に便益を与えるという意味で，普遍性に向かいつつある所産（Outcome）（あるいは中間財）である」とされる[10]。この概念の重要な要素は，非競合性と非排他性である。「すべての国家，すべての人々，すべての世代」という意味で多様性を重んじ，非排他的であるとともに，「普遍性に向かいつつある所産」という意味で非競合的かつ普遍的概念である。地球公共財の例としては，世界平和，世界遺産，インターネット，地球環境，感染症対策，国際金融の安定，周波数の割り当てなどがある。国際公共財との相違は，国際公共財が複数の国の間で共

有される財であるのに対し，地球公共財では，地球規模の普遍性を確保することが重要となる。国際公共財の例としては，地域協力，地域安全保障，地域文化，自由貿易協定（FTA：Free Trade Agreement）などがある。

　地球公共財という概念は，人類の高い理想を掲げたものであるが，現実の国際社会に適用するには問題点もある。第1に，同概念を実施するような世界政府が存在しない。第2に，地球公共財から受ける便宜も，それを損なう行為も広く拡散しているため，各国政府や市民の関心を高めにくい。第3に，地球全体に遍く恩恵をもたらすようなよい政策でも国家に強制はできず，道徳的説得に終わってしまう。とはいえ，地球環境問題や人口爆発，感染症の問題など，国家が一国では解決できない地球的規模の問題が発生している今日，地球公共財の考え方に基づく対応は，21世紀に人類が取り組むべき急務の問題といえよう。

（3）　国連グローバル・コンパクト

　国連グローバル・コンパクト（国連GC：United Nations Global Compact）は，国連が初めて，直接，企業に対して提唱したもので，企業が自らの「自発的イニシアチブ」に基づいて，その社会的責任（CSR：Corporate Social Responsibility）を果たすように促す10の原則である。世界中のビジネス活動にこの10原則を組み入れることで，国連の目標を支持する行動に対して触媒の役目をすることである。[11]

　国連GCは国連が，民間セクターや市民社会と協働してグローバリゼーションの恩恵をグローバルに行き渡らせるための，多様なアクターとセクターの間の文字通りの地球規模の「協力枠組み」である。参加主体も企業に限らず，政府，労働者，市民社会組織（CSO：Civil Society Organizations），非政府組織（NGO：Non-Governmental Organizations）と多岐にわたる。国連GCは，まさに多様なアクターを取り込み，普遍的に地球規模の協力枠組みを作り上げる意味で，地球規模の「公共性」の発展に資する取り組みといえる。

　国連GCは国際法ではないため，法的拘束力はない。口約束と契約の中間ともいえる緩い約束であり，参加主体の自己規制と自律的規範性に依拠している。構成員間の対話を通じた学習プロセスによって原則の遵守を図っている。国連GCについて，いくつかの問題を指摘する立場もある。法的拘束力のない口約束では不十分ではないか。国連GCに参加することによって，いわゆる「ブ

ルーウォッシュ（Bluewash）」[12]，多国籍企業にお墨付きを与えてしまうのではないか。国連が企業によって私物化されるのではないか。主権国家間組織としての国連の正統性と普遍性が揺らぐのではないか。かえって途上国を置き去りにしてしまうのではないか，などの疑問である。

　しかし近年，国連 GC に対する理解が深まり，途上国はこれを積極的に支持するようになってきた。参加団体数も 2020 年 9 月現在で約 1 万 5338 団体に登る。また，国連が多様なアクターを取り込むことによって，主権国家間の国際社会のみならず，グローバル・ガバナンス[13]の主体として地球社会全体に，国連 GC のフォーカルポイントとしての権威を与える結果となっている。法的拘束力はないが，相互規制の協力形態としてある一定の支持を得ていることも注目される。

　国連 GC の目指す「人間の顔をした市場」は，高い理想ではあるが，このような目標を掲げ，これを目指すことが，不透明で先行きの見えにくい今日の国際社会にとって必要なことではないだろうか。国連 GC はその意味でまさにグローバルな公共性を体現しているプロジェクトであるといえる。

（4）　パートナーシップとマルチ・ステークホルダー

　国連 GC も，その活動方法の 1 つにパートナーシップ（協働）をあげているが，国連の持続可能な開発目標（SDGs：Sustainable Development Goals）も，パートナーシップを 17 の主要目標の 1 つに掲げている。地球社会の公共性を考える上で，このパートナーシップは，ますます重要な概念になりつつある[14]。だがパートナーシップの主体は誰であろうか。グローバル公共政策にとって重要な主体は，もちろん国家，政府のみならず，国際機構や非国家的な主体である企業，NGO や CSO を含むマルチ・ステークホルダー（Multi-Stakeholder）[15]によるパートナーシップである。1998 年，当時の国連事務総長コフィ・アナン氏は，この重要性を認識して国連国際パートナーシップ基金（UNFIP：United Nations Fund for International Partnerships）を創設して，多様な主体の協力関係を促進してきた。

　パートナーシップは SDGs においても，第 17 目標「持続可能な開発に向けて実施手段を強化し，グローバル・パートナーシップを活性化する」として位置付けられている。ここでのパートナーシップは，国連システム内の機関相互の協力のみならず，各国政府や民間セクターとの協力も念頭に置かれている。

　パートナーシップに関してさらに重要な問題は，マルチ・ステークホルダー

**図1　平和構築委員会と国連 GC 共催の「ビ
ジネスと平和」に関する会議**（於：
ニューヨーク国連本部）

（筆者撮影）

の対話の場（マルチ・ステークホルダー・プロセス）が確保されているかどうかということと，さらにはマルチ・ステークホルダー・イニシアチブによる規範創造，すなわちルールづくりがなされているかどうかということである。国連 GC では 10 番目の腐敗防止原則が，トランスパレンシー・インターナショナルなどの NGO や市民社会も含むイニシアチブによって策定されたことが良く知られている。国連 GC には，責任ある経営教育原則（PRME：Principle for Responsible Management Education），「紛争による影響を受けた地域およびハイリスク地域における責任あるビジネスに関するガイダンス文書：企業と投資家のためのリソース」など，さまざまな下位規範がある。これらの策定には，さまざまな国連機関のみならず，企業，投資家，各国政府，NGO，研究者など多様なステークホルダーが関わっている。

　今日世界は，国家主権主導型の国際社会から，グローバル化によるマルチ・ステークホルダー主体の地球社会への変革期にある。国際機構，国家，企業，投資家，NGO，研究者，市民などのマルチ・ステークホルダーによるパートナーシップは，グローバル公共政策の遂行にとって重要な意味を持つ。地球社会に住むあらゆる主体の協力がなければ，これからの地球社会に明るい展望が開けないことを意味しているともいえよう。

注
　1）　グローバル・ガバナンス委員会『地球リーダーシップ──新しい世界秩序をめざして』

NHK 出版，1995 年（Commission on Global Governance, *Our Global Neighborhood*, Oxford University Press, 1995）。

2 ）　新村出編『広辞苑』第 5 版，岩波書店（デジタル版）。

3 ）　ハンナ・アレント，『人間の条件』志水速雄訳，筑摩書房（ちくま学芸文庫）1994 年。

4 ）　ユルゲン・ハーバーマス『公共性の構造転換──市民社会のカテゴリーについての研究』細谷貞雄，山田正行訳，未來社，1994 年。

5 ）　山脇直司『グローカル公共哲学』東京大学出版会，2008 年。

6 ）　David Mitrany, *A Working Peace System,* London, Institute of International Affairs, 1943.

7 ）　広部和也，田中忠編『国際法と国内法──国際公益の展開 山本草二先生還暦記念』勁草書房，1991 年 10 月。

8 ）　Robert N. Wells, Jr., *Peace by pieces : United Nations agencies and their roles : a reader and selective bibliography,* Metuchen, N.J. : Scarecrow, 1991.

9 ）　庄司真理子「国連と専門機関相互の関係」『外交時報』No. 1285，1992 年。

10）　インゲ・カール他編『地球公共財──グローバル時代の新しい課題』FASID 国際開発研究センター訳，日本経済新聞社，1999 年。

11）　国連のグローバル・コンパクトのサイト〈http://www.unglobalcompact.org/〉。庄司真理子「グローバル化と国連規範の現代的展開──国連グローバル・コンパクトを事例として」内田孟男編『地球社会の変容とガバナンス』（中央大学政策文化総合研究所研究叢書），2010 年 2 月。

12）　企業が，国連の旗のもとにプロジェクトを遂行することによって自己のイメージに磨きをかけること。

13）　「グローバル・ガバナンス」すなわち世界の諸国家や非政府組織が，世界政府を持つことなしに地球上の諸問題を解決していくためには，いかなるグローバルな秩序を形成していくことが必要であるかをめぐる議論のこと。

14）　UN Doc. (United Nations Document), A/56/323, 9 October 2001.

15）　多様な利害関係団体という訳も成り立ちうるが，むしろカタカナでそのまま表現されることが多くなってきている。

📖 推奨文献 ・・・

初学者用

・斉藤純一『公共性』岩波書店，2000 年。
　　公共性とはなにかを説明した基本書。わかりやすく内容が深い。

・山脇直司『公共哲学とはなにか』筑摩書房（ちくま新書），2004 年。
　　公共哲学をわかりやすく解説した基本書。

発展学習用

・インゲ・カール他編『地球公共財——グローバル時代の新しい課題』FASID 国際開発
　研究センター訳，日本経済新聞社，1999 年。
・ユルゲン・ハーバーマス『公共性の構造転換——市民社会の一カテゴリーについての研
　究』細谷貞雄，山田正行訳，未來社，1994 年。
・山脇直司『グローカル公共哲学』東京大学出版会，2008 年。

考えてみよう

① 公共性の構造転換によって，公共性の意味がどのように変化したのだろうか。
② 国連の場で語られてきた「公共性」の議論には，どのようなものがあるのだろうか。
③ パートナーシップとは，何だろうか。

議論してみよう

　これからの地球社会の公共性とはどのようなものになるだろうか。

第2章
グローバル公共政策と公共財

宮脇　昇

「政策学とは，社会における政策作成過程を解明し，政策問題についての合理的判断の作成に必要な資料を提供する科学である。」（ハロルド・D・ラスウェル）[1]

1. 政策とは何か

（1）公共政策

どのようにルールを作成して実施するかを考えるのが，政治の役割である。政治を学ぶ政治学の中でも国際政治学と呼ばれている学問がある。国際政治を学ぶことで世界の変化の要因や構造や仕組みが分かる。しかし，要因や構造や仕組みをいくら研究してもそれだけでは世界を変える処方箋を知ることはできない。世界を変えるためには，要因や構造に代わる目標を策定し，その実施方法を検討せねばならない。

この目標達成のための方法が政策である。その中でも公共的な空間（公共性，公共圏）・時間における政策決定の過程，規範，実施（履行）にかかわる政策は公共政策と呼ばれる。そして，政策の形成・決定・執行のプロセスを政策過程と呼ぶ[2]。望ましい状態を達成する方法を考えるのが政策立案である。政策決定のこうした連なりとして国際政治をとらえるとき，それを国際政治の公共政策論化[3]，と呼ぶことができる。

（2）グローバル公共政策

グローバル公共政策とは，グローバルな目標設定を必要とする公共政策である。地球環境問題の解決法はグローバル環境政策を通して編み出されるであろうし，世界的な貧富の格差縮小はグローバル開発政策によって達成される。

グローバル公共政策の特徴を2つ紹介しよう。第1に，グローバル公共政策

の目標は時間の尺度が長い。例えば，温室効果ガスの排出削減の議論では，
2050 年や「100 年後」などの長期的目標が掲げられる。第 2 に，グローバル公
共政策の目標設定に際しては，国家間対立がみられる。例えば，環境と開発の
どちらを優先するか，あるいは，地域の伝統文化と人権のどちらを優先すべき
か。ここに価値をめぐる紛争（conflict about values）が生じる。[4]

　しかしグローバル公共政策立案の前提は，規範それ自体の意義を否定しない
ことである。例えば，環境と開発の優先順位については議論があっても，双方
とも重視しなければ政策立案を始められない。グローバル公共政策は，主に手
段をめぐる紛争（conflict about means）をその対象とするものである。

（3）　国際公共政策

　地球規模ではなく，特定の地域（region）や国家間に絞った政策立案がなされ
ることも多い。特定国家間の共通の目標設定を必要とする政策が国際公共政策
である。

　国際公共政策の場合，政治体制，国益や外交目標が異なるため，メンバーを
限定することがある。例えば，北大西洋条約機構（NATO：North Atlantic Treaty
Organization）の国際安全保障政策は，ロシアのような相手国にとっては「敵―
味方」の構図となってしまう。このように特定の国家群の国際安全保障政策が
別の国家の安全保障政策とゼロ・サム（零和）的関係になることもある。

2.　国際公共財とグローバル公共財

　国際公共政策の重要な機能は，国際公共財の設立・運用である。公共財とは，
海の灯台に例えられる。ある船が灯台の光を利用するからといって他の船がそ
の利用を妨げられることはない（排他性がない）。またある船と別の船が光を求
めて競争する必要もない（競合性がない）。このように，排他性もなく競合性もな
い財のことを公共財と呼ぶ。[5]

　グローバル公共財とは財の利用にあたり特定国家を排除せず，かつ競争させ
る必要のない財である。例えば，自由貿易協定や世界人権宣言はグローバル公
共財の 1 つである。また平和，環境，感染症の世界的知見をグローバル公共財
と呼ぶことができる。

　しかし，排他性と競合性の双方を備えた純粋公共財ではなく，非排他性がな

い（すなわち排他的な）クラブ財としての性質をもち，限られた国の共通の利益を獲得することに限定される財も多い。例えば，2013 年に安倍首相（当時）は施政方針演説で「日米安保体制には，抑止力という大切な公共財があります」と表明している。これは日米同盟の抑止力が他国を含むアジア・太平洋の安定に貢献することを強調したものである。しかし他方で日米同盟に敵対する国からすれば日米同盟をグローバル公共財としてとらえることは難しい。

3.　グローバル公共政策の決定過程

（1）　メガポリシーとメタポリシー

　ドロア（Yehezkel Dror）は，個々の政策の従うべきガイドラインあるいはマスター・プランとして，メガポリシー（megapolicy）という概念を提示し，政策をいかに決定するかの政策をメタポリシー（metapolicy）と呼んだ。

　本書では問題領域ごとのグローバル公共政策のメガポリシーを各課題別に第Ⅲ部におさめている。本書第Ⅱ部におさめているメタポリシーについては，国内の政策決定過程以上に複雑である。例えば，それぞれの国際機構固有の意思決定方式があり，多数決制，加重投票制，コンセンサス方式などが挙げられる（第Ⅱ部参照）。一般に，当該国際機構の加盟国の利害が反映されやすいように決定方式が定められている。主権国家を超える普遍的権威や集権的制度が少ない世界においては，各主権国家の動向を無視して制度化を進めることはできない。具体的にいえば国連常任理事国の意向を無視して国連安保理改革はできないし，国連平和維持活動を行うには派遣国となる主権国家の協力が欠かせない。

　なお本書第 7 章でとりあげているアメリカの事例のように，国際公共財の主要な提供国で，大きな影響力をもつ大国の場合，国際公共政策の政策決定過程のみならず，大国の外交政策決定過程の分析も極めて重要となる。

（2）　公共財と公共政策

　グローバル／国際公共財と公共政策との関係を 2 つに分けて考えよう。

a.　グローバル／国際公共財の制度化が進んでいる場合

　諸国は，公共財の利用・配分をめぐり，規範・目標設定に合意するために，会議を開催し組織・機構を形成し，条約を締結し同盟を結ぶ。これを一般に，国際関係の制度化という。国際制度の存在により，交渉コストが減少し，政策

目標の達成は容易になる。ただし国際制度の存在にもかかわらず，国家間の対立や競争はなくならない。国家は，他の国よりもより多くの利得をめざす（相対利得の追求）ため，国際制度はこうした利害調整と解決の場として用いられる。

　例えば 1997 年の京都議定書では 2008 年から 2012 年の間に，日本が 1990 年比で 6 ％削減，アメリカが 7 ％削減，EU は 8 ％削減で合意した（詳細は第 15 章参照）。しかし交渉前の段階では EU は一律 15%，アメリカは一律 0 ％，日本は一律 5 ％の目標を有した。EU が温暖化防止という絶対利得（他国との利得差を考慮に入れず，自国の利得の大小のみを絶対視する）を重視していたのであれば，日米の削減目標にかかわらず EU は 15% の目標のままでよかったはずである。しかし自らだけ過大な削減目標となっては産業競争力が損なわれ，不利になる[8]。他のアクターとの関係で，相対的に自らがどの程度のコスト負担をするかが問題になるのである。

b.　制度化が未だ進んでいない場合

　国際制度の形成自体が最初の目標となることも多い。この場合に最初に問題になるのは，「守られない約束」，すなわち相手の破約に対する恐怖である。国際関係論は全体としてゲーム理論などに代表されるように，常に国際合意が破約される可能性を無視できなかった[9]。

　一方で，国際合意を守ることを国際法上署名・批准した国であっても，その合意を十分に遵守しないことも少なくない。履行監視の強制力及び制度の不備のため，こうした行為を止めることは難しい。さらにはモラトリアム規定とされていたり，当該国が解釈宣言（特定の条項等について当該国が特定の解釈をとることを他の締約国に対して一方的に示す宣言）を付したりしているため，合意履行に時間を要したり「抜け道」的に扱われる場合もある。こうした国際法の「緩さ」は，逆に言えば，守られる約束を増やすための知恵でもある。

　他方で，合意を維持しながらも裏切りを容認するという，相反する 2 つの行動が同時に見られることがある。当初から裏切りが想定されながら国際制度が形成される場合もあれば，裏切りがあっても国際制度が崩壊しない事例もある。あたかも（as if）その制度にそって行動しているかのごとくふるまいながら，実際には制度の規範・規則から逸脱する国家がある。この種の行動を，「as if 的行動」と呼ぶ[10]。当初は他のアクターによって「as if 的行動」が容認されることも多いが，アクターの政権交代や世論の高まりなどによって容認されにくくなり，「as if 的行動」をとる国家とそれ以外の国家間の対立が深まる。対立の結

果，「as if 的行動」をとる国家が当初の合意を真に実行しはじめる場合もあれば，逆に合意自体を正式に崩壊（条約脱退など）させることもある。逆に「as if 的行動」が成功する場合もある。例えば，合意に時間的限定が付されている場合（目標期限等）は時間切れになれば，政治的「時効」とみなされうる。これらの過程を国家間ゲームとしてとらえたものが〈as if game〉（あたかもゲーム）である。

（3）　公共政策決定過程としての国際政治

〈as if game〉がおこりうるのは，合意遵守の強制力がないだけでなく，合意履行の客観的情報が少ないことにもよる。例えば，人権侵害国自身の協力をえられないために人権侵害の情報の国際的収集は困難である。これを交渉のゲームとしてとらえると，不完備情報（incomplete information）ゲームといえる。

　不完備情報ゲームとは，プレイヤーがゲームのルール（プレイヤーの集合，目的，選択可能な行動，利得，進行を定める規定など）について必ずしも完全な知識を有しない状況をさす。国際政治では，国際交渉において各国が相手国の交渉目的や選好順序および利得などについて探りあいをする状況にあてはまる。[11]

（4）　ゲーミング・シミュレーション

　グローバル／国際公共政策を策定する場合に，最適の政策を明らかにする方法は何か。その1つの方法として，モデルをつくりシミュレーションやゲーミングを行うという方法がある。[12]

　コンピュータ・シミュレーションでは，プログラムを作成し将来予測を行い，最悪の予測結果を回避するために最適解に到る過程を合理的に選択する方法がある。その知見をもとに最適解をめざして各アクターが行動を調整すれば，問題は改善に向かう。しかし実際にはコンピュータの最適解通りに現実を到らせることはできない。プログラムの作成過程で捨象された変数が多いためである。例えば，交渉担当者の心理，利害調整における非合理的態度，歴史的記憶に基づく相互不信，利得の計算における誤算の発生，交渉当事者以外のアクターの隠れた影響力，などである。各国の相対利得の追求をどの程度許容するかは政治的問題であり，その調整は科学というよりアートに近く，コンピュータでは難しい。

　この方法とは別に，交渉担当者の視点からロール・プレーイングを通じて

図 1　国際公共政策のゲーミング・シミュ
レーション（於　立命館大学）

ゲーミングを行うという方法もある。最適解を出すための厳密な予測には向か
ないものの，交渉経過を追うことで実際に国際政治が陥るようなジレンマ（安
全保障のジレンマ，同盟のジレンマなど）や均衡解を再現し，最適解実現のために実
際の外交現場に必要なアイデアを考察し，加えて仮説構築能力を鍛えるツール
としても有用である。

注

1） H.D.ラスウェル『権力と人間』（三版）永井陽之助訳，創元新社，1966 年，147 頁。

2） 宮本太郎「政策過程」猪口孝他編『政治学事典』（縮刷版）弘文堂，2004 年，570 頁。

3） 薬師寺泰蔵「公共政策と国際政治」猪口孝，田中明彦，恒川恵市，薬師寺泰蔵，山内
昌之編『国際政治事典』弘文堂，2005 年，306 頁。

4） 価値をめぐる紛争については，Volker Rittberger, ed., *International Regimes in East-*
West Politics, London: Pinter Publishers, 1990.「価値をめぐる紛争」と「手段をめぐる
紛争」の 2 つの紛争類型の紹介は，宮脇昇「OSCE と人権・民主主義——人権レジー
ムから民主化レジームへ」岩崎正洋，工藤裕子，佐川泰弘，B・サンジャック，J・ラ
ポンス編『民主主義の国際比較』一藝社，2000 年，256-257 頁。

5） 国際公共財については様々な論稿があるが，例えば，山本吉宣『国際政治の理論』東
京大学出版会，1989 年。

6） 「第 183 回国会における安倍内閣総理大臣施政方針演説」〈http://www.kantei.go.jp/
jp/headline/183shiseihoushin.html〉（2020 年 9 月 7 日アクセス）。

7） 以下，高橋一生編『地球公共財の政治経済学』国際書院，2005 年，より。

8） 山岸尚之「地球環境問題解決のための国際協調」池尾靖志編『平和学をはじめる』晃
洋書房，2002 年，163-164 頁。

9） 以下，宮脇昇「レジームと消極的アクター」『国際政治』132 号，2003 年，36-37 頁。

10） 例えば，同「国際政治における嘘と〈as if game〉」『政策科学』14 巻 2 号，2007 年，

　　　55-73 頁。同「トランスナショナル唱導ネットワーク（TAN）の限界」『公共政策研究』
　　　7 号，2008 年，83-94 頁，同「国際合意の政治的拘束力」『国際法外交雑誌』119 巻 2
　　　号，2020 年。
11）　以下，石黒馨「不完備情報」猪口孝，田中明彦，恒川恵市，薬師寺泰蔵，山内昌之編
　　　『国際政治事典』弘文堂，2005 年，855 頁。
12）　国際政治の教育方法の面では，関寛治『グローバル・シミュレーション＆ゲーミン
　　　グ』科学技術融合振興財団，1997 年，近藤敦・豊田祐輔・吉永潤・宮脇昇編『大学の
　　　学びを変えるゲーミング』晃洋書房，2019 年。紛争解決の分野などのトレーニングの
　　　事例として，メリーランド大学の ICONS プログラムがある〈http://www.icons.umd.
　　　edu/training/home〉。

📖 推奨文献

初学者用

・高坂章『国際公共政策学入門』大阪大学出版会，2008 年。
　　政治・経済の両面から国際公共政策学に総合的に接近している。
・秋吉貴雄『入門 公共政策学』中央公論社（中公新書），2017 年。
　　国内の政策過程について理論と事例の双方の観点から説明されている。

発展学習用

・インゲ・カール他編『地球公共財──グローバル時代の新しい課題』FASID 国際開発
　　研究センター訳，日本経済新聞社，1999 年。
・福田耕治『国際行政の新展開──国連・EU と SDGs のグローバル・ガバナンス』法律
　　文化社，2020 年。
・山本武彦『安全保障政策』日本経済評論社，2009 年。

📄 推奨 URL

・ICONS プログラム（メリーランド大学）〈http://www.icons.umd.edu/training/home〉

考えてみよう

① 国内の公共政策とグローバル公共政策とは何が異なるのか。
② 国際公共財にはどのようなものがあるか。

議論してみよう

　ゲーミング・シミュレーションの形式で外交交渉を再現してみよう。

第II部
どのように決まるのか

　国際社会は基本的に中央政府のない，「アナーキー」な状態であるといわれる。しかし実際には，国家以外の様々なアクターが，グローバル社会全体にわたる「公共政策」をリードしている。

　第II部では，国家以外のアクターである国際連合，EU，多国籍企業やNGO などにおいて，どのように公共政策が形成され，そして実行されているのかを検討していく。

第3章
国際連合

庄司真理子

「加盟国は，集団的に政策決定をする機会を必要としている。しかしその審議過程に他のアクターを引き込む覚悟をしていることを知らせるべきである」（「カルドーソ報告」[1]第1提案）

「国際連合（国連）は国際社会全体の問題を解決するところ，それにもかかわらず国連は世界のために何の役にも立っていない。」 国連に対してそんなイメージを抱いている人は多いのではないだろうか。果たして国連とはどのような機関で，どのようなプロセスで国際社会全体の政策が決まるのだろうか。また，公共性の観点から考えた場合，国連が本当に地球社会全体の公共の利益になるような決定をしているのだろうか。ここでは，現在の国連の主要機関がどのような政策決定プロセスを踏んでいるのか。またこのプロセスを公共性の観点から改革するとしたら，どのような可能性があるのか検討してみたい。

ひとくちに国連といっても，大国が拒否権をかけて討議している安全保障理事会を思い浮かべる人もいれば，世界のほとんどすべての国が集まる国連総会をイメージする人もいる。一方で，難民の救済のために紛争中の現地の難民キャンプで毛布や食料を配給している国連職員の姿を思い浮かべる人もいる。国連の政策決定過程を考えた場合，まずは国連の主要機関[2]，すなわち総会，安全保障理事会，経済社会理事会，人権理事会，平和構築委員会の政策決定プロセスについて検討してみよう。

1. 国連総会

国連総会は，「世界の世論の共鳴板」，「世界の鏡」などと呼ばれ，地球全体の意見を集約していると考えられている。果たしてそれは本当だろうか。本当の意味で地球上の人々の意見を反映させるとしたら，いかにしたらよいのだろう

か。まずは現行の国連総会の政策決定プロセスを考察し，次にその改革案を検討する。

　国連総会は，国連のすべての加盟国で構成されている。2021 年 1 月現在で加盟国数は 193 カ国，地球上のほとんどすべての国が加盟していることになる。[3)] 加盟国は主権平等の原則（国連憲章第 2 条 1 項）に基づき，1 国 1 票の投票権を有する。大国であろうと，小国であろうと，すべて平等に 1 国 1 票の投票権が割り当てられることは，現実の国家間の力関係の不均等性に対して，法の下の平等を実現した理想的な制度と捉えることもできる。他方，たくさんの小国が集まって投票すれば，大国の意見をも覆すことができることから，これを「多数の横暴」あるいは「衆愚の危険性を孕む」として批判する立場もある。

　ところで，投票権の重みの問題とは別に，表決手続きが国連総会の政策決定を左右する事例がある。国連総会の場合，「重要問題［重要事項］に関する総会の決定は，出席し投票する構成国の 3 分の 2 の多数によって行われる」（憲章第 18 条 2 項）。他方，手続き事項の表決については，「出席し且つ投票する構成国の過半数によって行われる」（憲章第 18 条 3 項）。この 2 つの表決手続きの相違を利用した例として，中国代表権問題の表決手続きをめぐる，アメリカとその他の加盟国の交渉プロセスをみてみよう。

　1945 年の国連憲章成立時点で，中華民国（国民党政府）は国連の原加盟国かつ安全保障理事会の常任理事国であった。しかし 1949 年 10 月 1 日，中国大陸には，中華人民共和国（北京政府）が成立し，国民党政府は台湾に移動した。翌 1950 年 1 月の安全保障理事会で，ソ連が北京政府に中国代表権を与えるよう提案したが，認められなかった。同年 6 月には朝鮮戦争が勃発し，北京政府は北朝鮮に加担した侵略者との烙印を押された。1951 年から 1960 年の 10 年間は，アメリカが出した「中国代表権問題棚上げ決議案」が手続き事項として，総会において過半数で可決されていた。1960 年「アフリカの年」には 17 のアフリカの国が国連に加盟し，第三世界の加盟国が増加した。この年，アメリカは「北京政府の代表権承認問題は重要事項であるから総会の 3 分の 2 の多数決によらなければならない」との重要事項指定決議案を総会に提出し，この手続きを採用する旨の決議が過半数で可決された。

　1964 年 7 月，中ソ対立が決定的となり，さらに 1966 年には文化大革命が勃発する。米ソ対立に距離を置こうとする非同盟諸国が増え，北京政府を支持するようになる。1970 年の国連総会では，北京政府の代表権承認について，賛成

55，反対 49，棄権 25 と，過半数が賛成するようになったが，前述の重要事項指定決議に基づいて北京政府の代表権は認められなかった。

1971 年 7 月，アメリカのキッシンジャー（Henry Alfred Kissinger）大統領補佐官が，文化大革命の終息した中国を訪問し，米中関係改善の兆しが見られた。同年秋の国

図 1　国連総会会議場
(写真提供：国連広報センター，©UN Photo/Ky chung)

連総会では，中国代表権をめぐって 3 つの決議案が出された。第 1 案は，アメリカが出した逆重要事項指定決議案で，「国民党政府（台湾）を国連から追放するのは，重要事項である」として，3 分の 2 の賛成が必要であることを主張した。他方，第 2 案は日本とアメリカが共同提案したもので，「安全保障理事会の代表権は北京政府に与え，総会の代表権は国民党政府に与える」というものであった。第 3 案は，アルバニアが提案したもので，「北京政府に正式の代表権を認め，国民党政府を国連から追放する」というものであった。表決は，最初に第 1 案についてなされ，賛成 55，反対 59，棄権 15 で否決され，結果的に第 3 案が，賛成 77，反対 35，棄権 17 で可決され，北京政府の代表権が承認された。[4] たとえ 1 国 1 票制であっても，表決時の提議の方法や内容によって，政策決定プロセスが左右されることがわかる。

中国代表権問題の事例は，米ソの冷戦と非同盟諸国をめぐる国家間の微妙なかけひきを反映した内容といえる。国連総会は，このような多国間外交の場として，一定の意味を持っている。しかし，このような多国間外交の場が，本当に「世界の世論の共鳴板」といえるのだろうか。21 世紀の国際社会は，国家のみをアクターとする国家間の国際関係を議論すれば足りるという状況ではなくなりつつある。グローバル化の流れの中で，国連総会の政策決定プロセスはいかなる改革を迫られるのであろうか。

すでにみたとおり，国連総会は 1 国 1 票制で，加盟国の主権平等が守られている機関である。この国連総会に参加するのは，各国政府の全権大使であって，国民から選挙で選ばれた代表ではない。これは，市民社会が国内の政治については参政権を要求し，選挙で議員を選んできたが，国際政治となると外交官に

任せてしまい，国際政治上の参政権を市民社会が問うという議論になっていないからである。

　2004年6月に出された国連の報告書「われわれ人民，市民社会，国連，そしてグローバル・ガバナンス」（カルドーソ報告）は，この市民社会と国連との関係を検討したものであった[5]。国連に対する市民社会の積極的な関与を強化する理由として，国連が政府間フォーラム以上のものになる必要があることと，市民社会が積極的に関与することが国連を強化するからであるとしている。そのための第1段階は，グローバルな政策ネットワークを創造して，グローバルな討論やパイロット・プロジェクトを促進する。すべてのステークホルダーをグローバルな論争に関与させ，適切なネットワークで調整すれば，グローバル・ガバナンスを刷新することができる。

　さらに総会はCSO（市民社会組織）を適切に取り込むべきだと考えている。市民社会を直接取り込むだけではなく，各国の国会議員，自治体の議員を国連とリンクさせて，国内の議会の審議でもっと国連に注意を向けさせるとともに，国内の議員を国連の行事に参加させる必要があることも指摘している。カルドーソ報告が各国の議員にも着目しているのは，政府に全権代表の指名を任せるのではなく，直接，各国の国民が選挙した人物だからである。

　今日，地球市民社会という言葉が定着しつつあるが[6]，この地球市民社会の側から国連の改革を検討した場合に，この地球市民社会が国連というアリーナに対して国際政治上の参政権を求めるという図式も想定できるだろう。国連改革というと，加盟国政府，ことに大国アメリカなどの要請を受けて，国連が，活動や組織を自粛し，縮小することにばかり目を向けてきた。地球市民社会の要請を受けた国連改革は，これまでとは異なった方向性のものとなる可能性が高いだろう。

　市民社会の意見を取り込むための様々な提案や構想はこれからも検討する必要があるだろう。現状で実現しているのは，国連総会が開催するテーマ別の世界会議に政府代表の総会と併設して，NGO代表の総会を開催することである。この形式は，1992年の環境と開発に関する世界会議（地球サミット）以来，国際社会に知られるようになった。この世界会議方式は環境問題のみならず，1993年の世界人権会議，1995年の世界社会開発サミット，世界女性会議などで知られている。また国連気候変動枠組条約締約国会議（COP）は，政府の代表団が中心の会議のみならず，市民社会の代表や企業もオブザーバーとして参加する形

で会議が注目されるようになった。[7]
テーマ別に開かれる世界会議は,[8]
そのテーマに専門的に取り組む各
国の専門家および専門的な NGO
が集まって, これまでの国際社会
の現状を分析し, 今後のあり方の
指針を示す。このような会議の役
割も今後ますます注目されてしか
るべきであろう。

図2　国連本部ビル, 手前は総会議場
(写真提供：国連広報センター, ©UN Photo)

2.　安全保障理事会

　安全保障理事会の現行の政策決定手続きを確認しておこう。安全保障理事会
の構成国は, 常任理事国5カ国と非常任理事国10カ国の合計15カ国である。
理事国はすべて1国1票である。「手続き事項に関する安全保障理事会の決定
は, 9理事国の賛成投票によって行われる」(憲章27条2項)。他方, その他のす
べての事項, すなわち重要な事項については, 「安全保障理事会の決定は, 常
任理事国の同意投票を含む9理事国の賛成投票によって行われる」(憲章27条3
項)。国連憲章には拒否権という用語は見当たらないが, この「常任理事国の同
意投票」という表現が, 拒否権の説明になっている。常任理事国であるアメリ
カ, イギリス, フランス, ロシア, 中国の5カ国のいずれか1国が反対投票を
投じれば, 他の14の理事国すべてが賛成投票を投じてもその議事は否決され

てしまう。拒否権によって安全保
障理事会の議決は, 五大国の意思
に政治的に左右されてしまう場合
がある。拒否権の濫用による安全
保障理事会の機能マヒを防ぎ, 機
能を強化するために, 1993年国
連総会は, 安全保障理事会の機能
強化のために, 安保理改革に関す
る作業部会を設置して改革に着手
した。作業部会の正式名称は,

図3　安全保障理事会会議場
(写真提供：国連広報センター, ©UN Photo/Mark Garten)

「安全保障理事会の構成の均衡ある代表性と増員およびその他の問題に関する
オープン・エンドな政府間交渉の作業部会（The Open-ended Working Group on the
Question of Equitable Representation on and Increase in the Membership of the Security
council and Other Matters）」である。オープン・エンドとは，話し合いがすべて
の加盟国代表に開かれており，話し合いの結論も未確定で開かれている，とい
う意味でもある。総会の議題となって 30 年近い年月がたつが，結論が出され
ていない。他方で，毎年のごとく，国連総会では，この問題をとりあげ，議論
することを決定している。改革をめぐるいくつかの議論をここに紹介しておこう。

　第 1 に問題となったのは，理事国の数の問題である。**表 1** のごとく，国連創
設時においては加盟国数 50 カ国に対して理事国は 11 カ国，これに対して，
2011 年から加盟国数は 193 カ国に増えたが，理事国は 15 カ国になっている。
この比率では，加盟国の意見が正確に反映されないことが改革を求める一番の
理由である。

　また，理事国の地理的な配分も問題とされた。2020 年時点で非常任理事国の
地理的配分は，ヨーロッパ 2 カ国，ラテンアメリカ 2 カ国，アジア 1 カ国，ア
フリカ 3 カ国，中東 2 カ国となっている。

　さまざまな議論の中で，2004 年からは，ブラジル，ドイツ，インド，日本の
4 カ国がG 4 を結成し，常任理事国の構成を，これら 4 カ国に加え，現行の 5
カ国，さらにアフリカから 2 カ国を加えて 11 カ国とする提案を出した。G 4 提
案は非常任理事国についても現行の 10 カ国から 14 カ国とし，そのうち 1 カ国
をアフリカ枠とすることを提案している。これに対し，アフリカ諸国もアフリ
カ連合（AU：African Union）提案を提示しており，これは常任理事国を 11 カ国
に増やし，アフリカ枠を 2 カ国とするところはG 4 提案と同じだが，非常任理
事国を 15 カ国に増やし，そのうち 2 カ国をアフリカ枠とすることを提案して
いる。これらに反対する提案として，イタリア，韓国，メキシコなどが中心と
なってコンセンサス・グループ（UFC：
The Uniting for Consensus Group）を結成し，
非常任理事国のみ現行の 10 カ国から 20
カ国に増やし，うちアフリカ枠を 3 カ国
とすることを主張している。これらの議
論からわかることは，安全保障理事会の

表 1　安全保障理事会の理事国数

	1945 年	1965 年	2011 年
国連全加盟国	50	118	193
常任理事国	5	5	5
非常任理事国	6	10	10

（筆者作成）

構成国数を 25 〜 26 カ国程度に増やすことは，国連内の大多数が賛成している
といえよう。他方で，常任理事国の構成および拒否権のあり方については，意
見が分かれるところである。G4 は，新常任理事国は当面拒否権を行使しない
と提案するのに対し，UFC は常任理事国が拒否権行使を抑制することを提案
しており，さらに AU は新常任理事国にも拒否権付与を要請している。時とし
て，安全保障理事会は，常任理事国の拒否権合戦で機能麻痺に陥る。これをい
かに克服していくかは，今後の課題となろう。

　安全保障理事会の改革といった場合，日本では常任理事国入りの問題として
捉えられる場合が多い。しかし，これは安保理改革の一面にすぎない。安保理
改革で求められていることは，安保理の代表性のみならず，効率性，透明性，
実効性，正当性など多岐にわたる。これらの問題について，2015 年 9 月の国連
70 周年記念総会では，その作業を議論が後戻りしないように文書に基づく方
法（Text based path）で進めることが合意されたのみで，具体的な結論には達し
ていない[9]。

　安全保障理事会と市民社会との関係は 2004 年の「カルドーソ報告」以来，
検討されるようになった。その後，同年 6 月，平和構築における市民社会の役
割[10]，2005 年 9 月には紛争予防と紛争の平和的解決における市民社会の役割[11]が，
安全保障理事会の場で話し合われた。ことに 2004 年 6 月の安全保障理事会に
は，平和構築や紛争予防の分野で活躍が目覚しい 2 つの NGO，移行期正義国
際センター（International Center for Transitional Justice）およびケア（CARE）の代
表を招請した。この 2 つの安全保障理事会は，国際の平和と安全の維持にとっ
て市民社会が次のような重要な役割を果たしていることを確認した。

　まず，2004 年の会議では，次の 4 点が重要なものとして指摘された。

1 ）　アリア方式の会合（Arria Formula Meetings）の開催：このアリア方式の
　　会合とは，安全保障理事会の大使と人道，人権関係の NGO の代表とが，
　　非公式に会合を持つものである。1992 年に安全保障理事会の議長であっ
　　たベネズエラのディエゴ・アリア（Diego Arria）大使が最初にこのような
　　会合を持ったことから，この名称がつけられた。

2 ）　各国の首都での会合を開催：紛争解決に関して立ち入った，かつ定期
　　的な情報と意見の交換をすることによって，政府の立場に影響を与える
　　ためには，各国の首都，すなわち外務省があるところで話し合いがなさ

れることが効果的だからである。

3 ）　現地視察：安全保障理事会は，その審議にとって重要と思われる点に
ついて，現地の事実収集視察を増やさなければならない。

4 ）　安全保障理事会の NGO 作業部会の開催：グローバル・ポリシー・
フォーラム（Global Policy Forum）という NGO がアド・ホックに招集する
人道と人権問題に関する NGO の会合である。[12]これは安全保障理事会の大
使，また時として事務局上級職員や外務大臣をも招いて， 1 年に 40 回く
らい開いている。さらに 2015 年には，女性も含む市民社会の代表が安全
保障理事会のブリーフィングに招請されることを要請している。[13]

　このように，市民社会の役割に安全保障理事会が注目し，話し合いと相互協
力のチャネルを太くしつつあることがわかる。

　2005 年 9 月に開かれた「紛争予防と紛争の平和的解決に関する市民社会の
役割」に関する会合では，安全保障理事会が国連憲章第 6 章に基づいてとる措
置について，幅広い戦略が必要であること，この分野で各国政府に本質的には
責任があることを確認しつつ，市民社会による支援の役割が重要であることが
指摘された。安全保障理事会は，この分野での市民社会による活気あふれるか
つ多様な潜在的貢献の重要性を指摘した。またアリア方式の会合などの市民社
会との会合によって，安全保障理事会と市民社会との関係の強化を図る必要が
あることも指摘している。

　このように安全保障理事会が，国家以外の国際社会のアクター（NGO，CSO な
ど）と関係を強化する必要に迫られたのは，単に両者が円滑な協力関係にある
からだとは言い切れない。2001 年の 9 ・11 テロ以降，国家対国家という図式
の古典的な紛争のみならず，テロ集団，越境組織犯罪，内戦における武装集団
など，安全保障上の脅威が市民社会の内側から発生していることが一因であろ
う。それゆえ市民社会は，安全保障上の脅威を内包するものであるとともに，
市民社会の協力による解決がこのような脅威への対応策として重要となること
も指摘できる。

3.　経済社会理事会

　世界の経済全体を司っているのは誰だろうか。国連は，世界の平和・安全保

障・人権・社会問題・政治などの分野では，国際社会のあらゆる国々の意見を取り込んで，それを集約する場のように思われている。しかし，世界の通貨，金融，貿易，経済発展などについて語るとき，これを担当する国際機構は国際通貨基金（IMF：International Monetary Fund），世界銀行[14)]，世界貿易機関（WTO：World Trade Organization）などのブレトンウッズ機構[15)]を念頭に置くことが多い。それでは，国連の中で経済的，社会的，文化的，教育的及び保健的国際事項を取り扱う経済社会理事会は，どのような役割を果たしているのだろうか。まずは，経済社会理事会と IMF 及び世界銀行の政策決定過程の違いを比較しながら，両者の役割の違いを検討してみたい。

　経済社会理事会の構成を見てみよう。「経済社会理事会は，総会によって選挙される 54 の国連加盟国で構成する」（憲章第 61 条）。理事国の任期は 3 年で，毎年 18 カ国ずつ改選される。紳士協定に基づいて地理的配分が決まっており，西ヨーロッパ 13 カ国，東ヨーロッパ 6 カ国，アジア 11 カ国，アフリカ 14 カ国，ラテンアメリカ 10 カ国となっている。決議は 1 国 1 票制で，出席しかつ投票する理事国の過半数によって決められる。すなわち大国も小国も，全く対等な投票権を有する。この地理的配分に基づくと，おおよそ先進国と途上国の比率は，先進国が約 17 カ国，途上国が約 37 カ国ということになる。1 国 1 票制ですべての決議が採択されるということは，経済社会理事会の議決は，ほとんどすべて途上国寄りの見解となる可能性が高い。これに対して先進国は，実質的な世界の経済問題を話し合う場を G7 サミット（主要国首脳会議）などの自分たちの意見がとおりやすい場所を選ぶようになった。

　経済社会理事会が，国家間関係の枠組みでは途上国の意見を反映させた決議を採択しても，人的財政的な限界からこれを現地で実施することに困難が伴うことが多い。その場合，NGO などの非国家主体とパートナーシップを組むことによって，その能力を発揮する糸口が開ける。「経済社会理事会は，その権限内にある事項に関係のある民間団体と協議するために，適当な取極を行うことができる」と，国連憲章第 71 条に規定されている。国連成立当初から経済社会理事会は NGO との協議をその任務としていた[16)]。協議資格を取得した組織は，各国政府および国連事務局に対して，技術専門家，アドヴァイザー，コンサルタントの役割を務め，経済社会理事会の会合に出席したり，発言したりできる。この協議資格は，投票はできないが討議は政府代表と対等にできる資格である。

　もちろん NGO は，特定の技能を持った人たちの集まりであって，本当の意味で市民社会のすべての人の声を代弁しているわけではない。しかし世界会議のようなテーマごとの会議の場で，NGO の持つ専門的知識を反映させるべく参加を促すことは積極的意味があるだろう。

4.　人権理事会

　2006 年 3 月 15 日，国連総会は人権理事会の設置決議を採択した。2000 年の国連ミレニアム総会以来，「人権の主流化」が大きく叫ばれてきたが，人権理事会は果たしてどのような貢献をするのだろうか。人権理事会の前身の人権委員会は，経済社会理事会の下部機関であったが，人権理事会は総会の補助機関として位置づけられた。国連の人権分野は，独立専門家委員会，条約機関，特別報告者，人権促進少数者保護小委員会（人権小委員会）など関連機関が多く複雑であったが，人権理事会が設置されることによって，これらの機関は，中心的な事務局としての人権高等弁務官事務所と，中心的な会議体としての人権理事会および条約機関の形で整理統合された。

　人権理事会は年 3 回合計 10 週間以上の定期会合の他に特別会合も開かれる常設機関として設置された。国連総会で絶対過半数を獲得した 47 カ国の国連加盟国から構成される。地理的配分は，アフリカ 13 カ国，アジア 13 カ国，東ヨーロッパ 6 カ国，ラテンアメリカ 8 カ国，西ヨーロッパその他 7 カ国である。

　人権理事会の大きな特徴は，理事国の責任にある。理事となる国には「最高水準」（the highest standards）の人権状況が求められ，任期中に人権状況を審査される。理事候補国は，人権の促進と保護に関する自主的な誓約書や決意表明書を提出する。主たる理事国に深刻かつ組織的な人権侵害があった場合には，総会で投票国の 3 分の 2 以上の賛成により理事国資格が停止される。

　2008 年には，人権小委員会に代わって，人権理事会諮問委員会が設置された。人権小委員会と比較して諮問委員会の活動は，一部後退した観が否めない。個人の資格で選ばれる委員の数は 26 名から 18 名に減少し，独自の審理を行うことはなく，人権理事会から依頼された研究調査のみを行うこととなった。

　他方で人権理事会に特徴的なことは，普遍的定期審査制度（UPR：Universal Periodic Review）である。人権委員会が特定の人権侵害国のみを取り上げて審議して，これが政治問題化したのに対して，人権理事会の UPR のもとでは，国

連加盟国すべての人権問題が審議
される。UPR は人権後進国のみ
ならず人権先進国と思われる国も
平等に普遍的に審査の対象として
国際社会全般の人権状況の改善を
目指している。

　人権理事会への NGO，政府間
機関，各国の国内人権機関，専門
機関などのオブザーバー参加，お
よびそれら諸機関との協議は，こ
れまでの人権委員会と同様の範囲

図4　ジュネーブ国連人権高等弁務官事務所
（筆者撮影）

で認められている。人権小委員会の役割は縮小した観があるが，UPR では，他
の理事国から審査対象国に対し厳しい質問や勧告がなされるため，この機会に
NGO のロビー活動がなされ，NGO から情報提供を得たり，さらに審査後の勧
告を NGO が各国に働きかける契機となっている。

　また国内の市民社会との接点として，国連の人権機構のサブ・システムとし
ての国内人権機関の設置は重要な課題である。人権問題の多くは，本質的に国
内問題であることが多いため，各国の国内に各国政府とは独立した立場の国連
の下部機関が存在することは，人権の伸長と保護にとって大きな意味がある。
これは 1978 年の人権の伸長と保護のための国内的，地方的機関に関するセミ
ナーで採択された指針をもとに，各国の国内に設置された機関である。1993 年
に，国連総会はこの指針を拡大，精緻化してパリ原則（国内機構の地位に関する原
則）を採択した。国内人権機関は，各国の国内法によって設置されるが，各国
政府からは独立した立場にあり，構成員の多様性を確保することが求められて
いる。政府とは独立した立場にあるため，一般市民の声を集めやすい組織であ
る。日本では，人権擁護委員制度が存在するが，未だ，この国内人権機関は設
置されていない。国連の下部システムとしての国内人権機関は，国際社会全体
の人権状況の向上という観点からは，今後も各国に設置が望まれる。

5.　国連平和構築委員会

2005 年 12 月 20 日，平和構築委員会（PBC：Peacebuilding Commission）設置の

ための安保理決議が採択された。安全保障理事会に加えて，なぜこのような機関が国連に設置されたのだろうか。そもそも平和構築とは，どのような概念であろうか。

　この概念を最初に提唱したのは，冷戦終結後1992年の事務総長ブトロス・ブトロス－ガリ（Boutros Boutros-Ghali）の報告書『平和への課題』にはじまる。ガリは平和構築を「紛争の再発を防ぐために平和を強化，固定化するのに役立つ構造を確認し，支援する行動」と説明する。冷戦後，地域紛争が多発する中で，国連による平和構築の重要性がクローズ・アップされ，2005年の世界サミット成果文書において，平和構築委員会の設置が要請された。

　安全保障理事会に加えて，なぜ平和構築委員会が必要とされたのであろうか。その理由は，いくつかある。まず，平和構築のために活動するさまざまな機関を1つに統合する（統合戦略）必要があったからだ。平和構築に関わる機関は多様である。国連平和維持活動を筆頭に，国連難民高等弁務官事務所（UNHCR：United Nations High Commissioner for Refugees），国連人権高等弁務官事務所（OHCHR：Office of the High Commissioner for Human Rights），国連児童基金（UNICEF：United Nations Childrens Fund），世界食糧機関（WFP：United Nations World Food Programme），地域的国際機構，紛争に関心のある加盟国，さらに復興段階には国連開発計画（UNDP：United Nations Development Programme）などが関わる。それらの機関がばらばらに行動していては，人的財政的な資源の無駄となってしまう。これを統合することが平和構築委員会に課せられた第1の任務だ。次に，国際社会の関心をより長く集めて，資源を動員し続けることが第2の課題である。紛争勃発時には国際社会は紛争地に注目するが，ある程度紛争が収まってくると支援が少なくなる。現地の紛争の火種が完全に消え去り，完全に復興を果たすまで国際社会が支援を続ける必要がある。そのために，現地で支援活動を行う機関同士の間に競争原理を持ち込み，最も平和構築に貢献した機関を最優良事例（Best Practice）として指名することが第3の課題だ。最後に，平和構築委員会は，統合戦略を策定する過程でも，現地の国の主体的取り組みを重視する。紛争後の現地は，国際社会の支援に頼り続けていると，いつまでも自立できなくなる。

　近年の国連による平和構築で特徴的なことは，「平和の持続（Sustaining Peace）」を旗印に，平和構築委員会（PBC），平和構築基金（PBF：Peacebuilding Fund），平和構築支援事務所（PBSO：Peacebuilding Support Office）の3つの組織が

協働して平和構築アーキテクチュアを構成していることだ。PBCは政府間機関，PBF は紛争後の現地に資金援助をする機関，PBSOは平和構築のための国連事務局である。

現地で活動を行う機関は，国連諸機関だけではない。ここにNGO/CSO および企業も参加することによって，平和構築活動を活性化することが検討された。その

図5　旧信託統治理事会会議場
現在は主に平和構築委員会会議場として利用されている。
（筆者撮影）

ために 2007 年 6 月平和構築委員会は，「平和構築委員会への市民社会の参加に関するガイドライン[17]」を策定した。平和構築委員会は，テーマごとに会合を開くため，関係関連団体の数はそれほど多くはならない。人的にも財政的にも資源が必要な平和構築活動に，企業や市民社会の力を付け加える画期的な方法といえよう。

6. 市民社会と国連の改革

公共性という観点から国連の主要機関の政策決定過程を考えた場合，果たしてこれで妥当な形式といえるのだろうか。総会に限らず国連の主要機関のすべてが，本当の意味で「世界の世論の共鳴板」と呼ばれるためには，数多くの再検討が必要である。これまで見てきた国連の主要機関の政策決定過程を，公共性の観点からいかに改革していったらよいかを次に考えたい。

市民社会と国連

「われら国際連合の人民は（We the peoples of the United Nations）」ではじまる国連憲章は，主権国家を中心とする国際機構として出発しながら，地球市民社会の意見を極力くみ上げる形で変貌しつつある。今日の国際社会も，未だに主権国家が中心の社会であることに変わりはないが，徐々に主権国家のためのみの国連ではない兆候も出てきている。地球上で本当に国連が公共的な場になるためには，国際社会のすべての国のみならず，すべての人々の意見を反映さ

せるものとなることが理想だろう。

注

1） *"We the Peoples : Civil Society, the United Nations and Global Governance"*, and Follow-Up Reports of the Secretary-General, UN Doc. A/58/817（11 June 2004）+ Corr.1（29 June 2004）

2）　国連本体の主要機関のうち，事務局と国際司法裁判所（ICJ）は審議機関ではないからここでは除く。また，信託統治理事会は事実上活動を終了しているため検討しない。他方，2005 年の世界サミットで設置が認められた人権理事会および平和構築委員会については第 4 節，第 5 節で紹介する。

3）　日本が承認している国は，これにバチカン，コソボ，クック及びニウエが加わるが，これらは国連未加盟国である。

4）　"Restoration of the lawful right's of the Peoples Republic of the China in the United Nations," UN Doc. RES/2758（XXVI）, 1971.

5）　UN Doc. A/58/817（11 June 2004）+ Corr.1（29 June 2004）.

6）　「地球市民社会の研究」プロジェクト編『地球市民社会の研究』中央大学出版会，2006 年。

7）　〈https://unfccc.int/process-and-meetings/parties-non-party-stakeholders/non-party-stakeholders/information-by-category-of-observer/admitted-ngos〉（2020 年 9 月 20 日アクセス）。

8）　テーマ別世界会議のリストは以下を参照のこと。〈http://www.worldconferencecalendar.com/〉（2020 年 9 月 21 日アクセス）。

9）　UN Doc. A/69/PV. 104, 14 Sep. 2015.

10）　"Role of civil society in post-conflict peace-building," UN Doc. S/PV. 4993, 59th yr., 22 June 2004.

11）　"The role of civil society in conflict prevention and the pacific settlement of dispute," UN Doc. S/PV. 5264, 60th yr. ,20 Sept. 2005.

12）　〈https://www.globalpolicy.org/about-gpf-mm.html〉（2020 年 9 月 22 日アクセス）。

13）　UN Doc. S/RES/2242（2015）

14）　1944 年のブレトンウッズ協定で創設された国際復興開発銀行（IBRD：International Bank for Reconstruction and Development）を通称，世界銀行（WB：World Bank）と呼ぶが，その後，国際金融公社（IFC：International Finance Corporation, 1956 年設立）など合計 5 つの開発銀行が創設され，これらの総称を世銀グループ（World Bank Group）と呼ぶ。詳しくは第 4 章参照のこと。

15）　一般には 1944 年のブレトンウッズ会議で協定が起草され，1945 年に創設された IMF と世界銀行の 2 つをブレトンウッズ機構と呼ぶ。しかし広義には 1948 年の関税

および貿易に関する一般協定（GATT：General Agreement on Tariffs and Trades）を前身として，1995 年に創設された WTO をも含めた形でブレトンウッズ機構と呼ぶ場合がある。

16) NGO の協議資格は総合協議資格，特殊協議資格，ロスターの3種類に分かれている。UN Doc. RES/E/1996/31, 25 July 1996

17) UN Doc. PBC/1/OC/12, 24 June 2007.

📖 推奨文献

初学者用

・植木安弘『国際連合――その機能と役割』日本評論社，2018 年。
　　国連の活動と機能についてわかりやすく説明している。

発展学習用

・最上敏樹『国際機構論講義』岩波書店，2016 年。
・渡部茂己・望月康恵編著『国際機構論（総合編）』国際書院，2015 年。
・佐藤哲夫『国際組織法』有斐閣，2005 年。
・吉村祥子・望月康恵編著『国際機構論（活動編）』国際書院，2020 年。

🗐 推奨 URL

・国際連合広報センター〈http://www.unic.or.jp/〉
・国際連合大学〈http://www.unu.edu/hq/japanese/index-j.htm〉
・国際連合本部〈http://www.un.org/〉

考えてみよう

① 国連総会，安全保障理事会，経済社会理事会では，それぞれどうやって物事が決まっていくのだろうか。
② 人権理事会は，どのような特徴があるのだろうか。
③ 平和構築委員会は，どのような特徴があるのだろうか。

議論してみよう

① グローバル・ガバナンスは国際社会に存在するだろうか。
② 国連の場に，私たち市民の声は反映されるのだろうか。

第4章
IMF・世界銀行・WTO・AIIB

松村博行

「貿易戦争はいいことだし，楽勝だ」（ドナルド・トランプ）[1]

1. ブレトンウッズから始まる戦後秩序

（1） 国際公共財を供給するのは誰か

　社会に公共財が適切に供給されなければ，市場は安定しない。例えば，中央銀行がなければ恐慌時に金融市場は崩壊するだろうし，政府が適切な政策を実施しなければ，公衆衛生，疾病予防，教育，災害予防，治安維持，そして安全保障は実現できないため，経済活動は大きく制約される。[2]

　それでは，国境を越えた経済活動に必要な公共財は誰が提供するのだろうか。例えば自由貿易体制，基軸通貨，国際金融体制，そして公海の航行の自由や平和などは，一旦確立されればいずれの国家もその恩恵を享受できるという性格をもつため国際公共財とよぶことができる。国際公共財を供給する際，国際機関を「中間財」として設置することがある。国際経済の領域では，経済危機時に「最後の貸し手」となる国際通貨基金（IMF：International Monetary Fund），途上国の開発を支援する世界銀行，そして自由貿易を促進する世界貿易機関（WTO：World Trade Organization）等が存在する。

　こうした国際機関の創設に大きく関わったのは第2次世界大戦当時のアメリカである。アメリカは，いかなる国際秩序を実現するためにこれら国際機関を設立したのだろうか。そして，そこで確立された秩序は今日に至るまでにどのように変容したのだろうか。また，中国が2016年に設立したアジアインフラ投資銀行（AIIB：Asian Infrastructure Investment Bank）は，既存の国際機関とどのように異なるのだろうか。

表 1　国際機関の比較

組織名	国際通貨基金	世界銀行	世界貿易機関	アジアインフラ投資銀行
英語略称	IMF	WB	WTO	AIIB
本　部	ワシントン D.C.	ワシントン D.C.	ジュネーブ	北　京
代表者	K. ゲオルギエバ（ブルガリア）	D. マルパス（米）	オコンジョイウェアラ（ナイジェリア）	金立群（中国）
加盟国・地域数	189	189	164	103
設　立	1944 年	1944 年	1995 年（前身のGATT は 1947 年）	2016 年
スタッフ	約 2,700 人	約 15,000 人	625 人	216 人
主たる目的	経済サーベランス　融　資　能力開発	極度の貧困の終焉繁栄の共有の促進	貿易協定交渉のフォーラム提供，協定の実施と監視，紛争解決，能力開発	アジアの社会的・経済的成果の改善

(各機関の HP 等に基づき筆者作成)

（2）　IMF＝GATT 体制の成立

a. 戦間期の世界経済

1929 年にニューヨーク株式市場で生じた大暴落はアメリカ経済に深刻なダメージを与え，さらにその影響は各国に拡散，1930 年代の世界恐慌の引き金となった。各国では需要が大きく減退し，それに伴い工業生産が大幅に減少した。これに企業が賃金抑制や解雇によって対応すると，それがさらなる需要減少を生んだ。この負のスパイラルの影響はすさまじく，米国では 1932 年に約 25% という失業率を記録した。

こうした深刻な不況から抜け出すために，各国は自国通貨の意図的な引き下げ（平価引き下げ）や関税の引き上げによって，自国の工業製品の輸出に有利な条件を意図的に生み出し，反対に外国製品の輸入を抑制する「自国ファースト」の選択を行った。こうした近隣窮乏化政策の応酬により通貨や通商をめぐる国際秩序は大混乱をきたした。

同時に，列強諸国は海外植民地や旧植民地を製品市場および原料供給源として排他的に利用するため，その囲い込みを図った。こうして，世界経済は複数のブロックに分断され，国際貿易は大きく減退した。排他的なブロック経済圏の設立をめぐる各国の競争は軍事的な対立をともないながら，やがて世界は

20世紀に入って2度目となる世界大戦へと歩みを進めていく。

b. ブレトンウッズ体制

　米英両国は戦争終結のかなり前から戦後の国際秩序のあり方についての検討を始めた。その秩序構想の骨子は，1941年にアメリカのローズベルト（F. Roosevelt）大統領と，イギリスとのチャーチル（W. Churchill）首相との間で調印された「大西洋憲章」で初めて示された。その中で経済関係については「自由・多角・無差別」（第4項），そして「雇用と成長のための国際協力」（第5項）の原則がうたわれた。この方針に沿って新たな経済秩序がアメリカ主導で策定され，1942年頃には，（1）通貨信用制度の回復，（2）戦災国の再建および経済回復のための資本の供給，（3）外国貿易の回復，といった方向性が示された[3]。

　1944年7月，連合国44カ国の代表はアメリカのニューハンプシャー州ブレトンウッズにおいて開催された連合国通貨金融会議に参集した。この会議では戦後の通貨体制および戦災復興のための融資体制について議論されたが，前者については IMF，そして後者については世界銀行（正式名称は国際復興開発銀行：IBRD：International Bank for Reconstruction and Development）の設立という形に結実した（ブレトンウッズ協定）。この時設立された IMF 及び世界銀行はその後ブレトンウッズ機関と呼ばれるようになる。

　IMF の第1の特徴は，国際通貨体制の管理・運営機能である。加盟国は金または「金1オンス＝35ドル」というレートで金との交換を約束したアメリカドルによって自国通貨の平価を表示し，固定することが義務化された。ただしこの交換レートは各国の経済状況に応じて調整，変更が可能であったため，「調整可能な固定相場制」とよばれた。

　第2の特徴は，加盟国が定められた出資割当額を拠出して基金をつくり，国際収支不均衡国に対して短期的な融資を行う機能である。設立当初の出資総額110億ドルのうち，アメリカは加盟国中最大の25％を拠出した。

　第3の特徴は為替制限の撤廃の推進である。戦間期の保護主義の下で，各国は自国通貨と外国通貨の交換を厳しく制限していた。そこで IMF は，戦後の過渡期については各国による一定の為替管理を認めつつ（IMF 協定第14条），一定期間経過後には為替管理の撤廃を求めた（同第8条）。

　IMF が国際収支不均衡に対応する短期的な融資を供給する機関であるのに対し，世界銀行は戦災からの復興，あるいは開発のために必要とされる長期資

金を扱う機関として設立された。

　ところで，20世紀初頭の通貨体制である国際金本位制は，イギリスを結節点として各国の通貨制度が結びつき合うシステムであった。各国は貿易決済や海外資本調達のための海外決済システムにアクセスするため，この金本位のルールに自発的に従った。[4]それは，あくまでも各国の「暗黙の了解」に基づいた秩序であったといえる。

　他方，ブレトンウッズ協定によって構築された新たな国際経済体制（＝ブレトンウッズ体制）は，成文化されたルールとそれに基づき設立された国際機関が運営の中心となった。ここに国際協調に基づく秩序という新しい試みが誕生したのであった。

　それと同時に，ブレトンウッズ体制においては，イギリスに代わって最大の経済大国となったアメリカの利益も追求されている。とりわけ，基軸通貨としてドルを世界的に流通させることで，国際貿易の活発化と資本主義経済の拡大を図ることは，アメリカの経済的地位を向上させる上で重要であり，IMFはまさにそれを目指す性格を併せもつものであった。[5]また，IMFにおける意思決定は一国一票ではなく，その出資割当額（Quota）に応じて配分される投票権（Voice）に基づく。IMF，世界銀行ともに最重要条項の改定においては総投票権の85％以上の賛成が必要となるが，アメリカは今日に至るまで一貫して15％以上の投票権を保持しているため，両機関の運営において比類なき影響力を有している。

c. GATT 体制

　開かれた自由貿易体制こそが戦後の国際経済関係にふさわしいと考えていたアメリカ政府は，当初その中核となる組織として国際貿易機関（ITO：International Trade Organization）の創設を目指していた。この構想は，1948年にキューバにおいて開催された国連貿易雇用会議でITO憲章（ハバナ憲章）として取りまとめられたが，自国の産業保護が規制されることを懸念する各国議会がこれを批准しなかったため，IMF，世界銀行に続き，自由貿易を推進する「第3の機関」設立の試みは失敗に終わった。

　ただし，ITO設立と並行して関税の相互引き下げおよび特恵制度を廃止する多国間条約策定のための交渉がジュネーブで行われていたため，頓挫したITO憲章の代わりに，この交渉枠組みを自由貿易の促進のために暫定的に利用する方針が示された。やがてそれは「関税と貿易に関する一般協定」（GATT：

General Agreement on Tariffs and Trade) として取りまとめられた。

　国際通貨・金融体制とは異なり，戦後国際通商体制については正式な国際機関が設立できないままのスタートとなった。とはいえ，その後GATT は段階的な貿易自由化交渉を進めることで戦間期のブロック経済を乗り越え，自由貿易を拡大する上で重要な役割を果たした。

　以上で見てきた通り，「自由・多角・無差別」および国際協調を基調とする第2次世界大戦後の国際経済体制は，その中軸を担った国際機関の名称からIMF=GATT 体制ともよばれる。また，それはアメリカの覇権によって実現した国際秩序，「パックス・アメリカーナ」の重要な要素となった。

2. 変容するIMF=GATT 体制

(1) IMF の変容
a. 固定相場制から変動相場制へ

　固定相場制に基づく戦後通貨体制を IMF 体制と呼ぶのであれば，1971 年8月のアメリカ政府による金とドルの交換停止の宣言（ニクソン・ショック），そして1973 年の変動相場制への移行によって，IMF 体制は終焉した。これ以降，今日に至るまで世界の通貨体制は金交換性を有しないドルと変動相場制に特徴付けられるが，その転換に至った経緯を簡単に振り返っておこう。

　IMF 体制には当初より本質的な矛盾があった。それは，国際流動性（世界で流通するドル）を十分供給するためにアメリカが国際収支赤字を継続すると基軸通貨ドルの信認に不安が生じ，反対にドルの信認を維持しようとすると国際流動性不足に陥るというジレンマであった。

　冷戦構造の中，アメリカは海外への軍事援助，経済援助を通じて流動性を供給し（ドル散布），これを財・サービス貿易収支黒字によりアメリカ国内に還流させていた。ところが1950 年代後半以降，アメリカ主要製造業企業の海外直接投資および現地生産が拡大したことで，アメリカからの工業製品の輸出は伸び悩んだ。さらに日欧の工業国の復活によるライバルの増加などによってアメリカの貿易黒字は次第に減少し，ドルの循環構造が一変した。この結果，海外には過剰ドルが蓄積されることとなった。その中で，一部の国はドルを金と交換するようアメリカに要求するようになり，これがアメリカからの金流出を招いた。やがて，外国が保有する流動ドル債務が累積する一方でアメリカの金準

備が減少したため，もはやアメリカ政府が 1 オンス = 35 ドルでの金交換に応じられなくなるのではないかとの不安が高まった。

　こうした事態に IMF はいくつかの改革を行った。その 1 つが，特別引出権（SDR：Special Drawing Right）を主要な準備通貨として新たに設定するなどした第 1 次改正（1969 年）である。先に示した矛盾を解消するために，IMF は金やドルとは異なる新たな国際準備資産として SDR を創出した。SDR は出資額に応じて IMF 加盟国に配分され，外貨準備不足に見舞われた加盟国は自国の SDR を IMF の指定する国に引き渡すことで，必要とする外貨をその国から入手することができるというものである。つまり，アメリカの国際収支に左右されずに一定の国際流動性を供給する仕組みがこの SDR であった[6]。

　しかし，まもなく金ドル交換停止と変動相場制への移行を迎えたため，SDR がその役割を実質的に果たし始めたのは 1970 年代に入ってからである。金との交換性を失ったドルと，変動相場制への移行という新しい状況との整合性を図るため，1974 年より IMF 協定の改定が進められた。その結果，旧 IMF 協定にあった金に関する規定を削除，金の公定価格が廃止された代わりに SDR がその地位を代位した。また，加盟国に固定相場制か変動相場制かを自由に選択する権利を認め，変動相場制をノーマルな制度として容認した。このような改革を主眼とした IMF 協定第 2 次改正が 1978 年 4 月に発効したことで，IMF 体制は新しい段階（キングストン体制）へと移行する。

　ただし，1970 年代以降，先進国間の国際通貨・金融体制の安定やマクロ経済政策の協調・調整といった機能は，主として先進国首脳会議（サミット）や先進 7 カ国（G7）の枠組みにより担われることとなる。代わって IMF は加盟国の政策やマクロ経済の状況のモニタリング（サーベイランス）機能，そして途上国への融資機能が強化された。

b. 途上国への融資

　1970 年代に生じた 2 度の石油危機は，産油国と非産油国の間の経常収支不均衡を発生させ，世界の国際収支構造に大きな変化を与えた。とりわけ，非産油国の途上国で国際収支不均衡が目立つようになったことを受け，IMF は 1974 年に拡大信用供与措置（EFF：Extended Fund Facility）を創設，国際収支上の問題に対処する途上国の中長期的な経済構造改革を支援する措置を強化した。

　1980 年代の累積債務危機は，IMF のその後に大きな影響を与えた。石油価格の高騰と第一次産品価格の低迷などによって，一部の途上国では公的な対外

債務が急拡大した。さらに，開発資金をアメリカの銀行からの借入に依存して
いた国々は，1970年代末に生じた金利上昇によって債務の返済に大きな支障
を来した。そして，1982年にメキシコが債務不履行に陥ったことをきっかけ
に，同国に貸付を行っていたアメリカ多国籍銀行などが大きな損害を被ること
が予想されたことから国際的な金融不安がいよいよ深まった。

　事態の鎮静化を図るため，IMFは世界銀行と協力し，累積債務問題を抱える
途上国に対して経済構造改革を付帯条件（コンディショナリティ）とした緊急融資
を行った。IMFは累積債務危機の原因を当該国の経済政策の失敗および非効
率な経済構造にあると捉え，こうした国々に対して貿易や資本取引の自由化，
インフレ抑制のため財政支出削減と金利引き上げ，国営企業の民営化，規制緩
和など，国家の介入を減らし市場機能を重視する新自由主義的改革を求めた。
こうした経済構造の改革を条件とした融資（構造調整融資）は，その後，途上国
に緊急融資が実施される際のスタンダードとなっていった。

（2）　世界銀行の変容

　第2次世界大戦で荒廃した欧州諸国の復興・開発を促進する機関として誕生
した世界銀行であったが，規模の点でいえば1947年に打ち出されたアメリカ
による欧州復興計画（マーシャル・プラン）の方がはるかに大きかった。ソ連との
対立が深まるなか，資本主義諸国の復興を急ぎたいアメリカの戦略的な意図が
前景化したことで，総額130億ドルという巨額の再建援助が実施された。[7]

　こうした経緯から，世界銀行は欧州以外の復興と開発のニーズに目を転じる
こととなり，ラテンアメリカ，アジア，アフリカがその対象となった。1952年
に加盟した日本は1953年から1966年にかけて，電力開発，基幹産業，交通イ
ンフラの整備等31のプロジェクトで合計8億6300万ドルの融資を受けた。[8]

　1950年代後半，多くの国で戦災復興に目処がついたことを受けて世界銀行
は途上国の支援へと軸足を移す。その中で，もっとも貧しい国々への融資を専
門とする機関として，1960年に国際開発協会（IDA：International Development
Association）を新たに設立した。[9]

　中所得国向けのIBRDとは異なり，IDAは金利や返済期間などの融資条件を
緩やかにし，最貧国に借りやすい環境を提供している。また，IBRDが融資の
原資を債券（世界銀行債）の発行によって金融市場からも調達するのに対し，
IDAはその対象とする国々の経済状況を鑑み，加盟国からの拠出金を基本的

な財源としている。

　さて，1960年代までインフラプロジェクトへの融資が世銀融資の大宗を占めていたが，1960年代後半から70年代前半にかけて途上国の貧困問題に対処するため，農業開発や社会開発などのプロジェクトへの融資，さらには人間の基礎的ニーズ（BHN：Basic Human Needs）を充足させるための衣食住，教育，保健医療などに対する融資に注力するようになった。

　しかし，1980年代に入ると途上国で発生した累積債務問題に対処するため，従来型の開発支援に加えて，IMFと連携して構造調整融資を実施するようになった。その結果，アフリカの途上国などで緊縮財政が要請されたために，70年代に拡充されたBHN分野への財政支出が減少，国際的な金融危機の回避と途上国経済の破綻を防ぐための措置が，貧しい人々を直撃するという副作用も生んだ。[10]

　このような経験も踏まえ，1990年代になると世界銀行は「貧困」をテーマに掲げ，世界の発展に取り残された貧困層に焦点を移した。1999年には，ウォルフェンソン（James D. Wolfenson）総裁の下で，貧困削減，参加型開発，環境と開発の調和（持続可能な開発），グッド・ガバナンス（良い統治）といった幅広い論点をカバーする包括的開発フレームワーク（CDF：Comprehensive Development Framework）を提示し，開発援助をめぐる新しい方向性を提起した。

（3）　GATT 体制の変容

　GATTの基本原則として，① 最恵国待遇（ある国に対して認めた有利な条件は，全ての締約国に提供しなければならない），② 内国民待遇（輸入品を国内産品と比較して不利な扱いをしてはならない），③ 貿易障壁の排除（国内産業の保護の手段として関税のみを認め，数量制限は認めない），④ 協議に基づく紛争解決，の4点を挙げることができる。そして交渉の進め方の特徴がラウンドと呼ばれる多角交渉である。これは，貿易障壁の除去に向けての協議を多国間で実施するという交渉方式で，そこでの合意は全ての締約国を拘束する。

　GATTにおける貿易自由化への取り組みは，まず関税率の引き下げから始まった。第1回から第5回までの多角的貿易交渉では，いずれも工業製品の関税率の引き下げが議論された。第6回交渉となるケネディ・ラウンドからは関税以外の貿易障壁についての議論が本格化し，アンチダンピング協定が締結された。次の東京ラウンドにおいても補助金相殺措置や輸入許可手続き，非関税

障壁などの領域において，貿易障壁の除去にかかわる合意がなされた。関税率以外のテーマに交渉の焦点が移った背景には，それまでに重ねられたラウンドで，先進国間の工業製品の関税率が大きく引き下げられ，東京ラウンド終了時には平均4.7%という水準にまで低下したという状況がある。[11]

　そして，第8回多角的貿易交渉（ウルグアイ・ラウンド）では関税，非関税障壁だけでなく，（1）農業，（2）貿易関連投資措置，貿易関連知的財産権，サービス貿易などの「新しい分野」，（3）GATTの組織強化など，広範なテーマが対象となった。その背景には，第1に世界経済の複雑化や貿易態様の変化がある。多国籍企業による海外直接投資の増加や現地生産化など，GATT創設時に想定していなかった貿易のありようが一般化した。そして第2にアメリカ政府の強い意向がある。第1の理由とも関連するが，アメリカ多国籍企業の海外での業務を支援するルール作りや，米企業が高い国際競争力をもつサービス部門の貿易自由化はアメリカにとって実現したいテーマであった。[12]そして第3に先進国間で貿易摩擦が頻発する中で，GATTがその解決のために有効に機能しない局面が増加したことがある。一応，GATTは紛争処理システムを有していたが強制力に限界があった。

　ウルグアイ・ラウンドは，以上のようにテーマが多岐にわたったことで締約国の利害が錯綜したため，全ての交渉が妥結するまでにそれまでのラウンドよりもはるかに長い時間を要した。また，交渉の途中，GATTの機能強化を図る方策としてGATTを世界貿易機関（WTO）に発展改組する案が提起されたため，ウルグアイ・ラウンドはWTO設立協定を協議する場ともなった。そして，1994年4月，モロッコのマラケシュにおいてようやくウルグアイ・ラウンドの最終合意文章の調印が行われ，WTO設立が正式に採択された。

　WTOにはGATTにはなかった機能が備わったが，なかでも注目すべきは紛争処理制度の整備である。GATT時代はコンセンサス（全会一致）方式を採用していたため，最終的には当事国間の交渉に委ねるしかなかったが，WTOでは紛争解決機関（DSB：Dispute Settlement Body）が中心となり，加盟国の貿易紛争をWTOルールに基づいて解決する準司法的な機能を有するようになった。後述するように，今日まで多くの加盟国がDSBを通じた紛争解決を選択している。

3. 問い直されるブレトンウッズ機関の存在意義

（1）　IMF への批判と「IMF 離れ」

　1980 年代の累積債務危機の際，IMF が途上国に対する融資の条件としたのが，財政規律の回復，貿易・資本自由化，規制緩和，公営企業の民営化など，いわゆる「小さな政府」の考え方に基づく国内改革であった。途上国への融資・支援の際の条件となるこうした政策パッケージは，その後，ワシントンD.C. に本拠を置く IMF と世界銀行の間で途上国支援の共通理解として定式化された。また，こうした政策方針は両機関の最大出資国であるアメリカ政府の意向も強く反映されていたことから，世界銀行のエコノミストであったウイリアムソン（John Williamson）は，この共通理解を「ワシントン・コンセンサス」と名付けた。[13]

　1990 年代以降，金融・資本市場の自由化を進めた途上国や旧社会主義国に対して主として先進国から巨額かつ短期的な資本移動が行われるようになったが，それが新たな通貨・金融危機を引き起こした。こうした危機に見舞われた国に対し，IMF は緊急融資を実施し，コンディショナリティとしてワシントン・コンセンサスに基づく政策パッケージの実行を求めた。しかし，1980 年代のラテンアメリカ諸国を対象として策定した政策を，条件も制度も異なる国々に適用しようとした IMF の方針には批判や反発が絶えなかった。例えば，1997 年から 98 年にかけて生じたアジア通貨危機では，資本収支危機という性格をもつ国々に対し，経常収支危機（経常収支の慢性的な赤字や財政赤字によって生じた危機）に陥ったラテンアメリカ諸国向けの処方箋を適用しようとした IMFの対応については当初から疑問が呈されていた。

　この時，IMF から融資を受けたタイ，インドネシア，韓国はやがて危機を克服して再び成長軌道へと戻った。しかし，画一的な緊縮財政，金利引き上げ，企業の抜本的なリストラクチャリング，そして金融機関の不良債権処理の実施[14]などを求めたことが，こうした国々に不必要な「痛み」を与えたとする批判も根強い。[15]

　このような苦い記憶，さらには 2008 年に生じた世界金融危機などを受けて，一部の地域では IMF に依存しない新たな国際金融システムの構築を目指す動きもある。例えば東アジアでは，通貨危機のような短期流動性不足が直面した

場合に備えて，日中韓および主要 ASEAN 諸国の間で互いに外貨準備（主にド
ル）を融通しあうチェンマイ・イニシアチブ（CMI：Chiang Mai Initiative）が 2000
年に設立された。CMI は二国間の通貨スワップ協定ネットワークとして構築さ
れたが，2010 年にはこれを一本化した多国間枠組（CMIM：Chiang Mai Initiative
Multilateralisation）に改編し，多国間で外貨を融通することが可能となった。さ
らに 2011 年には ASEAN＋3 マクロ経済リサーチオフィス（AMRO：ASEAN＋3
Macroeconomic Research Office）がシンガポールに開設され，金融危機に備えて
CMIM 加盟国の経済状況を独自に監視するサーベイランス機能を担うことと
なった。

　また欧州でも 2012 年に欧州安定メカニズム（ESM：European Stability Mechanism）
が設立され，加盟国の出資金や債券発行で調達した資金を元手に，国際収支上
の問題を抱えた加盟国や苦境に陥った銀行に対して融資を行う金融セーフ
ティーネットとしての役割が付与された。

　こうした地域的取決めは，融資に際して IMF との連携を定めているケース
が多く，決して IMF を疎外するものではないが，それでも IMF が担ってきた
役割が今後は地域機構によって代替されていく可能性はある。

　いずれにせよ，IMF のサーベイランスは結果的にサブプライムローン危機
を防止できなかったし，危機後にアイスランドや中東欧諸国等に実施した 500
億ドルの緊急融資も主要先進国や新興国が国内危機対策に投じた融資総額をは
るかに下回ったことからも，世界金融危機における IMF の存在感は限定的で
あったと言わざるをえない。むしろ，世界金融危機を契機に注目されたのは主
要 20 カ国・地域（G 20）の枠組みであった。

（2）　中国主導の新たな国際機関の誕生

　ブレトンウッズ機関が直面するもう 1 つの課題はガバナンス改革である。先
述の通り，ブレトンウッズ機関の意思決定はその出資割当額に応じて配分され
る投票権に基づいており，2019 年においてもアメリカは IMF で 17.46％，世界
銀行（IBRD）で 16.28％ を保有し，事実上の拒否権を握ったままである。また，
IMF では最高責任者となる専務理事には欧州出身者が，そして世界銀行総裁
にはアメリカ人が就任するという不文律があり，これまで一度も例外がない。[16)]

　米欧主導のブレトンウッズ機関の慣例に対し，2000 年代に経済力を高めた
新興国から異議申し立てが相次いで提起された。こうした声を受け，IMF は

2010 年に新興国の出資比率を引き上げるとともに，理事会への新興国出身者の登用を増やす改革を行った。ただし，この改革は米議会での審議がなかなか進まず，2015 年になってようやく承認された。また，IMF は 2016 年に SDR を構成する通貨バスケットに人民元を加えるなど，中国をはじめとした新興国の発言権や影響力を高めるための改革を進めようとしているが，アメリカは決してこうした改革に協調的とはいえない。

　こうした中，中国はブレトンウッズ体制とは一線を画する，独自の国際機関の創設や経済圏構想の実現に取り組み始めた。例えば，2013 年に中国はブラジル，ロシア，インド，南アフリカ共和国と共に，途上国・新興国向けに融資を行う新開発銀行（NDB：New Development Bank，通称「BRICS 銀行」）を設立した。上海に本部をおく同銀行の初代総裁はインド人で，資本金は 500 億ドル，将来的には 1000 億ドルに拡大する計画である。

　さらに 2015 年 12 月には，中国主導の新しい国際金融機関，アジアインフラ投資銀行（AIIB）が設立された。アジアの膨大なインフラ需要に対する資金供給を担うこの国際機関の創設時の参加国は，中国，インド，イギリス，フランス，ドイツなど 57 カ国だったが，2020 年 8 月現在，参加国・地域は参加予定も含めて 103 にまで増加している。AIIB は北京に本拠を置き，初代総裁を中国人が務め，さらに資本金 1000 億ドルのうち中国が最大 30% を出資，議決権も事実上の拒否権を握る 26% を有するなど，中国の影響力の極めて強い国際機関となっている。

　こうした中国主導の金融体制の誕生に警戒感をもつアメリカと日本は未だAIIB に参加していない。アメリカは当初から中国が AIIB をテコに人民元決済圏を広げながら，人民元の基軸通貨化を進める野望を有しているのではないかとの疑念を抱いている。それは，アメリカの最大の強みである金融パワーを支えるドル体制を突き崩す恐れがあるからである。

　さらに，AIIB が中国による広域経済圏構想である一帯一路（BRI：The Belt and Road Initiative）の推進と深く結びついている点も注目されている。これは，中国から中央アジアを経てヨーロッパに向かう陸路（一帯）と，南シナ海からインド洋を通り，アフリカ沿岸を経由してヨーロッパに向かう海路（一路）の周縁にある国々のインフラ開発を進めて巨大経済圏を形成しようとする構想である。これによって，中国の勢力圏が拡大することを警戒するアメリカや日本は，自由で開かれたインド太平洋構想（FOIP：Free and Open Indo-Pacific Strategy）

を打ち出すなどして，その影響力拡大をけん制する。

（3）　WTO の停滞と FTA の興隆

　WTO 設立以降，最初の多角的貿易交渉となるドーハ開発アジェンダ（ドー
ハ・ラウンド）が 2001 年に開始された。しかし，今日に至ってもなおドーハ・
ラウンドは最終合意に達しないばかりか，そこに至る道筋さえ見えてこない。

　ドーハ・ラウンドが難航している最大の理由は，途上国と先進国との対立に
ある。1980 年代以降，多くの途上国が外国貿易，とりわけ先進国との通商関係
を積極化する中で GATT への加盟を選択した。多くの途上国はウルグアイ・
ラウンドの締結によって，知的財産権の保護強化やローカルコンテント要求[17]の
放棄など，先進国に有利となる条件を受け入れた。その交換条件として，途上
国は比較優位をもつ農産品や繊維製品などで先進国市場へのアクセス拡大を求
めたが，先進国はこうした分野の市場開放を先送りする態度を崩さなかったた
め，ウルグアイ・ラウンドの結果は多くの途上国にとって不平等なものと映っ
た。これがドーハ・ラウンドにおいて途上国が先進国に簡単に妥協しなくなっ
た理由の１つである。

　さらにここに，農業領域における先進国間での利害対立，そして何より 150
以上の加盟国・地域全ての同意がなければ成立しないという多角的交渉の構造
的問題も加わり，ドーハ・ラウンドの妥結は一層困難なものとなっている。

　こうした混乱は，通商秩序の形成の場としての WTO の存在感を希薄化させ
ている。実際，多くの国が WTO の多角主義に見切りをつけ，利害を共有する
国々との経済関係の強化を図る地域主義への傾斜を強めた結果，多くの自由貿
易協定（FTA：Free Trade Agreement）が 2000 年代以降に誕生した。

　FTA とは，関税やその他貿易障壁の撤廃や縮小を互いに約束しあう国際協
定のことで，近年では貿易の自由化に加えて人の移動，投資，知的財産権保護，
競争政策におけるルール作りなど，より幅広い分野の協力を含めた FTA が一
般的となっている[18]。さらに昨今では，広範な地域を包摂する広域 FTA（メガ
FTA）が増加しており，日本周辺では，環太平洋パートナーシップ協定（TPP：
Trans-Pacific Partnership），東アジア地域包括的経済連携（RCEP：Regional
Comprehensive Economic Partnership）などがある[19]（図 1 参照）。

　各国が FTA を締結する理由は多様であるが，その理由の１つに，複数の国
に拠点をもち，国際的な生産ネットワークを形成する多国籍企業の存在が指摘

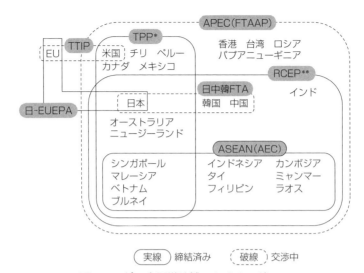

実線　締結済み　　破線　交渉中

図 1　アジア太平洋地域におけるメガ FTA

(注)　＊米国が署名後に離脱したため，現在は 11 カ国による協定（TPP 11）として発効。
　　　＊＊インドは 2019 年に交渉を離脱したため不参加。

（筆者作成）

できる。こうした企業の業務を円滑にするためには，関税や非関税障壁といった「国境措置」に係るルール設定だけでは不十分であり，投資の保護，国内基準・認証の共通化，知的財産権の保護強化といった各国国内の法制度に関わる領域，つまり「国内措置」にまで踏み込んだルール設定が必要となる。しかし，こうしたルールは，現在 WTO が規定する以上の内容（WTO プラス）であるため，新たなルール作りを WTO で行わなければならないが，ドーハ・ラウンドの膠着状況から見ても近い将来にそれが実現する可能性は低い。そこで，自国企業の海外での業務の円滑化を図りたい先進国政府と，外資導入により経済成長を図りたい途上国政府の利害が一致したため，2000 年代以降 FTA が次々と締結されたのである。

　WTO 交渉の停滞と FTA の興隆をどのように考えればよいだろうか。確かに，FTA は利害を共有する比較的少数の国が交渉するため交渉妥結のスピードは速く，また WTO よりも深い経済統合が可能となる。しかし，その本質は「無差別」「多角」という WTO の理念からは逸脱するものであるし，メガ FTA ごとに対抗関係が生じるブロック化の懸念がないわけではない。

　もう 1 つの問題点は，FTA ネットワークに取り残される途上国の存在であ

る。先進国企業のサプライチェーンに包含されていない後発開発途上国
（LDC：Least Developed Countries）の多くは，こうした FTA ネットワークに参加
していない。この事実が，今後こうした国々の成長や発展の機会を制限するこ
とになれば，GATT／WTO が追求してきた規範から逸脱する可能性がある。

　とはいえ，WTO が完全に機能不全を起こしているわけではなく，紛争解決
制度については多くの加盟国から信頼を得ており，利用件数も年々増加してい
る。これは，貿易上のトラブルを自国の裁量ではなく WTO の準司法的な制度
を通じて解決する姿勢，言い換えれば国際機関の裁定に委ねるとする規範が幅
広く定着したことを示している。

4.　漂流する国際秩序

（1）　トランプ大統領と「アメリカファースト」

　事前の大方の予想を覆し，「アメリカファースト」（米国第一主義）を掲げたド
ナルド・トランプ（Donald J. Trump）氏が 2016 年の大統領選挙を制し，第 45 代
大統領に就任した。もちろん，それまでの大統領もみな「アメリカファース
ト」であっただろうが，アメリカの利益（と彼が見なすもの）のためであれば，先
達が築いてきた国際秩序を毀損することも厭わない大統領の誕生は異例であっ
た。特に，米国国内法に基づく経済制裁の実施をちらつかせながら，アメリカが
「不公正」とみなす貿易慣行の改善を相手国に求める交渉スタイルは，GATT・
WTO が築き上げてきた「国際ルールに基づく紛争解決」という規範の対極に
ある行為である。そしてこうした交渉術は，伝統的な同盟国や友好国に対して
も適用された。

　また，2018 年以降に激化した米中経済摩擦の影響は，両国経済だけでなく世
界経済全体に広がっている。アメリカ政府は中国が国家ぐるみでアメリカ企業
の知的財産権を窃取していること，中国企業の輸出競争力を高めるために政府
が不当に補助金を拠出していることなどを理由に大規模な制裁関税を課した。
4 次にわたるアメリカの関税引き上げとそれに対する中国の報復関税によって，
二大経済大国が互いに課す関税は 20% を超えた。これはアメリカが保護主義
に傾倒し始めた 1930 年頃の全輸入品平均の税率に匹敵する。

　ジャーナリストのラックマン（Gideon Rachman）によれば，トランプ大統領は
既存の経済システムがアメリカにとってひどく不利になるように運営されてい

ると考えており，グローバル化によってアメリカが犠牲となる一方で，中国が
繁栄と台頭を実現したとの見方をもっていたという。他方，中国の習近平国家
主席は，現在の世界秩序がアメリカによって政治的・戦略的に支配されている
と感じているが，グローバル化がなければ中国経済の成長は困難になるため，
現行の国際貿易モデルを守りたいと考えていた。つまり，両者の考え方は鏡映
しの像のように逆転していたというのである。[20]

（2）　バイデン大統領でアメリカは変わるか

　2020 年 11 月の大統領選挙で，民主党のバイデン（Joseph Biden）候補がトラ
ンプ大統領に勝利し，第 46 代大統領に就任した。バイデン氏は選挙期間中，
トランプ政権下でアメリカの信頼性と影響力が低下したことを批判し，民主国
家との連帯を再び強化しつつアメリカ主導で国際経済のルールを書くべきだと
訴えてきた。[21]こうした経緯から，バイデン政権下でアメリカが再び国際協調路
線に戻るのではないかという国内外の期待は大きい。

　しかし，トランプ氏は選挙で敗れたとはいえ，およそ 7400 万票を獲得して
おり，これは同氏が当選した 2016 年選挙（約 6300 万票）だけでなく，「オバマ・
ブーム」に沸いた 2008 年のオバマ氏の得票数（約 6700 万票）をも上回る得票数
である。[22]国内にトランプ的な言辞を支持するこれだけの有権者が存在するのに
加えて，民主党支持層の中でも反グローバリゼーションの立場をとる支持者は
少なくない。よって，バイデン政権が誕生してもなお，アメリカ国民の内向き
姿勢は変わらず続きそうである。

（3）　G ゼロの世界

　経済学者のキンドルバーガー（Charles P. Kindleberger）は，1929 年に始まった
恐慌が世界に拡大，深刻化した原因を覇権国家（ヘゲモン）の不在に由来すると
主張した。[23]ここで言うヘゲモンとは，中小国の経済に関心をもち，大規模な国
際システムの運営に前向きであり，そして最後の貸し手，買い手の役割を担え
る支配的な経済大国のことである。彼の言葉を借りると，1920-30 年代は，イ
ギリスは最後の貸し手の能力を欠いており，アメリカは最後の貸し手の意思を
欠いていた。

　翻って，今日のグローバル経済のあり様をどのように見れば良いだろうか。
第 2 次世界大戦後の世界においてヘゲモンの役割を果たしたアメリカでは「ア

メリカファースト」路線への共感が広がっている。また，世界第2の経済大国に成長した中国は，自由貿易体制の維持や互恵的な経済圏構想を表明してはいるが，その強権的な政治体制や軍事強国化を進める政治姿勢は周囲の国々の警戒感を惹起している。

　国際政治学者のブレマー（Ian Bremmer）は，国際協調なき多極化が加速する世界において，国際秩序を主導する超大国が不在となる「Gゼロ」の世界の到来を予見した。トランプ大統領の登場以降，Gゼロ状況はよりリアリティをもつようになった。そして，Gゼロは経済領域だけでなく，地球環境，貧困，テロ，人権などあらゆる領域に影響を及ぼす。

　ブレトンウッズから始まった国際秩序は，紆余曲折がありながらも3四半世紀の間維持されてきた。バイデン大統領の就任によりこの秩序が今しばらく維持されるのか，あるいは新しい秩序に刷新されるのか現時点では分からない。しかし，Gゼロの状況下では秩序の崩壊を誰もがただ見守るだけという最悪の事態も起こり得よう。私たちは，世界経済を取り巻く秩序の歴史的な転換を目撃することになるのかもしれない。

注

1 ） Donald J. Trump, 2018 年 3 月 2 日の Twitter（@realDonaldTrump）におけるツイート。

2 ） 佐々木隆生『国際公共財の政治経済学——危機・構造変化・国際協力』岩波書店，2010 年，40 頁。

3 ） 秋元英一，菅英輝『アメリカ 20 世紀史』東京大学出版会，2003 年，170 頁。

4 ） 浅井良夫「IMF と戦後国際金融秩序」伊藤正直，浅井良夫編『戦後 IMF 史』名古屋大学出版会，2014 年，2 頁。

5 ） 池島祥文『国際機関の政治経済学』京都大学学術出版会，2014 年，81-82 頁。

6 ） 1 SDR の価格は，創設時には 1 ドルと等価と設定されたが，1974 年から主要 16 通貨，1981 年以降は主要 5 通貨（米ドル，独マルク，仏フラン，英ポンド，そして日本円）の相場を加重平均して決定する標準バスケット方式によって決定されるようになった。

7 ） Walter LaFeber, *The American Age*, W. W. Norton & Company, 1989（ウォルター・ラフィーバー『アメリカの時代』原書房，1992 年，123-136 頁）。

8 ） 世界銀行ウェブサイト〈http://worldbank.or.jp/31project/index.html#.XWirc Ogzack〉（2019 年 9 月 30 日アクセス）。

9 ） 世界銀行とは IBRD と IDA の 2 機関のことをいう。これに IFC（国際金融公社），

MIGA（多数国間投資保証機関），ICSID（国際投資紛争解決センター）をあわせ，世界銀行グループと総称する。

10）　こうした弊害を生む構造調整融資に批判が相次いだ。例えば，国連児童基金（UNICEF）は「人間の顔をした調整」をスローガンに掲げ，「経済成長の復興と傷つきやすい人々の保護」を結び付ける代替的な調整パッケージを要請した。

11）　中川淳司『WTO——貿易自由化を超えて』岩波書店，2013 年，20 頁。

12）　中本悟「アメリカン・グローバリズム——展開と対立の構造」中本悟編『アメリカン・グローバリズム』日本経済評論社，2007 年。

13）　John Williamson, "A Short History of the Washington", in N. Serra and J. E. Stiglitz eds, *Washington Consensus Reconsidered*, Oxford University Press, 2008.

14）　アジア通貨危機時における IMF の支援プログラムについては，白井早由里『検証 IMF 経済政策』東洋経済新報社，1999 年に詳しい。

15）　かつて，世界銀行のチーフエコノミストを務めたスティグリッツ（J. Stiglitz）は，アジア通貨危機時に IMF が課した経済プログラムはアメリカのウォール街や財務省の意向が強く反映されており，むしろこうしたプログラムが被援助国に深刻な不況をもたらしたと批判する。Joseph E. Stiglitz, *Globalization and its discontents*, WW Norton & Company, 2002（ジョセフ・E・スティグリッツ『世界を不幸にしたグローバリズムの正体』徳間書店，2002 年）。

16）　ただし，世界銀行においては，総裁選で途上国出身者が立候補することができるし，事実上ナンバー 2 のチーフエコノミストは，2000 年代以降，新興国出身者が就くことが一般的になっている。

17）　自国で生産・販売を行う外国企業に対して，一定割合以上の自国産部品の使用を義務付けること。

18）　貿易自由化を図る FTA に加えて，投資，人の移動，ビジネス環境の整備などより包括的な内容を盛り込んだ協定を経済連携協定（EPA）とよぶこともある。

19）　TPP は署名済ではあるが，アメリカが直前で参加を見合わせたため，残った 11 カ国で TPP を先行的に実施する TPP11 協定が新たに締結された。

20）　『日本経済新聞』2019 年 5 月 17 日朝刊。

21）　ジョセフ・バイデン「アメリカのリーダーシップと同盟関係——トランプ後の米外交に向けて」『フォーリン・アフェアーズ・リポート』2020 No. 3, 30-41 頁。

22）　得票数はいずれも CNN の Web サイト〈https://edition.cnn.com/election/〉（2020 年 12 月 14 日アクセス）を参照。

23）　Charles P. Kindleberger, *The World in Depression, 1929-1939*, University of California Press, 1973.

24）　Ian Bremmer, *Every Nation for Itself: What Happens When No One Leads the World*, Portfolio, 2012（イアン・ブレマー『「G ゼロ」後の世界——主導国なき時代の勝者はだ

れか』日本経済新聞出版社，2012 年）。

📖 推奨文献 ••

初学者用

・井出穣治・児玉十代子『IMF と世界銀行の最前線』日本評論社，2014 年。
　　著者がそれぞれの機関で勤務した経験を交えつつ，両機関の概要を説明する。
・中川淳司『WTO──貿易自由化を超えて』岩波書店，2013 年。
　　GATT 時代からの通史を簡潔にまとめつつ，WTO が抱える課題を提示する。

発展学習用

・大田英明『IMF と新国際金融体制』日本経済評論社，2016 年。
・吉川純恵『中国の大国外交への道のり』勁草書房，2017 年。

🗂 推奨 URL ••

・国際通貨基金（IMF）〈https://www.imf.org/〉
・世界銀行〈https://www.worldbank.org/〉
・世界貿易機関（WTO）〈https://www.wto.org/〉
・アジアインフラ投資銀行（AIIB）〈https://www.aiib.org/〉

◍ 考えてみよう ••

① 今日のグローバル経済において必要な公共財とはどのようなものだろうか。
② ブレトンウッズ機関は今後，どのような役割を果たすべきだろうか。
③ グローバル経済の秩序形成に，非国家主体はどのように関与できるだろうか。

第 5 章
EU（欧州連合）

福田八寿絵

　「われわれは，他者の安全のために個人の自由の一部を犠牲にし，欧州連合として共通の善のために主権の一部を共有した。次世代の EU は，加盟国間の分裂ではなく，信頼に変え，新型コロナ感染拡大からの単なる復興ではなく，よりよい社会への変革を目指すことである。」（2020 年 9 月欧州議会におけるフォン・デア・ライエン（Von Der Leyen）欧州委員会委員長一般教書演説より[1]）

1. 欧州統合の理念と歴史

　1923 年クーデンホーフ・カレルギー（Richard Nicolaus Eijiro Coudenhove-Kalerg）は，自著『パン・ヨーロッパ』[2]で，欧州統合の理念を提示した。彼は，第 1 次世界大戦の欧州の悲惨な経験から，世界平和に至る方法として世界連邦構想を抱き，欧州から近代主権国家の統合運動を開始した。しかし 1930 年頃からファシズムが台頭しはじめ，欧州各国のナショナリズムが高まるなかで，カレルギーが考えた欧州統合の理念と運動は，ヒトラーに対する抵抗（レジスタンス）運動の闘士たちに受け継がれたものの，欧州諸国の第 2 次世界大戦への突入によって挫折を余儀なくされた。

　しかし第 2 次世界大戦後，欧州諸国の連邦主義的な統合への試みが復活した。1946 年イギリスのウィンストン・チャーチル（Winston Churchill）はスイスのチューリッヒ大学で，「欧州合衆国」（United States of Europe）の建設を呼びかけた。これを契機として第 2 次世界大戦中に反戦運動，欧州統合運動を展開してきた多くの民間団体が 1948 年ハーグに集まり，「欧州大会」（Congress of Europe）を催した。戦後欧州の平和を構築するために，活発な議論が行われ，その成果として 1949 年緩やかな政府間協力機構として「欧州審議会」（欧州評議会とも呼ばれる，Council of Europe）が設立された[3]。しかし，国家を超えた超国家的な組織

が必要だと考える人々も多数存在していた。[4]

2.　欧州統合の目的と制度設計

（1）　欧州石炭鉄鋼共同体（ECSC）の創設

　フランスのジャン・モネ（Jean Monnet）は，戦争を無くすためには戦争原因そのものを無くす必要があると考え，「不戦共同体」を創設することを提案した。それは過去100年以上に及ぶ独仏間の戦争原因となってきた国境線近くにあるアルザス，ロレーヌ地域の石炭と鉄鋼の地下資源を，フランス，ドイツとともにイタリアやベルギー，ルクセンブルグ，オランダなど6カ国の国際共同管理の下に置こうという提案であった。モネは，仏外相ロベール・シューマン（Robert Schuman）にそのアイデアを進言し，シューマンはこれを受け入れ，「シューマン宣言」としてドイツに呼びかけた。この提案はドイツのアデナウアー首相（Konrad Adenauer）にも歓迎され，イタリア，ベルギー，オランダ，ルクセンブルグも賛同した。こうして1950年パリで「欧州石炭鉄鋼共同体」（ECSC：European Coal and Steel Community）条約が署名され，1952年に発足した。ECSC は国家の主権に関して直接影響力を行使できる史上最初の超国家的な性格を持った独自の国際制度となった。

（2）　欧州経済共同体（EEC），欧州原子力共同体（EAEC）の創設と EU への発展

　ECSC の成功は，1958年「欧州経済共同体」（EEC：European Economic Community），および「欧州原子力共同体（ユーラトム）」（EAEC：European Atomic Energy Community）の創設につながった。これらの3共同体が，EU 統合の基礎を築き，60年以上の歳月を経て，経済・通貨統合を進め，2020年現在では19加盟国で流通するユーロという欧州共通通貨の実現につながってきた。EU は，超国家的な性格を持つ機構と加盟国の統治機構との混成システムで構成されるユニークな組織構造を持ち，また国際公共政策と国内公共政策を連携協力させる独特のシステムを構築したとされる。つまり，EU は，超国家的な機構で政策決定を行い，加盟国の統治機構を使って政策を実現していく仕組みとなっている点が注目される。半世紀にわたる欧州統合の歴史を重ね，環境や人権など，後述するような多様な政策決定・政策実施方式に基づくガバナンス・システム

によって，EU は今や多くの分野で地球規模の「グローバル公共政策」の制度
設計および実施主体として発展しつつある。

（3）　EU の拡大・Brexit とガバナンス・システム

　EU のガバナンス・システムは，EU の拡大と相俟って機構改革が継続して
行われ，一連の基本諸条約がその基礎となって発展し続けてきた。1950 年代に
署名された ECSC 条約と EEC，EAEC 条約が，3 共同体発足当初の欧州統合
の制度設計の基礎となった。次の段階では，ドロール（Jocque Delors）欧州委員
会における域内市場統合過程で，1986 年，「単一欧州議定書」(Single European
Act)[5]　が，署名され，単一市場を完成させる上で EU 環境政策や社会政策の経済
的意義が強調された。

　1990 年代以降に合意された EU 諸条約，すなわち，1993 年発効のマースト
リヒト条約[6]，1999 年発効のアムステルダム条約[7]，2003 年発効のニース条約[8]，
2009 年発効のリスボン条約などの基本諸条約の規定に基づいて，EU 加盟国は
その国家主権の一部を共通の EU 諸機関に移譲してきた。マーストリヒト条約
では，「高水準の雇用及び社会保護」(EC 条約第 2 条）を EU の任務であると規定
した。その後，アムステルダム条約では，同条約の第 XI 編「社会政策，教育，
職業訓練および青年」に雇用・社会保護を編入し，EU 社会政策にも焦点があ
てられるようになってきた。2000 年 3 月，リスボン欧州理事会で加盟国首脳
は，今後 10 年間の経済，社会政策について包括的な指針を示した。これは雇
用促進と一層の強力な社会的連帯を確保しつつ，持続可能な経済成長を達成す
ることを目指したためである。世界で最も競争力ある知識経済圏を目指し，同
時に社会的排除や貧困を生みださないための社会政策，雇用政策にも十分な配
慮を目指す戦略が策定され，「リスボン戦略」[9]と名付けられた。この戦略は，社
会政策と経済政策および雇用政策の 3 つを柱とし，その相乗効果を狙う「総合
政策」であり，社会的連帯を維持しつつ，経済の競争力やダイナミズムを向上
させ，完全雇用を達成しようとするものであった。[10]

　2004 年 EU は，中・東欧諸国や地中海地域の 10 カ国が新規加盟し，25 加盟
国となり，2007 年には 27 加盟国体制へと拡大した。[11]さらにクロアチアが 2013
年加盟し，28 加盟国となった。

　EU の東方拡大による大欧州への歴史的実験は，中・東欧諸国への財政支援，
経済的次元の問題だけにはとどまらなかった。むしろ東方拡大は，従来以上に

表1 欧州統合の歴史・拡大・Brexit と基本諸条約

1950 年	シューマン宣言
1952 年	ECSC 条約発効（フランス，ドイツ，イタリア，ベルギー，オランダ，ルクセンブルグ）（6 原加盟国）
1958 年	EEC 条約および EAEC（ユーラトム）条約発効
1967 年	機関併合条約（単一の欧州委員会，単一の理事会）発効
1973 年	イギリス，アイルランド，デンマークの加盟（9 加盟国）
1981 年	ギリシア加盟
1986 年	スペイン，ポルトガルの加盟（12 加盟国）
1987 年	単一欧州議定書発効
1993 年	EU（マーストリヒト）条約発効
1995 年	オーストリア，スウェーデン，フィンランドの加盟（15 加盟国）
1999 年	EU（アムステルダム）条約発効
2003 年	EU（ニース）条約発効
2004 年	キプロス，マルタ，チェコ共和国，ハンガリー，ポーランド，スロベニア，スロバキア，エストニア，ラトビア，リトアニアの加盟（25 加盟国）
2007 年	ブルガリア，ルーマニア加盟（27 加盟国）
2009 年	リスボン条約発効，欧州基本権憲章発効
2013 年	クロアチア加盟（28 加盟国）
2020 年	イギリス離脱（27 加盟国）

（筆者作成）

EU 域内に歴史的・文化的多様性と格差をかかえこみ，政治的次元と経済的・社会的次元の諸側面で問題を複雑化させたが，欧州全体の民主化と安全保障上の安定性の強化が図られるという政治的効果もあった。

　しかし多くの欧州市民は，EU が人々に身近な「開かれた」制度となることを望んでいる。欧州市民に EU に対しての疎外感を感じさせることなく，各加盟国の統治機構と欧州市民社会を巻き込んだ形で，民主的で効率的に統御される「開かれた欧州ガバナンス」をどのように実現するかはきわめて重大な問題である。そこで，その根幹となる「欧州憲法条約」の制定が試みられたが，フランス，オランダにおいて欧州憲法条約批准をめぐる国民投票で否決され，同条約は頓挫することになった。しかし，この欧州憲法条約の名称を「改革条約（リスボン条約）」と改め，その内容は同条約の 95％以上を踏襲して各加盟国における批准手続に廻された。この EU（リスボン）条約草案は，2008 年 6 月にアイルランドの国民投票で否決されたが，リーマンショックとその後の世界経済危機の影響もあり，2009 年 10 月の再国民投票では可決され，同条約は同年 12 月 1 日にようやく発効にこぎつけた。

　2016 年キャメロン首相の政権下イギリスでは，EU 加盟継続の是非を問う国

民投票が実施された。52％が EU 離脱支持，48％が EU 残留と僅差ではあった
が，国民投票の結果，離脱が決定した。2017 年 3 月 EU 条約第 50 条に従い，
イギリスは，EU からの離脱（Brexit）を欧州理事会に正式に通告した。イギリ
スは，2 年間の交渉期限を何度も延長し，EU との離脱交渉を進め，2020 年 1
月 31 日正式に離脱した。2020 年末日までの移行期間のうちに，ジョンソン首
相とフォン・デア・ライエン欧州委員長との間で離脱後の両者間の通商関係を
含む将来関係について協議を重ねてきたが，2020 年 12 月移行期間の終了間際
に合意に至り，2021 年 1 月から EU とイギリスの間で包括的枠組みとなる貿
易・協力協定（TCA）が適用される。

　EU の統治システムの理解のため，その法体系や制度設計についてみてい
こう。

3.　EU の法秩序・主要機関とその役割

（1）　EU の法秩序と諸原則

　EU 諸条約は，EU の法体系の中で「第 1 次法源」と呼ばれる。その 1 次法か
ら派生する膨大な法令が，EU 市民に直接影響を与える「第 2 次法源（派生法）」
である。2 次法源は，主として規則，指令，決定，勧告共同体制定法および欧
州司法裁判所の判例等で構成される。これらの共同体制定法ならびに現行リス
ボン条約の下で，EU の公共政策の政策決定には，以下の主要機関が関与する。

（2）　EU の主要機関

　EU の意思決定に関わる主要機関は，いかなるものであろうか。現行リスボ
ン条約の下での EU 主要機関としては，欧州統合に関する政治的方針を決定す
る「欧州理事会」（European Council）のほかに，EU の立法に直接関わる機関と
して，EU の行政府である「欧州委員会」（European Commission），共同立法府とし
ての加盟国の国益を表出する「EU 理事会（閣僚理事会）」（Council of the European
Union）および加盟国国民の民意を代表する「欧州議会」（European Parliament）が
ある。これら以外に，司法府としては「EU 司法裁判所」（European Court of
Justice of the EU）があり，「欧州会計検査院」（European Court of Auditors）が設置
されている。

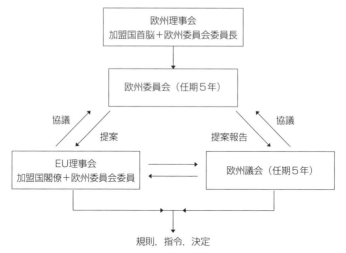

図 1　EU における政策過程と EU 諸機関との関係

（出典）　欧州委員会駐日代表部〈http://www.deljpn.ec.europa.eu/moduies/union/
institution/〉をもとに，筆者がリスボン条約による改革を加えて修正した。

a. 欧州理事会（European Council）

　欧州理事会は，EU の政治的な最高意思決定機関である。原則として年 4 回
会合を開き，欧州統合に関する政治的方針を決定することを任務とする。この
機関は，いかなる法的権限も持たず，共同体立法過程からは排除された位置に
あり，EU 司法裁判所によるコントロールも受けない。一般的には EU サミッ
トまたは EU 首脳会議と呼ばれることも多く，各加盟国の大統領や首相と欧州
委員会の委員長で構成される。しかし厳密にいえば，欧州理事会は，単なる首
脳会議ではない。1960 年代から首脳会議は不定期に開催されていたが，1974
年 12 月のパリ首脳会議において，加盟国首脳会議を定期化し「欧州理事会」
と呼ぶことをフランスが提案し，共同体諸条約の枠外でこの機関を創設した。

　欧州理事会の任務は，EU・欧州統合の進展にかかわる重要事項，欧州議会
の直接選挙の導入，機構改革，加盟国の拡大，新たな政策分野の導入，域内市
場統合や共通通貨ユーロの導入，リスボン条約などの基本諸条約の締結等の目
標設定，また EU 理事会で合意を得られなかった事項や政策の優先順位に関す
る決定をも行い，共通外交安全保障政策の枠内で国際紛争など緊急性のある事
項に対して EU としての宣言の発表を行うこともある。

　1987 年 7 月発効の単一欧州議定書により，欧州理事会は公式の共同体機関

となった。これにより，欧州理事会の議長国の大統領または首相が半年交代の持ち回りでその議長を務めることになっていた。しかし，リスボン条約においては，欧州理事会に任期 2 年半で再任可能（通常 5 年間）な「常任議長」（President）のポストが創設され，対外的な「EU の顔」として政治的リーダーシップをとることになった。初代ヘルマン・ファン・ロンパイ（Herman Van Rompuy，ベルギー元首相）の後任として，2014 年からドナルド・トゥスク（Donald Franciszek Tusk，ポーランド前首相）が 2 代目の常任議長に就任した。2019 年 12 月 3 代目に，シャルル・ミシェル（Charles Michel，前ベルギー首相）が就任した。

b．欧州委員会（European Commission）

　欧州委員会は，欧州全体の超国家的利益を表出する EU の行政府であり，国家でいえば内閣組織にたとえられる。この欧州委員会には，EU の行政管理，運営機関として独自の国際官僚機構がブリュッセルなどに設置され，EU 全体の共通利益のために欧州委員会を支援している。欧州委員会の起源は，パリ条約で創設された欧州石炭鉄鋼共同体の最高機関（High Authority）と呼ばれた執行機関にある。この ECSC の最高機関と，1957 年のローマ条約で設立された欧州経済共同体の委員会，欧州原子力共同体の委員会が欧州委員会の前身であり，機関併合条約が発効した 1967 年 7 月 1 日以降，3 共同体に共通の単一の執行機関となり，現在の欧州委員会に至った。欧州委員会の委員は，加盟国との合意および欧州議会の承認に基づいて任命され，その任期は 5 年である。欧州委員会は，欧州議会に対して説明責任を負い，政治的に独立した機関として EU 全体の利益のために任務を遂行することを義務づけられている。そのため，いかなる加盟国政府や機関，企業等の意向にも左右されてはならない。つまり，欧州委員会は「基本条約の守護者」として，EU 理事会や欧州議会で採択された規則や指令が適切に適用され，実施されているかを監視する義務がある。2020 年現在の欧州委員会は加盟国数と同じ 27 名で構成され，2019 年 12 月以降，フォン・デア・ライエン委員長の指揮下にある委員は，独立性が要請され，5 カ年の任期で任命され，再任も認められる。

　欧州委員会の任務は，① 共同体諸条約およびその派生法の適用を監視し，② 共同市場を維持するため共同体の各種基金を管理し，③ 提案・勧告，もしくは意見を提出し，④ 第三国または他の国際機構との間の対外関係を維持し，共同体の外交代表部として国際協定の締結交渉に当たることにある。欧州委員会には調査権があり，EU 諸条約とその派生法の適用に問題があることをつきとめ

た場合，加盟国，共同体の諸機関，自然人，法人に対して注意を喚起し，過料を課し，欧州裁判所に提訴することができる。欧州委員会は，EU 法案の発議権を持つ唯一の機関でもある。

　EU の行政執行機関としての欧州委員会は，共通農業政策などに関する EU 理事会の決定を実視する責任がある。研究，開発援助，地域政策などの EU 共通政策の運営は主として欧州委員会の責任であり，欧州委員会はこれらの政策の予算も管理する。欧州委員会は欧州議会に対して責任を負い，欧州議会が不信任動議を可決した場合には総辞職しなければならない。

c. EU 理事会（Council of the European Union）

　EU 理事会は，欧州議会とならぶ EU の主たる立法機関である。この機関は，かつて「閣僚理事会」（Council of Ministers）と呼ばれていたもので，現在では EU 理事会，または単に「理事会」（Council）と称され，加盟国数と同じ 27 名の閣僚で構成される。EU 理事会は，欧州石炭鉄鋼共同体特別閣僚理事会を起源とし，欧州経済共同体理事会および欧州原子力共同体理事会の 3 理事会が，「欧州 3 共同体の単一理事会と単一委員会を設立する条約」（1967 年 7 月 1 日発効）に基づいて，3 共同体に単一の理事会として統合され，ニース条約の下での EU 理事会へと発展してきた。EU 理事会は，各加盟国が半年ごとの輪番制で議長国となる。EU 理事会は，加盟各国政府の代表と欧州委員会委員長で構成され，農業問題であれば農相理事会，外交問題なら外相理事会，予算問題なら蔵相理事会というように協議事項に応じて，各加盟国から担当閣僚が派遣され，各加盟国の国益を表出する。その決定は，欧州委員会からの要請に基づく提案の審議を前提とし，欧州議会との共同決定事項も増大してきている。

　EU 理事会での意思決定は，案件の重要度に応じて，単純多数決（simple majority），特定多数決（qualified majority），全会一致（unanimity）のいずれかの決定方式で行われる。EU 基本条約の改正や新しい共通政策の導入，新規加盟国の承認などの重要事項の決定には，全会一致方式がとられる。しかし現在ではほとんどの法案について，特定多数決が適用されている。リスボン条約による改革では，従来全会一致とされてきた多くの分野に特定多数決制度が導入された。リスボン条約の二重多数決方式により，2014 年 11 月以降，可決には全加盟国の 55％以上かつ EU 人口の 65％の賛成票が必要とされる（運営条約第 205 条）。

d.　欧州議会 (European Parliament)

　欧州議会は，EU 市民の民意を代表する機関であり，EU 理事会とともに EU の立法機関としての役割を担っている。欧州議会の前身は，欧州石炭鉄鋼共同体における「共同総会」(Common Assembly) であった。1962 年より，この共同総会自身の決議により，「欧州議会」(European Parliament) の呼称が使われるようになったが，これが正式名称となるのは，単一欧州議定書が発効した 1987 年 7 月以降である。欧州議会の議員は，各加盟国の国会議員のなかから選出されていたが，国会議員と欧州議員の兼任では負担が重く，過労死する議員もあった。そこで 1979 年から国会議員でなくとも加盟国国民であれば誰でも欧州議会議員に立候補ができる直接選挙制度へと切り替えられた。こうして 1979 年 6 月以降，欧州議会議員は 5 年に 1 度の直接普通選挙によって，政党グループ別に選出されるようになった。欧州議会は EU 理事会と共同で法案の制定にあたる。欧州議会の本会議場は，フランスのストラスブールに置かれ，常任委員会の会議場はベルギーのブリュッセルに置かれている。2020 年 2 月現在の欧州議会選挙による総議席数は，705 となった。

　欧州議会は，発足当初は単なる諮問機関にすぎなかった。しかし欧州議会の権限は，民主主義の赤字議論への対応や市民参加，その後の権限拡大努力により，予算決定権，立法権を段階的に獲得し，拡大してきた。欧州議会は，法案提出を要請することはできるが，法案提出権は認められておらず，法案提出権は原則として欧州委員会の権限事項とされている。したがって，欧州議会の立法権は，行政府である欧州委員会によって提案された法案を審議し議決することに限られている。

e.　EU 司法裁判所 (Court of Justice of the EU)

　EU 司法裁判所はルクセンブルグに設置されており，判事と判事を補佐する法務官は加盟国政府の合意によって任命される。EU 司法裁判所は EU 法の遵守，および基本諸条約が適切に解釈，適用されるように確保する任務を担う。また，1989 年に設置された第 1 審裁判所 (Court of First Instance) は，各加盟国から選ばれた判事によって構成されている。加盟国の個人や企業が提訴する案件などを扱う。また，2005 年に EU 公務員裁判所 (European Union Civil Service Tribunal) が設置されたが，この裁判所は EU 機構で働く国際公務員である EU 職員と雇用主である EU 機関との紛争に対して司法判断を下す役割を担う。

f. 欧州会計検査院（European Court of Auditors）

1975 年に設置された欧州会計検査院は，各加盟国 1 名の会計検査官で構成される。検査官は，欧州議会の諮問を経て，加盟国間の合意により任命される。会計検査院は，EU の予算における歳入，歳出について，適法かつ効率的に予算執行されているか，また，財務管理が健全であるか否かを監査する。

　その他，EU には諮問機関として，各種利益団体を代表する評議員で構成される欧州経済社会評議会（European Economic and Social Committee），地域・地方政府の代表者によって構成される地域委員会（Committee of the Regions）および金融機関として，EU 内の開発の遅れた地域への支援や中小企業の競争力向上に関するプロジェクト等に融資を行う欧州投資銀行（EIB：European Investment Bank），1999 年 1 月からユーロ圏の単一金融政策を担っている欧州中央銀行（ECB：European Central Bank）がある。

4.　リスボン条約の下での EU の政策決定過程

（1）　特別立法手続（旧諮問手続）

　リスボン条約の下で「特別立法手続」（Special legislative procedure）と呼ばれる旧諮問手続（consultation procedure）は，伝統的な共同体政策決定方式の 1 つであった。欧州委員会の提案に基づき，EU 理事会が欧州議会に諮問する。欧州議会の意見は，EU 理事会に対する法的拘束力はないが，この手続は義務的である。欧州議会は EU 法令案に関与するため，形式的には民主的統制がなされていると見ることもできる。欧州議会は，第 1 読会において法案を諮問された後，法案への賛成，反対，修正案を提示できるが，EU 理事会は，これらに拘束されず，全会一致もしくは特定多数決により最終決定することができる。[12]リスボン条約において諮問手続という表現は廃止され，この手続きは「特別立法手続」の名称に改称され，欧州対外行動局（European External Action Service）の創設（リスボン条約第 27 条，第 48 条）等の決定に限定的に用いられることとなった。

（2）　承諾手続（旧同意手続）

　1987 年に発効した単一欧州議定書の下で，欧州議会による同意手続（assent procedure）が導入された。欧州委員会が交渉した国際協定や連合協定，拡大に関する加入条約案は EU 理事会から欧州議会に付託され，欧州議会の合意を得

る「同意手続」が必要となった。欧州議会は国際協定の締結に関して，この手続によって拒否権を行使できる。同手続は，単一欧州議定書当時は，第三国との協定締結や新規加盟国の承認などの分野に限られていたが，次第に EU 条約において適用範囲が拡大され，EU の対外関係に関する決定のみならず，欧州議会議員の統一選挙手続の改正や基金等の域内問題についての決定にも適用されるようになった。リスボン条約の下では，同意手続は「承諾手続」（consent procedure）と改称され，条約改正の際の会議招集（リスボン条約第 48 条），EU 脱退（リスボン条約第 49 条）にも適用範囲が拡大された。

（3）　通常立法手続（旧共同決定手続）

　共同決定手続（co-decision procedure）は，マーストリヒト条約において導入された。この共同決定手続という名称も非公式の呼称であったが，アムステルダム条約において簡素化・公式化され，また適用範囲が拡大された。[13] 現在では，同手続が EU における一般的な立法手続となっている。それゆえ，リスボン条約では，共同決定手続は「通常立法手続」（ordinary legislative procedure）という呼称に改称され，欧州議会と EU 理事会が対等の立法機関として位置づけられた。この手続では，労働者の自由移動，域内市場，教育，研究，環境，欧州横断ネットワーク，健康・衛生，文化，消費者保護などの決定に適用される。これらの分野の法案については，議員の絶対多数が EU 理事会の「共通の立場（common position）」を否決すれば，欧州議会は法案を廃案とすることができる。同手続の特徴は，第 1 読会において議会の修正の有無にかかわらず，EU 理事会が特定多数により法案を採択できるようになり，欧州議会と EU 理事会の間に対立がない場合，第 1 読会で法案を採択できるため，決定が迅速化されたことが挙げられる。また第 2 読会において欧州議会が絶対多数により否決した場合，法案が即座に廃案となる。さらに，第 2 読会で EU 理事会が欧州議会の修正に賛成しない場合，6 週間以内に調停委員会が開催されることになり，招集後 6 週間以内に EU 理事会と欧州議会の共同草案を作成しなければならない。共同草案が，欧州議会の投票総数の過半数，EU 理事会の特定多数によって採択されると，法案は成立する。

　以上のように，EU の政策決定手続では，欧州議会の立法権が段階的に強化されてきた。これらの EU 政策決定手練を通じて，域内公共政策のみならず，グローバル公共政策も決定される。

5. EUの2030年に向けた持続可能な欧州戦略[14]

（1）　国連SDGs（持続可能な開発目標）とEU「2030年に向けた持続可能な欧州戦略」

　2015年国連は，2030年までの持続可能な開発アジェンダを採択し，17の目標（SDGs）を設定した。EUはこの目標設定において重要な役割を果たしたことからEU市民の生活を向上させる持続可能な開発と欧州の国際競争力を高めるため2017年12月「2030年に向けた持続可能な欧州戦略」を策定した。この戦略に基づいてSDGsの目標を達成するために，EUの以下の諸政策によって重要な役割を果たすことを目指している。

　第1に，グローバルなサプライチェーンの生産，流通，消費パターンを管理することで持続可能な消費と生産を確保し，第2に，研究とイノベーション政策，教育，社会的包摂への投資を行う。第3に，気候・エネルギー政策によって，EUが環境とエネルギーの目標を設定し，エネルギー効率とクリーンエネルギーへの投資を進める。第4に，EUが農業への投資により，人々の健康保護，食料の安全保障，環境の質の確保する政策によって，持続可能な農業と食料システムの構築に公的支援を行う。第5に，都市や環境にやさしい持続可能なインフラ投資によって，地域間格差を是正する結束・収斂政策を強化する。このように持続可能な開発のためにグリーン・ディールやデジタル社会化を進め，欧州社会的課題の解決へ向けた取り組みを進めつつある。

（2）　EU高齢社会における国境を越える感染症予防・制御政策

　EUの国境を越える感染症予防・制御政策は，グローバル化する社会において増大しつつある健康への脅威に対して防御し，公衆衛生の向上を図ることにある。[15]このグローバル公共政策は，WHO（世界保健機関），EU加盟国，欧州疾病管理センター（ECDC：European Centre for Disease Prevention and Control）と欧州委員会が協力し，EUと加盟国の両レベルで保健・医療・健康能力の向上と発展をはかることを目指している。[16]医療は人間の安全保障を確保するための指標であるばかりでなく，経済発展の重大な誘因であると考えられる。EUは2000年のリスボン戦略，2010年の欧州2020の新成長戦略（上記SDGsと2030年に向けた持続可能な欧州戦略）においても医療，公衆衛生重視の立場をとり，知識基盤型

経済社会の構築や，持続可能な開発のため，医療・公衆衛生分野の強化を謳っている。

　新型コロナ感染症拡大は欧州の政治経済，社会・健康への脅威となった。人の自由な往来は経済活動の促進というメリットともに感染症の拡大リスクをはらんでいる。それでは，EU はグローバルアクターとして国境を超える感染症予防・制御にどのような対応が可能なのか。2020 年 12 月現在における新型コロナ感染症への対応を事例として EU の役割について考えてみたい。

　医療分野の Covid-19 対応策とし EU 4 Health という 94 億ユーロの欧州の医療スタッフや患者，医療体制を支援するプログラムが開始された。[17] 国際機関の対応計画に対する即時支援や影響を受ける国，特に健康，水，衛生，衛生設備（WASH）および物流における人道支援を即時提供し，欧州およびパートナー国における緊急のニーズに応える個人用保護具および医療機器の増産を行った。EU として最も脆弱な国の医療従事者に対して，直接あるいは世界保健機関（WHO）の「戦略的準備と対応計画」（SPRP：Strategic Preparedness and Response）を通じて疫学的監視とモバイルラボの使用における公衆衛生従事者の育成を支援した。アフリカ CDC とその地域センター，カリブ海（CARPHA），太平洋（SPC）における地域疫学的監視および疾病管理機関の強化を行い，基本的な保護対策や衛生アドバイスに関する啓発活動の支援を実施した。[18] 前述の ECDC は，欧州全域の公衆衛生機関や保健省を結ぶオンラインポータルである早期警告応答システム（EWRS）を確立し，感染症監視データを可能な限りリアルタイムで共有できるようにした。

　以上のように EU は新型コロナの感染拡大を制御するため，加盟国とともに欧州市民への経済的支援とともに医薬品，医療物質の共有や食料支援，医療従事者への支援を行った。

　一方で EU 法においては，公衆衛生分野は EU と加盟国の共有権限領域であり，医療体制については加盟国の権限範囲であることから EU の感染症予防政策の範囲は一定程度制限されているともいえる。EU レベルの感染症政策実施のためには公衆衛生，医療分野における EU の権限範囲についても拡大の議論が必要となろう。

6.　グローバル公共政策の新しい可能性とその課題

　グローバル化には，光の部分と影の部分がある。グローバル化は，国境を越える迅速な金融取引や企業活動，人の移動を活性化させ，世界的な相互依存関係を強化した。その結果，世界の多くの人々に新しい機会を創り出し，貿易，投資，生産活動などに貢献し，経済的・社会的利益をもたらすプラスの側面が認められた。しかし他方では，金融危機，国際テロリズムや越境組織犯罪の脅威，移民・難民の受け入れの問題や新型コロナ（Covid-19）などのような国境を越える感染症などのリスクを増大させ，貧富の格差拡大や政治経済システムの不安定化などマイナスの側面も少なくない。そこで EU は，グローバル公共政策に取り組み，地球規模の課題に対処し，政治，経済，社会的リスクの制御へ貢献することを各加盟国からも要請されるようになった。とはいえ，EU 単独では問題解決が困難なため，他の国際機構，域外諸国，企業，NGO など，多様なステークホルダーとの連携協力によるグローバル・ガバナンスが不可欠となってきたことも事実である。イギリスは，EU への加盟継続のメリットを実感できず，離脱する選択を行った。

　さらにリスボン条約では，グローバル・アクターとなった EU のグローバル・ガバナンスへの貢献が明確にされ，方向付けられた。すなわち，「民主主義，ジェンダー平等，雇用機会均等，結束，法の支配および基本的権利，人権の尊重，自由などの諸価値を重んじ，地球規模で生活の質と安寧の連続的な改善を目指す[19]」ことを謳い，EU がグローバル公共政策により，地球規模のガバナンスに貢献することを内外に表明している。経済危機が深刻化し，移民・難民問題の解決にも苦慮する中でこれらの新成長戦略を個々の諸政策に具現化するためには，さらに難しい舵取りが求められている。

注

1）　State of the Union Address by President von der Leyen at the European Parliament Plenary〈https://ec.europa.eu/commission/presscorner/detail/ov/SPEECH_20_1655〉（2020 年 12 月 14 日アクセス）。

2）　クーデンホーフ・カレルギー『クーデンホーフ，カレルギー全集』鹿島守之助訳，1-9 巻，鹿島研究所出版会，1970 年参照。

3 ）　Ian Bache, Stephen George, *Politics in the European Union,* Oxford University Press, 2006, p. 84.

4 ）　アン・ダルトロップ『ヨーロッパ共同体の政治』金丸輝男監訳，有斐閣，1984 年，10-11, 4-15 頁。

5 ）　単一欧州議定書の日本語訳は，金丸輝男編『EU・欧州統合の現在』創元社，1987 年付録を参照。

6 ）　マーストリヒト条約の翻訳は，金丸輝男『EU とは何か——欧州同盟の解説と翻訳』1978 年参照。

7 ）　アムステルダム条約の翻訳と解説は，金丸輝男編『EU アムステルダム条約——自由・公正な社会を目指して』ジェトロ，2000 年参照。

8 ）　ニース条約の翻訳は，鷲江義勝他「ニース条約翻訳」『同志社法学』53 巻 2 号，2001 年，268-317 頁。

9 ）　リスボン条約については〈http://eur-lex.europa.eu/legal-content/EN/TXT/HTML/?uri=OJ:C:2007:306:FULL&from=EN〉（2020 年 12 月 14 日アクセス）参照。

10）　福田耕治「リスボン戦略と EU 社会労働政策の新展開——新しい第 3 のガバナンス形態『開放型調整方式（OMC）』」福田耕治編『欧州憲法条約と EU 統合の行方』早稲田大学出版部，2006 年，255 頁以下を参照。

11）　10 カ国は，キプロス，チェコ共和国，エストニア，ハンガリー，ラトビア，リトアニア，マルタ，ポーランド，スロバキア，および，スロベニアである。これは 2002 年 10 月ブリュッセル欧州理事会が，欧州委員金からの第 5 次拡大に関する勧告を承認し，さらに同年 12 月のコペンハーゲン欧州理事会で最終決定がなされたことにより実現した。European Commission, GEN, REP, EU 2002, pp. 1-2.

12）　議会における読会（reading）とは，法案の趣旨説明，法案への質問，修正と議決という段階的な審議手法をいう。EU では，欧州議会と理事会で交互に 2 回の読会で審議し，合計 4 読会で議決に至る立法手続となっている。

13）　マーストリヒト条約においては，欧州議会が法案に反対した場合であっても，最終的に EU 理事会が法案採択をすることが可能であった。アムステルダム条約による変更により，議会に実質的な拒否権が与えられた。須網隆夫「超国家機構における民主主義」『法律時報』74 巻 4 号，2002 年，31 頁。

14）　European Commission, Towards a sustainable Europe by 2030, COM（2019）22 of 30 January 2019.

15）　福田八寿絵他『EU 国境を越える医療』文眞堂，2009 年。

16）　詳細は，福田八寿絵「EU における感染症予防政策のガバナンス」福田耕治編『EU とグローバルガバナンス』早稲田大学出版部，2009 年，93-120 頁。

17）　EU4Health 2021-2027 - a vision for a healthier European Union〈https://ec.europa.eu/health/funding/eu4health_en〉（2020 年 12 月 14 日アクセス）。

18)　Michael Anderson, Elias Mossialos, Time to strengthen capacity in infectious disease control at the European level, International journal of Infectious Diseases, 2020, a263-265.

19)　Council of the European Union, DOC 10917/06, 16, 2006, p. 2.

📖 推奨文献

基本学習用

・福田耕治『国際行政学――国際公益と国際公共政策』有斐閣，2012 年。
　　本書は国際行政学が「国際公益」確保のために，「国際公共政策」を手段として，環境，開発，国家と人間の安全保障，食の安全など身近な事例を挙げ，グローバルな問題，国際機構の国際公共政策と主権国家の国内公共政策の関係性について，入門者にも分かり易く解説している。
・高阪章編『国際公共政策学入門』大阪大学出版会，2008 年。
　　人間の安全保障，ジェンダー，国家安全保障など国際公共政策の EU の政策課題について複数の執筆者によって入門的な解説がなされている。
・山本武彦編『国際関係論のニュー・フロンティア』成文堂，2010 年。
　　本書は，国際関係の歴史と理論，地域研究，グローバル・ガバナンス論，平和学など国際関係についての多角的なアプローチについて分かり易く解説されている。

発展学習用

・福田耕治編『EU とグローバルガバナンス』早稲田大学出版部，2009 年。
・福田耕治，臼井実稲子，片岡貞治，福田八寿絵『EU・欧州公共圏の形成と国際協力』成文堂，2010 年。

🗐 推奨 URL

・EU 公式ウェブサイト〈http://europa.eu/〉
・駐日 EU 代表部〈http://www.deljpn.ec.europa.eu/?ml_lang=jp〉
・欧州連合日本政府代表部〈http://www.eu.emb-japan.go.jp/〉
・日本外務省〈http://www.mofa.go.jp/moiaj/〉
・EU 情報センター〈http://www.deljpn.ec.europa.eu/relation/showpage_jp_relations.academic.edc.php〉

考えてみよう

① EU は，なぜ形成されたのか。その政治・経済的背景を考えてみよう。
② EU のガバナンス・システムの特徴や超国家性を担保する意思決定の仕組みを考えてみよう。

◉ ● ● **議論してみよう** ・━・━・━・━・━・━・━・━・━・━・━・━・━・━・━・━・━・━・━・

① EU がグローバル・ガバナンスに貢献することの意味と問題点，EU のグローバル公共政策がグローバル・ガバナンスにいかなるかたちで貢献できるのか議論してみよう。

② グローバル化と高齢社会の進行，ユーロ危機をめぐる経済問題が，EU と加盟国の保健・医療・公衆衛生政策にどのように影響するのか，具体例を挙げて議論してみよう。

第6章
サミットと国際レジーム

宮脇 昇

「我々がここに集うこととなったのは，共通の信念と責任とを分ち合っているからである。我々は，各々個人の自由と社会の進歩に奉仕する開放的かつ民主的な社会の政府に責任を有する。」(「ランブイエサミット宣言」より抜粋)[1]

1. サミット (G7／G8)

(1) サミットとは

「サミット」とは「山頂」の意味であり，日本語では当初「頂上会談」と訳されていた。米ロ首脳会談も国連ミレニアム・サミットも全てサミットと呼ばれる。しかし本章では先進国首脳会議，後の主要国首脳会議 (G7/G8) にしぼってサミットの果たす機能を考えてみよう。[2]

G7/G8サミットは首脳外交の場である。首脳外交のメリットは，まず各国国内での首脳の政治力にある。首脳会談は，外交交渉において「切り札」あるいは「最終調整」としての意味合いが濃い場である。懸案の外交交渉が行き詰まった場合，「政治決着」として最大の政治力をもつ首脳同士が合意に達することで，交渉は終結し合意が最終的なものになる。あまたある国際機構とならんでサミットが，グローバル・ガバナンスの仕組みの中で1つのジャンクション (接合点) の機能を果たせたのは，高密度の首脳会談が定例化しているためである。[3]

サミットは国際法に基礎をおく国際機構ではない。先進7カ国 (アメリカ，イギリス，イタリア，カナダ，ドイツ，日本，フランス) とロシアの計8カ国による共通利益のための会議である。[4] メンバーは限定され，[5] 安保理の非常任理事国と異なり各地域から選出されるような制度も全くない。さらにサミットの合意が履行されずとも，それを履行させる法的拘束力も強制力もない。

　サミットに対する批判も根強い。サミットの運営方法が閉鎖的であることに対する批判，事前調整を行う官僚の影響力が増大し首脳同士の率直な話し合いで決定される余地が減ったとの批判，「金持ちクラブ」の先進国によるグローバリゼーションの推進組織として世界の貧富の格差拡大をもたらしているとの批判，などがあるが，それらはサミットに対する期待の裏返しでもある。

（2）　危機から生まれたG7サミット

　第1回サミット（1975年，ランブイエ）は危機によって生まれた。当時，金・ドル交換停止（1971年），第1次石油危機（1973-1974年），それらに伴う先進国のインフレの発生などの経済危機を，1930年代のようなブロック化ではなく，先進国の政策の国際協調によってどう解決するかが問われていた。

　サミット開催のイニシアチブをとったのは，フランスのジスカール・デスタン（Valery Giscard d'Estang）大統領である。サミット開催2年前の1973年3月，アメリカのシュルツ（George Shultz）財務長官が英仏及び西ドイツの財務相をワシントンに呼び非公式会合を行い，国際通貨秩序の大変動について協議を行った（数カ月後に日本も加わりG5となる）。ジスカール・デスタンが議長となった1975年，彼はイタリアも加えて6カ国をメンバーとして，G5（イタリアを含めてG6）を首脳会合に格上げし，ランブイエ（フランス）で初めてのサミットを開催した（翌年からカナダも参加しG7となり，後に欧州委員会（European Commission）や欧州連合議長国も参加）[6]。

　サミットの議長国（同時に開催国）は毎年の持ち回りであり，フランス，アメリカ，イギリス，西ドイツ，日本，イタリア，カナダ，の順番となった。第1回サミットでは変動相場制移行を主張するアメリカに対して，フランスが政策協調のために譲歩し，サミットが国際経済のルールの樹立に貢献できることを証明した[7]。また1979年の東京サミットでは，石油輸出国機構（OPEC：Organization of Petroleum Exporting Countries）の原油価格値上げに対抗して石油輸入量抑制の削減目標に合意した[8]。1970年代のサミットは，クラブ財的な性格の濃い国際公共財の形成のための政策立案の場であり，危機に直面した西側世界が多国間主義（multilateralism）をもとに協調した産物であった。

　1980年代になるとサミットは政治的メッセージを強く発する場となる。冷戦の激化をふまえ，ソ連のアフガニスタン侵攻（1979年12月開始）への批判，東側諸国での人権問題の批判もサミットの宣言文に記載されるようになった[9]。

1980年代のサミットは冷戦の一翼を担うものであった。また，発展途上国への経済支援が毎回議論されるようになった。[10]

（3）　グローバル・ガバナンスの中のG7/G8

　冷戦終焉後サミットは，民主主義，人権，市場経済の面で参加国の共通の価値観やモデルを世界に拡大する方途を議論する場として意識される。1990年代は，サミットが国連をも凌駕する求心力をもった時代であった。[11]地域紛争への対処をめぐって意見の一致をみない国連安保理に比べて，メンバーの同質性（like-mindedness）に基づくG7/G8に問題解決の実効性が期待された。[12]1989年の天安門事件，1990年代後半の地域紛争，アジア経済危機にサミットが対処してきたことは，まさにこの3つを守るためである。[13]民主化移行期のロシアが1997年から2003年にかけて段階的に加わりG8になったのもその延長である。

　G8は，グローバル課題にも応えようとしてきた。例えば，重債務貧困国（HIPC：Heavily Indebted Pour Countries）の債務問題について，1996年のリヨン・サミット以降，債務削減交渉（HIPCイニシアチブ）が始まり，1999年のケルン・サミットでは370億ドル（38重債務国）が対象となった。

　サミットが重債務国の債務問題に関心を示すようになった背景には，サミット開催にあわせたNGOなどによる「並行サミット」の開催がある。1999年のシアトルでのWTO会議以来，NGOなどによる反資本主義運動が激化し，市民社会からのサミット批判は勢いを増した。2001年のジェノバG8サミットでのデモで死者が出たことはサミットの転換点となった。一方でジェノバ・サミット後，IMFと世界銀行は，「グローバル・エクスチェンジ」，「職場に公正を（Jobs with Justice）」などのNGOの招待に応じて対話に臨んだ。他方で市民社会との衝突を避けるために，シーアイランド（アメリカ），洞爺湖，伊勢志摩（日本）など，都市部から離れた別荘地のような場所でサミットが開催されるようになった。

　しかし2001年9月のアメリカの同時多発テロ事件以降，ブッシュ政権が単独行動主義の外交を強めたことにより，サミットの求心力は低下する。多国間主義は，Don't act alone（1人で行動するな）として言い表せるが同時にDon't act at all（全く行動するな）になってしまうことが多い。アメリカのような軍事大国にとって，多国間主義は面倒にみえる。「有志連合」を率いてイラク戦争を開始したアメリカとそれを批判したフランスの対立は，2003年のエヴィアン・

サミットに暗い影を落とした。トランプ政権のアメリカが 2017 年のタオルミーナ・サミットで自国の国益を優先すべく保護貿易主義批判の文言を削除しようとするなど，多国間協調の場としてのサミットは姿を変えつつある。加えて，2014 年のウクライナ危機以降のロシアによるクリミアの電撃的占領と一方的「併合」の宣言は，共通の価値観をロシアと7カ国が有さないことが露わとなり，G8 からロシアは除外（参加停止）されてしまった。G7 の影響力は確実に低下している。

（4）　G20，G2 の登場

2008 年，世界恐慌以来といわれた経済危機（いわゆるリーマン・ショック）によって，先進国経済は深刻な景気後退を迎えた。世界経済の危機から脱するために，中国，インドなどの新興国との政策協調が必要とされた。既に 1990 年代から G7 蔵相・中央銀行総裁会議の拡大会合にこれら諸国は招待されていたが，2008 年 11 月，ワシントンで G20（主要 20 カ国・地域）首脳による金融サミットが開催され，世界経済に対する緊急対策が調整された。その後，定期的に首脳会議が開催され 2019 年 5 月には日本初となる G20 サミットが大阪で開催された。

一方で，1987 年に世界の GDP の 69.9％を独占していた G7 は，2014 年には 45.9％まで落ち込んだ。[14] 世界の GDP 2 位となった中国などの新興国の経済的構図を G20 は反映しつつある。ただし，非民主主義国を含む G20 では政治的課題について G7/G8 のような共通の価値観に基づく討議を行うことは難しい。

なお近年の中国の台頭にかんがみ，米中の首脳会談を G2 と呼称することがある。中国は，2013 年より米中関係を「新型大国関係」と位置づけ，アメリカと対等な立場で二国間対話を進めようとしていた。

（5）　サミットの方法論

サミットの意思決定は，多数決ではなくコンセンサス方式で行われる。コンセンサス方式とは，投票を行わず，一国も反対がなければその議案を成立させ，逆に一国でも反対がある限り議案を成立でも不成立でもない状態に留めおく方式である。一般に，コンセンサス方式が用いられるのは，議決するまでもなく事前に実質的な合意形成が終了している場合と，議決すると対立が深刻となり次回以降の会議運営が困難になることが懸念される場合である。[15] サミットの場合は前者の理由でコンセンサス方式がとられている。

　G2，G7，G20 のような首脳会議を総称してG プロセスと呼ぶことがある。G プロセスでは，コンセンサスによって決定される合意が現実に政策実践につながることが評価される。

　首脳同士が率直な対話を行うというサミットの意思決定方式の歴史は，儀式化に抗う歴史でもあった。既に 1983 年のウィリアムズバーグ・サミットで予め議題を固定しない，宣言を事前に詰めない等の工夫がなされた。しかしともすれば事前調整で結論が決まる議題も少なくない。実際にサミットの開催にあたっては，サミット前に 3 回，サミット後に 1 回，参加国の元首あるいは政府の個人代表（「シェルパ」と呼ばれる[16]）によるシェルパ会合が行われる。シェルパ会合ではサミットの草案文書等の作成準備を行う。

（6）　グローバル公共性とサミット

　サミットは，参加国の利益強化に限らず，グローバル公共性を強化する機能を有している。しかしサミットの政策課題には，国連のような一貫性は必ずしもない。例えば，アフリカの課題を主要議題としたサミット（2005 年：グレーンイーグルス）もあれば，主要議題にしないサミット（2004 年：シーアイランド，2006 年：サンクトペテルブルク）もある。

　サミットの合意履行率も重要な論点である[17]。1996 年から 2002 年までの各サミットの遵守状況を検証した研究は次のような結論を出している。まずサミットごとの合意の履行率をみると，沖縄サミット（2000 年）は 80％に達したが，デンバーサミット（1997 年）は 27％でしかない。分野ごとにみると，カナナス

図1　サンクトペテルブルク・サミットの
　　　G8首脳（2006 年 7 月，提供：内閣広報室）

キス・サミット（2002 年）の合意では，対テロ対策の履行率がほぼ完全で，環境，教育，持続可能な農業の各政策がそれに続く。最も悪いのは農産物貿易と経済成長で 13％，アフリカの課題にいたっては 0％であった。同年のサミット議長国はカナダであるが，国別履行率をみると同年はカナダが 85％で最も高い。翌年の主催国フランスも 62％と比較的高い。しかし日

本とロシアは8％でしかなく，イタリアに至ってはマイナスである。むろん国別履行率は年々変化し，おおむねサミット主催の順番が近くなると履行率が高くなる。

2. 国際レジーム

（1）　レジームとは

　国際レジームは，クラズナー（Stephen D. Krasner）によれば，「国際関係の所与の問題領域における，行為主体（アクター）の期待が収斂するような明示的もしくは暗黙の原則・規範・ルール・及び意思決定手続きの総体」である。換言すれば，レジームとは，ある問題に関して関係国（もしくは関係主体）が集うグループの枠組みであり，軍備管理レジーム，世界貿易レジーム，環境レジームのように，各分野，各関係国の協力枠組みを説明する概念である。

　レジームは，国際機構と重なる場合もあるが，全く同一とは限らない。例えば国際機構には常設事務局があり条約等の国際法で設立が規定され意思決定手続きも明文化されている。しかしレジームには明文化されているものもあればそうでないものもある。レジームは，ガバナンスと同様に分析枠組みの1つであるが，国際機構はガバメントと同様に実際に存在する枠組みである。

　レジームという言葉を用いると便利なことは，各々の問題領域における国際枠組みを表現しやすくなることである。例えば世界人権宣言，国際人権規約，人種差別撤廃条約等を包括して「国際人権レジーム」と表現できる。また制度の静態面の説明を重視する従来の国際機構論と異なり，（レジームの）変化や動態を前提とした議論を進めやすい。

（2）　囚人のジレンマ

　「囚人のジレンマ」（prisoner's dilemma）はレジーム形成の大きなポイントである。共犯の2人の囚人AとBが別の部屋で尋問を受けている。相手方が罪を告白した場合，自分も告白すると8年，告白しないと10年，相手が告白しない場合，自分が告白すると1年，告白しないと2年の刑を受けるとする（**表1**参照）。そうすると囚人側はそれぞれ合理的に判断して，相手の行動にかかわらず自白したほうが有利であると考え，自白する。相手との協調に対する裏切りがここに生じるのである。

表1　囚人のジレンマ

| | | 囚人B | |
		黙秘	告白
囚人A	黙秘	2年 / 2年	1年 / 10年
	告白	10年 / 1年	8年 / 8年

　囚人のジレンマはレジーム形成の大きな障害である。自国が相手国に協力しても，相手国が相互主義的に協力するとは限らない。冷戦期に米ソ間の軍備管理レジームが容易に形成されなかったのは，信頼が不足していたからである。

　しかし1度きりの囚人のジレンマ・ゲームではなく，貿易のように繰り返し続く問題領域も多い。これがもし無限繰り返しゲームであれば，裏切りに対して次回に報復の機会があるため，協調には協調で応えることができる。その保障があるとき，裏切り戦略で得られる総利益よりも，協力戦略で得られる総利益のほうが上回っていれば協力解を得られる[21]。そのような場合にはレジーム形成が相互によって志向されやすい。

注

1）　外務省仮訳，1975年11月17日〈http://www.mofa.go.jp/MOFAJ/gaiko/summit/rambouillet75/j01_a.html〉（2020年9月7日アクセス）。

2）　G7，あるいはG8には，首脳会議だけではなく外相会議や蔵相・中央銀行総裁会議等も含まれているが，本章では首脳会議を中心に議論していきたい。

3）　Getoehl, S.21.

4）　Siglinde Gstoehl, *Global Governance und die G8*, LIT Verlag, 2003, S.20-21. なお後述するように現在のG8には欧州委員会（EC）及び，欧州連合議長国も参加している。

5）　正式参加国の拡大の動きがあったが，後述のように1990年代のロシアの参加を除いて実現していない。

6）　なお欧州委員会や欧州連合議長国はサミットの開催国・議長国とならない。

7）　高瀬淳一『サミット　主要国首脳会議』芦書房，2000年，51頁。この米仏の合意について，ランブイエサミットの宣言でも「我々は，国際通貨制度の改革を通じて安定をもたらす必要に関し，他の多くの国の要請により，合衆国とフランスの見解に歩み寄りがみられたことを歓迎する。」と明記された。

8）　この削減目標の合意にあたり，サミット中に東京で米英仏および西独首脳が秘密会合を行ったほどである。嶌信彦『首脳外交　先進国サミットの裏面史』文藝春秋（文春新書），2000年，37-38頁。

9）　例えば1984年のロンドン・サミットでは「民主主義の諸価値に関する宣言」「東西関係と軍備管理に関する宣言」が出されている。

10）　発展途上国への支援については既に1976年のプエルトリコ・サミットや1979年の

東京サミットで南北問題がとりあげられたが，当時特に米英は南北問題を議題にいれることに反対した。「協力」「協調」を強調しすぎる美辞麗句の羅列をサミットにみたキッシンジャー（Henry Kissinger）米国務長官は「すべての国際問題がこのように簡単に解決されるものなら，猿が猿のエンサイクロペディア（百科事典）をタイプライターでたたく時代が，すぐにくるだろう」と述べたという。船橋洋一『サミットクラシー』朝日新聞社，1991 年，397-398 頁。

11)　嶌信彦，前掲書，83 頁。

12)　加藤良三，伊奈久喜「対談　正面から政治・安全保障に光を」『外交フォーラム』2000 年 10 月（臨時増刊号），35-36 頁。

13)　野上義二，岡本行夫「対談　G8 諸国間の静かなパワーポリティクス」『外交フォーラム』2000 年 10 月（臨時増刊号），19 頁。

14)　「よく分かる G7」〈https://vdata.nikkei.com/newsgraphics/g7transition/〉（2020 年 9 月 7 日アクセス）。

15)　後者の理由からコンセンサス方式が採用されているのは，第 3 部第 3 章でみる欧州安保協力会議 CSCE（Conference on Security and Co-operation in Europe, 現在の欧州安保協力機構）である。

16)　シェルパ（Sherpa）とはヒマラヤの登山者を助ける運び人を意味する言葉であり，山頂を意味するサミットを準備するという主旨である。

17)　Ella Kokotsis, "Commitments Kept or Promises Broken? Assesing G8 Complaiance at Kananaskis 2002," Michele Fratianni et al. eds., *Corporate, Public and Global Governance: The G8 Contribution*, Ashgate, 2007, pp. 189-192.

18)　Stephen D. Krasner, "Structural Causes and Regime Consequences: Regimes as Intervening Variables," *International Organization*, Vol. 36, Spring 1982, p. 185.

19)　宮脇昇「国際レジーム論の新地平」山本武彦編『国際関係論のニューフロンティア』成文堂，2010 年，165-192 頁。

20)　ロバート・コヘイン『覇権後の国際政治経済学』（石黒馨，小林誠訳）晃洋書房，1998 年，76-77 頁。

21)　協力解が成立するには，① プレイヤーが長期的展望をもち，プレイが限りなく継続すると期待，② プレイヤーが相手の選好と行動に関する正確な情報を有している，③ プレイヤーが相手の行動に対して速やかに対抗措置をとることができる，④ プレイヤーの利得がプレイと共に変化しないこと，である。鈴木基史『国際関係』東京大学出版会，2000 年，182 頁。

📖 推奨文献 •••

初学者用

・高瀬淳一『サミット　主要国首脳会議』芦書房，2000 年。

　　　サミットの歴史や政策決定を分かりやすく解説している。
・嶌信彦『首脳外交　先進国サミットの裏面史』文春新書，2000 年。
　　　首脳同士の駆け引きに重点をおいて説明している。

発展学習用
・大矢根聡編『日本の国際関係論』，勁草書房，2016 年。
・後藤玲子・玉井雅隆・宮脇昇編『やらせの政治経済学』ミネルヴァ書房，2017 年。
・Stephen D. Krasner, *International Regimes*, Cornell University Press, 1991（河野勝監訳『国際レジーム』勁草書房，2020 年）.

推奨 URL

・外務省　G7/G8 首脳会議・外相会議〈http://www.mofa.go.jp/mofaj/gaiko/summit/index.html〉
・トロント大学 G8 情報センター〈http://www.g8.utoronto.ca/〉

考えてみよう

① G20 は G7 の代わりになるだろうか。
② サミットはグローバル・ガバナンスを強化しているだろうか。

議論してみよう

　　レジームはどのような場合に崩壊するだろうか。

第7章
アメリカ[1]

増永　真

「我々は相互依存関係の時代に生きている」(ロバート・O・コヘイン／ジョセフ・ナイ)[2]

1. 国際公共政策と経済交渉

　国際社会における国家間の争点の1つに，「経済的利益」の配分をめぐる問題がある。この国家間の「経済的利益」を調整するために行われるのが，「経済交渉」である。経済交渉は，二国間，あるいは国際機関や地域機構の場において多国間で実施される。このため，経済交渉は，国際的な公共空間における，国家間の利益の調整と共有の可能性を探るものとなる。経済交渉の背後には，国内の政治過程があり，そこに参加する利害関係者と交渉者である政府との間でも利害の調整がなされる。

　経済交渉は，どのような争点を巡って行われ，それは，いかなる制度の下で進められるのか。その国内政治過程には，どのような，行為主体 (アクター) が参加するのか。

　本章では，世界経済の中心であり，国際秩序を主導するアメリカの経済交渉の政治過程を事例として，これらの問いを明らかにする。そして，最後に経済交渉を理解する上で必要な経済学と政治学の分析枠組みを紹介する。

2. アメリカの経済交渉

　アメリカが行う経済交渉のアジェンダには，貿易，投資，為替相場，金融サービス，マクロ経済政策などの多様な争点があり，各交渉に関連する制度と国内政治過程の参加者 (行為主体) は異なる。

　以下，「貿易」と「通貨，マクロ経済政策協調，および金融サービス」に分け

て，それぞれの交渉の「概要」と関連する「国内の制度」及び関与する「参加者」を説明していくことにする。

（1）　貿易交渉
a.　交渉の概要
　世界各国間で行われている貿易には，農産物，自動車や航空機などの工業製品といった「モノ」と，航空輸送や観光，金融などの「サービス」の取引がある（金融サービスについては，次項で扱う）。「モノ」と「サービス」のいずれの貿易においても，その取引は国境を越えて行われるため，世界各国においては，自国の国民の利益をいかにして保護し，増大させるかを検討する政府の政策が「貿易政策」である。そして，国内の生産者や消費者の経済的利益に関連して，他国との間で争点となるのが，「保護貿易」と「自由貿易」のいずれを好ましいと考えるかをめぐる議論である。
　「保護貿易」は，他国から輸入製品に対して，自国の生産者を保護し，雇用を守ることを目的としている。政府がこの政策をとった場合，「関税」を賦課して，当該製品の価格を割高に設定されるように誘導したり，法規制を設けて，当該製品の輸入数量を制限したりする。これに対して，「自由貿易」は，「関税」の引き下げや撤廃，輸入に対する法規制の緩和や撤廃を実施して，海外からの製品を自由に輸入できるようにする政策である。国内の消費者にとっては，購入できる商品の選択肢と供給が増え，価格が低下するメリットを享受できることになる。
　「貿易交渉」は，こうした貿易の関税の水準や規制のあり方をめぐって，国家間で話し合うことを目的としている。二国間で行われる場合と，国際機関や地域機構の枠組みの中で，多国間で行われる場合がある。アメリカが日本や中国と行う二国間の貿易交渉は前者の例である。そして，世界貿易機関（WTO：World Trade Organization）のラウンドやアジア太平洋経済協力機構（APEC：Asia Pacific Economic Cooperation）の参加国が協議した環太平洋パートナーシップ協定（TPP：Trans Pacific Partnership Agreement）の交渉は後者の例に該当する。二国間あるいは多国間で，多分野にまたがる自由貿易を実施するための包括的な協定として，「自由貿易協定（FTA：Free Trade Agreement）」と「経済連携協定（EPA：Equal Partnership Agreement）」がある。前者は，「モノ」と「サービス」の貿易に関する取り決めを約する協定であり，[3] 後者は，貿易に加え，投資や知的

財産の保護，競争政策におけるルール作りなども含む協定である。二国間交渉
では，多くの品目やサービスを対象として包括的に協議する場合と，工業製品
や農産物など個別の品目について話し合う場合がある。多国間交渉の場合は，
前者のケースが多い。

　アメリカにおける貿易をめぐる議論は，主要な貿易相手国であり，アメリカ
との間の貿易収支が常に黒字である日本と中国が対象とされることが多い。争
点となるのは，自動車をはじめとする工業製品のアメリカへの輸入と農産物な
どのアメリカからの輸出である。

　日米間の貿易交渉では，1960 年代から 70 年代にかけては，日本の対米輸出
の抑制が，1970 年代後半から 90 年代中頃にかけては，日本の市場開放が，そ
れぞれ争点となった。2000 年代に入ると，アメリカで発生した牛海綿状脳症
（BSE）をめぐり，日本が輸入するアメリカ産の牛肉の停止と再開を争点とする
交渉が行われた。そして，2008 年に就任したオバマ（Barack H. Obama）大統領
は，2010 年に TPP 協定の交渉を開始して，2016 年に参加国と合意に至った。
しかしトランプ（Donald J. Ttrump）政権は，2017 年に発足後，間もなくこの協
定からの離脱を表明した。そして，日本に対しては，牛肉の対日輸出の拡大や，
インターネットを利用した物やサービス取引などに関する新たなルール作りを
争点とする二国間交渉を開始し，2019 年 9 月に「日米貿易協定及び日米デジタ
ル貿易協定」を締結した。

　他方，中国との間では，2000 年を境に貿易赤字が急速に拡大し，減少傾向を
たどった日本と入れ替わりに貿易摩擦が外交案件化した。このため，ジョー
ジ・ブッシュ（子）（George W. Bush）政権以降，オバマ政権を経て，トランプ政
権では，貿易の問題が大きな争点となっている。オバマ政権は，中国との間で，
安全保障の問題で対立しても，経済の問題では対立を激化させず，一定の利益
を共有するケースが多かった。しかし，トランプ政権の対中政策は，経済と安
全保障，政治の領域において対立を強め，中国と全面的に対決している。サイ
バーや IT 技術など安全保障分野にも関連する争点に，海洋進出，香港の民主
化，人権，台湾，さらに，2020 年初めから新型コロナウイルスの感染拡大の問
題が加わり，各問題が領域をまたいで，米中間の対立が深刻化している（**表 1**
参照）。両国間の対立は，経済と安全保障の問題が一体化した「経済安全保障の
問題」として捉える必要があろう。

表1　2010年代以降の米中間の争点（2020年9月）

領　域	争　点
経　済	貿易，為替相場，国営企業・産業補助金，企業会計，ビジネスの各種規制・スタンダード，知的財産，技術移転，Tiktok，ファーウェイ，サイバー，新型コロナウイルス
政　治	香港，人権，少数民族，新型コロナウイルス
安全保障	台湾，海洋進出，技術移転，Tiktok，ファーウェイ，サイバー，新型コロナウイルス

※　下線部は複数の領域にまたがる争点

（筆者作成）

b. 国内の制度と参加者

　アメリカにおいて，貿易交渉にかかわる主な省庁は，大統領と様々な政策を担当する補佐官のいるホワイトハウス（The White House）をはじめ，外交政策を担当する国務省（Department of State），貿易政策を主管する商務省（Department of Commerce）と通商代表部（USTR：U. S. Trade Representative），農業政策を扱う農商務省（Department of Agriculture）などである。この他，航空政策を担当する運輸省（Department of Transport）は，国務省と共に，航空路線の開設や発着枠の設定などの航空輸送業の権益を他国と話し合う航空交渉に参加する。

　アメリカ国内では，貿易交渉の政治過程において，産業界の経営者と労働者，農家などの利害関係者が，それぞれの利益を主張して，政府や議会に対して強い圧力をかける。彼らは労働組合や業界団体などの所属組織を使って「ロビー活動」をすることが多い。大統領，あるいは連邦議会の議員は，こうした勢力の支持を得るために行動し，大統領選挙や中間選挙の前に彼らの活動が活発になる。連邦議会では，関連の委員会において公聴会が開催され，委員会の所属議員や証人として招かれた利害関係者や関係省庁の利益認識が表出する。[4]

　このような場合，アメリカと貿易相手国との間で，巨額の貿易収支赤字を計上しているとする主張がなされる。貿易収支赤字は，米国の輸入額が輸出額を上回っていることを示しているが，経済学的にみて，これ自体が問題を引き起こす訳ではない。貿易収支赤字は，貿易相手国の貿易慣行や規制により，アメリカの産業が思うように輸出ができない，あるいは，貿易相手国のアメリカに対する輸出が無秩序に増加していることの結果であるとして，政治的な争点となる。こうした議論が過熱すると，政府が貿易相手国に対して，「制裁」を実施したり，輸入制限や関税の引き上げを実施したりして，貿易を制限することがある。「日米貿易協定及び日米デジタル貿易協定」の合意において牛肉の対日

図 1 2019 年 9 月 日米共同声明署名式
(首相官邸ウェブサイト, 〈https://www.kantei.go.jp/jp/98_abe/actions/201909/25usa.html〉, 2020 年 9 月
13 日アクセス)

輸出の拡大を決めた 2019 年 9 月の日米共同声明署名式においては, 両国政権
幹部のみならず, 米国側からは畜産関連団体関係者の姿もあった (**図 1** 参照)

また, 貿易の問題は, 先に触れた通り, 安全保障問題と深くかかわることも
ある。兵器や兵器部品の輸入の増加, 兵器の輸出や輸出製品の軍事転用など,
国内兵器産業や安全保障政策に対する考慮による輸出入規制, 貿易交渉におけ
るバーゲニングの手段としての安全保障問題との「リンケージ」などがある。
リンケージは, 2 つの外交上の争点を関連付けることにより, いずれかで相手
の譲歩を引き出す戦略のことであり, 例えば, 日米間では沖縄返還交渉と繊維
交渉が結び付けられ, アメリカは沖縄返還の見返りに繊維交渉での譲歩を日本
に迫ったと言われている。また, アメリカは, 核開発をめぐるイランや北朝鮮
への対応のように, 安全保障政策上の手段として, 特定の国に対する貿易を制
限する「経済制裁」を実施することで, 安全保障問題と貿易問題を関連付ける
こともある。そして, 前述の通り, 中国に対しては, 経済問題と安全保障問題
を関連づける姿勢が顕著である。

(2) 通貨, マクロ経済政策協調, および金融サービスの交渉

a. 交渉の概要

世界各国間の貿易の動向に大きな影響を及ぼすのが, 為替相場の変動である。

　自国通貨高は，輸入にとっては有利だが，輸出を阻害して，景気に悪影響を及ぼすことがあり，自国通貨安はその逆を持つ。変動相場制のもとで，為替相場が大きく変動した場合は，貿易，景気や物価にも悪影響があるとして，政府が通貨の売買を行って，為替相場の水準を調整する「市場介入」を実施することがある。こうした為替相場の問題を扱う政府の政策が「通貨政策」であり，この問題を国家間で話し合うのが「通貨交渉」である。

　為替や株式相場の変動，貿易や直接投資を通じた経済的な結びつきを通じて，世界各国間の景気や物価といったマクロ経済情勢は相互に影響を及ぼしあっている。マクロ経済情勢や金融市場の安定のために各国では，中央銀行が金利や貨幣供給量を調節する「金融政策」や，政府が国家予算を使って景気を調整する「財政政策」を実施する。そして，これらの経済政策によって各国間の「マクロ経済政策協調」に向けた交渉が必要となることがある。2008 年のリーマンショックや 2020 年の新型コロナウイルスの感染拡大により，世界経済が深刻な打撃を受けた際には，財務相と中央銀行総裁間の会議が行われた。また，最近では，各国の財務省と中央銀行の間では，自国通貨を電子データ化する「デジタル通貨」の導入の問題もテーマとして話し合われるようになっている。

　また，国内外の経済運営に大きな影響を与える，銀行や証券会社など金融サービスを提供する金融機関の業務を政府が監督する「金融行政」も国際協調が必要となる。2008 年のリーマンショック発生時には，危機対応への一環として，金融機関に対する規制のあり方が世界各国共通の関心事となった。さらに，特定国の行動に対する安全保障政策上の懸念や，テロリストやギャングなどの犯罪集団の活動を封じ込める必要性から，金融機関と問題のある主体との取引を制限する「金融制裁」や「マネーロンダリング」の実施が必要となることもある。他方，アメリカの金融機関が海外でのビジネスを積極的に展開するために，他国の金融機関に対する規制緩和を求めることがある。こうした金融行政をめぐる外交案件を他国と話し合うのが，「金融交渉」である。

　以上のような，通貨政策や財政政策，金融政策や金融行政に関わる米国と各国との協議は，7 カ国財務大臣・中央銀行総裁会議（G7：Group of Seven）や 20 カ国財務大臣・中央銀行総裁会議（G20：Group of 20）やサミットなどの場において，多国間交渉として実施されたり，二国間交渉が実施されたりする。

b. 国内の制度と参加者
　アメリカにおける通貨および金融交渉，マクロ政策協調をめぐる交渉は，ホ

ワイトハウスの他，通貨政策，金融行政，マクロ経済政策を主管する財務省と中央銀行である連邦準備制度理事会（FRB：Federal Reserve Board）が担当する。そして，貿易交渉と同様に連邦議会上下両院の関連の委員会において，交渉に関する審議が行われる。[5)]

　通貨交渉，金融交渉，マクロ経済政策の協調をめぐる議論は，利害関係者の利益だけでなく，金融実務や経済学の専門的な見地からなされる場合が多い。このため，産業界や金融界の経営者に加え，経済学者，シンクタンクや金融機関のエコノミストの専門家が，議会の公聴会に招かれて，政治過程に関与することがある。

3.　経済交渉の分析枠組み

　国際協調主義をとるオバマ政権期にアメリカの政策がグローバルな経済に影響を与えることは理解できる。孤立主義と自国第一主義をとるトランプ政権期においても，大国アメリカの政策はグローバルな経済に大きな影響を与えていた。この点はバイデン（Joseph Robinette Biden, Jr.）政権への交代により孤立主義と自由第一主義が修正されて強まると考えられる。すなわち大国アメリカの政策は，グローバルな公共秩序に常に大きな影響を与える。これを理解するときには，経済学と政治学双方から考える必要がある。国家間で政治問題化した貿易や金融の問題は，「国際政治経済論」として，国際経済学と国際政治学，それぞれのアプローチから論じられる。

　マクロ経済学や国際経済学の貿易論と国際金融論，ミクロ経済学のファイナンス論は，貿易や金融，景気の問題，あるいはこうした問題の処方箋としての政府や中央銀行が実施する政策を理解する上で不可欠な知見を提供する。例えば，景気と金利や為替相場の関係を示すマクロ経済学や，自由貿易の理論的な根拠となっている国際経済学の「比較優位論」である。「比較優位論」は，効率的に生産可能な商品を自国で生産し，生産が非効率的な商品は他国から輸入することで，関係国だけでなく，世界全体の厚生が改善すると主張するものである。このため，貿易政策において，「自由貿易」を推進するための理論的な根拠となっている。

　政治学の分析アプローチとしては，国際社会における国家間関係が協調と対立のいずれに向かうのかという視点から，「リアリズム」と「リベラリズム」の

考え方を押さえておく必要がある[6]。前者では，経済的な利益をめぐる国家間の対立は不可避であるとする考え方が基本である。他方，後者においては，経済的な利益の共有を含め，多方面のチャネルが国家間が協調を促すとする「複合的相互依存関係」が中心となっている[7]。

　そして，経済交渉を行う政府と国内の利害関係者の間の駆け引きを分析する「2レベル・ゲーム」が重要である[8]。このモデルでは，「ウインセット」という概念を導入して，国内政治過程（レベルⅡ）における支持の調達の可否や難度が，外交交渉の政治過程（レベルⅠ）の合意形成を規定するとされている。

　このようにアメリカの経済交渉を理解する上では，経済学と政治学の双方から見ていく必要があるだろう。

注

1） 本章は2021年1月1日現在の記述である。米国の政治経済情勢は大きく変化しているので，読者におかれては，最新の情勢を併せて確認されたい。

2） ロバート・O・コヘイン，ジョセフ・ナイ『パワーと相互依存』滝田賢治監訳，ミネルヴァ書房，2012年，3頁。

3） アメリカは，1992年に隣国のカナダとメキシコとの間で北米自由貿易協定（NAFTA：North American Free Trade Agreement）を締結したが，2018年にその内容を見直した。

4） 例えば，上院（Senate）の Foreign Relations Committee や下院（House of Representative）の Foreign Affairs Committee。

5） 例えば，上院（Senate）の Finance Committee，下院（House of Representative）の Financial Services Committee。

6） 国際政治学における「リアリズム」と「リベラリズム」の定義と議論の内容は，比較政治学，政治思想・哲学といった政治学の他の領域を含め，他の学問分野，あるいはメディアや論壇，芸術などとは異なるので注意を要する。

7） Robert O. Keohane. and Joseph S. Nye., *Power and Interdependence*, Fourth Edition, Longman, 2011.

8） Robert D. Putnam, "Diplomacy and Domestic Politics," *International Organization*, Vol. 42, No. 3, (1988), 427-60.

📖 **推奨文献** ･････････････････････････････

初学者用

･Robert O. Keohane and Joseph S. Nye., *Power and Interdependence*, Fourth Edition, Longman, 2011（ロバート・コヘイン，ジョセフ・ナイ『パワーと相互依存』滝田賢

治監訳，ミネルヴァ書房，2012年).

リベラリズムの重要な概念である，「複合的相互依存関係」が提示されており，国際関係論を学ぶ上で必須の書。

発展学習用

・Robert D. Putnam, "Diplomacy and Domestic Politics," *International Organization*, Vol. 42, No. 3,（1988），427-60.

▢ 推奨 URL

・アメリカホワイトハウス〈https://www.whitehouse.gov/〉
・アメリカ国務省〈https://www.state.gov/〉
・アメリカ通商代表部（USTR）〈https://ustr.gov/〉

考えてみよう

① 経済交渉を分析する上で，なぜ国内政治の動向を把握することが重要なのか。
② 経済と安全保障の問題はどのようにして絡み合うと考えられるのか。

議論してみよう

オバマ政権とトランプ政権の対日貿易政策と対中貿易政策を比較して，似ている点と異なる点を挙げてみよう。

第 8 章
グローバルな市民社会アクター
——CSO と NGO

横田匡紀

「パンデミックへのグローバルな対応がすべての国家とコミュニティの資金供給への
ニーズにとりくまれるために，国連と市民社会との間に，さらに有益なパートナーシッ
プを構築しようではないか。」(アントニオ・グテーレス[1])

1. 市民社会アクターとグローバルな公共性

　貧困，環境，人権，安全保障といったグローバル公共政策の様々な課題にお
いて非政府組織(NGO：Non-Governmental Organization)，市民社会組織(CSO：Civil
Society Organization) などの非国家アクター，特に市民社会アクターに対する関
心が高まっている。公共性を考える場合，NGO や CSO などの市民社会アク
ターの活動は重要となる。
　公共性の定義として国家にかかわる公的な領域，すべての人々に開かれたも
の，共通の関心事であることがあげられる[2]。環境問題などのグローバルな課題
は国家アクターだけではなく，すべての人々にかかわる。そのためグローバル
公共政策も公共性を追求するならば，国家アクターだけに開かれるのではなく，
市民社会アクターにも開かれ，市民社会アクターの関心を反映した市民的公共
性を追求する必要がある。グローバル市民社会[3]という言葉が使われているが，
グローバル公共政策は国家からなる国際社会が担うのではなく，市民社会アク
ターも含めたグローバル市民社会が担っていく必要がある。
　以下では市民社会アクターとは何か，国際社会での市民社会アクター台頭の
軌跡とその背景，役割，課題の順に見ていく。

2.　市民社会アクターとは何か

　ここでは市民社会アクターの代表的な組織である NGO, CSO とは何かをとりあげる。一般に NGO とは政府組織から独立し，また営利を目的としない組織を意味する。欧州審議会が 2002 年に採択した「欧州における NGO の地位に関する基本原則」では，「第一に，自発的で自立的な団体で公権力の指示のもとに立たない，第二に，個人あるいは個人の集団で構成される，第三に，通常は会員制をとる，第四に，営利や配当を目的としない，第五に，法人格を持つ場合も持たない場合もある」としている[4]。

　また NGO と関連する用語として，非営利組織（NPO：Non-Profit Organization）があげられる。NPO と NGO の違いについては，一般に NPO が非営利を強調するのに対して，NGO は非政府を強調する。また NPO の場合は国内レベルでの活動に着目するのに対して，NGO はグローバルな次元に着目する。ここでとりあげるのは，グローバルなレベルでの NGO の活動である。こうした NGOの定義づけについては様々な見解がある。例えば NGO を「グローバル化する市民社会で活躍する組織」とし，その特徴として，第 1 に「公共性のある非営利目的の実現を掲げる組織」，第 2 に「財政的・人的なつながりにおいて，政府から自立性が確保されていること」，第 3 に「会員資格が一般人に開かれていること」をあげる見解もある[5]。この他に，非政府，非営利，非宗教，非軍事という性質を有する団体という見解もある[6]。

　上述のように定義されるグローバルに活動する NGO はどのくらい存在しているのだろうか。国際組織年鑑（Yearbook of International Organization）のデータによると，1956 年には 985，1985 年には 1 万 4000，2003 年には約 2 万 1000，2014 年には約 2 万 7000 に国際 NGO の数が増大しているという[7]。

　CSO については，NGO と同義に用いる場合が多いが[8]，その根底には市民社会の概念がある。市民社会とは，国家だけではなく，市場からも独立し，それらに対抗する第 3 の領域であると捉えられている[9]。その一方で，市民社会については，近年，国連グローバル・コンパクトなどに示される企業の社会的責任（CSR：Corporate Social Responsibility）への関心の高まりを受け，社会貢献に寄与する企業も含めるべきであるという議論もある[10]。

　CSO は，市民社会を代表する組織として，いわゆる市民的公共性を追求す

る。2004 年に国連事務総長の諮問機関である「国連と市民社会の関係に関する有識者パネル」が出した報告書「我ら人民——市民社会，国際連合及びグローバル・ガバナンス」では，CSO には NGO も含まれるし，その他に協同組合，労働組合，奉仕団体，共同体組織（CBOs：community-based organizations），先住民組織（IPOs：indigenous peoples' organization），青年団，婦人会，学術団体，政策や研究ネットワーク，宗教団体などが含まれるとしている[11]。

　国連開発計画（UNDP），世界銀行，国際通貨基金（IMF），アジア開発銀行（ADB）などの国際機構でも CSO について言及している[12]。NGO ではなく CSO と語られるようになった背景としては，国際機構の側でこれまで NGO を中心に非国家アクターとかかわってきたが，CSO とすることにより，多様なアクターのより積極的な関与を図ろうとする指摘もある[13]。

3.　市民社会アクターのグローバルな活動の軌跡とその背景

（1）　市民社会アクターのグローバルな活動の形成

　ここで市民社会アクターのグローバルな活動の展開を俯瞰することにしよう[14]。市民社会アクターのグローバルな活動は 18 世紀にさかのぼることができる。その実例として，奴隷制廃止をめぐる NGO の国際的な活動があげられる。18 世紀にアメリカ合衆国ペンシルベニア州，イギリス，フランスで奴隷制廃止の推進を目的とする NGO が設立された。この問題での NGO の活動は 19 世紀に入り，ピークを迎え，欧州諸国とその植民地における奴隷制廃止へとつながっていったという[15]。

　このように 20 世紀以前にも国際 NGO は存在していたが，今日存在するものの圧倒的多数は 20 世紀になってつくられたものである[16]。20 世紀に入ってからの国際 NGO の活動は，個別の国家が積極的に活動してこなかった人道的救済事業や文化交流が大部分であったという。あるいはまた国際オリンピック委員会（IOC：International Olympic Committee）の活動は，1930 年代のように，ドイツ，日本などをはじめ各国でナショナリズムが高揚していた時代に，オリンピックを開催することでグローバルな精神の灯火を燃やし続けさせる役割を果たしたという[17]。

　第 2 次世界大戦後に国際 NGO の活動は本格化し，国連経済社会理事会，ユネスコ，国際労働機関（ILO：International Labour Organization）などと協力するよ

うになる。第2次世界大戦後，冷戦が進行する中でNGOは「1つの世界」という理想を掲げ，冷戦から人類を守る活動を行った。例えば，冷戦が1つの頂点に達した1950年代においてNGOのいくつかは原水爆の禁止を求め，東西両陣営間の交流を促進しようとした。[18)]

　1960年代にはアジア，アフリカ，ラテンアメリカなど第3世界において数多くのNGOが設立された。その多くのNGOは人道的救済や援助活動を目的としていた。「開発の10年」と名づけられていた1960年代においてNGOは国連などの国際機構と並んで第3世界における経済発展に関して重要な役割を果たしていた。

　人権の分野でも活発に行動するようになった。1961年にアムネスティ・インターナショナル（Amnesty International）が設立された。「良心の囚人」，すなわち政治的・思想的な理由で投獄された人々を救うことを主な目的とした最初の国際NGOであるという。アムネスティ・インターナショナルに代表される人権NGOは，国連人権委員会などの場でオブザーバーとして出席し，情報提供や発言を行うことにより意思決定に影響を与えてきた。[19)]

（2）　世界会議

　1970年代以降は環境問題などのグローバルな諸問題が登場し，それに対応して市民社会アクターの役割も増大してきた。そして国連主催の世界会議で活躍するようになってきている点もその特徴として指摘できよう。世界会議への市民社会アクターの参加は1972年の国連人間環境会議にさかのぼることができるが，本格化したのは1992年に開催された地球サミットへの参加からである。地球サミットの成果の1つであるアジェンダ21において，NGOなどの非国家アクターを主要グループとして位置づけ，その役割の重要性を確認した。これを契機に，1993年の世界人権会議，1995年の第4回世界女性会議などで市民社会アクターが積極的に参加するようになった。具体的にこれらの会議の政府代表団にNGOが加わったり，これらの会議と並行して市民社会アクターによるフォーラムが開催されたりするなど市民社会アクターの参加が拡大している。

　そうした例として，環境問題の世界会議をあげることができよう。2002年に開催されたヨハネスブルク・サミットでは，地球サミット後10年の成果と課題を検証することを目的とし，準備プロセスにおいて市民社会アクターが積極

的に参加した。具体的には前述のアジェンダ21で確認された主要グループか
ら構成されるマルチ・ステークホルダーによる対話が試みられた。また環境問
題の検討にあたって日本の政府代表団にNGOがはじめて加わったことも特筆
すべき点としてあげられる。2012年開催の国連持続可能な発展会議でも同様
に，マルチ・ステークホルダーによる対話が試みられた他，会議と並行して
ピープルズサミットが開催された。

　ただ国連はグローバルな課題への対応において，世界会議の開催という形態
ではなく，国連総会の非公式協議という形態をとるようになってきており，市
民社会アクターの関与が低下しているという指摘もある。すなわち，国連の意
思決定過程における市民社会アクターの参加が狭められる一方で，実施への参
加が求められるようになってきているという弊害が生じてきているという[20]。

（3）　国連経済社会理事会NGO協議制度

　ここで国連経済社会理事会におけるNGO協議制度について言及しよう。国
連憲章第71条では国連経済社会理事会におけるNGOとの協議制度を定めて
いる。NGOの専門知識と経験の活用，NGOを通して世論を反映させることを
目的としている。人権，開発，環境などの経済社会分野で活動するNGOで，
国連NGO委員会と国連経済社会理事会が審査し，国連憲章の精神，目的なら
びに原則との合致，各分野で代表的存在であること，民主的な組織・運営など
の要件を満たせば「協議資格（Consultative Status）」が与えられる。国連NGOは
総合協議資格，特殊協議資格，ロスター（登録）の3つのカテゴリーに分けら
れ，協議資格を持つNGOには，経済社会理事会及び人権理事会，女性の地位
委員会や国連主催の世界会議に出席し，口頭や文書で意見を述べ，国連文書を
入手する権利が与えられている[21]。なお協議制度は1968年と1996年に改定され
ている。

（4）　市民社会アクター台頭の背景

　以上の例に示される市民社会アクターのグローバルな活動が着目されるよう
になってきた背景として次の点があげられよう[22]。

　まずグローバリゼーションの進展があげられよう。グローバリゼーションと
は，国境の枠を超えた社会，政治，経済，文化的な活動の増大を意味する。前
述のように，従来国際社会は国家によるパワーポリティクスと見られていた。

しかしながらグローバリゼーションの進行により貧困，環境など様々な課題が生じるようになった。経済面でのグローバリゼーションにより貧富の格差が拡大したといわれている。グローバリゼーションに伴う諸問題には国家だけでは十分に対応できない。市民社会アクターを含む様々な非国家のアクターの協力が必要となっている[23]。非国家アクターへのパワーシフトがおきていると指摘する見解もある[24]。

　グローバリゼーションと関連して，インターネットに代表される通信技術の発展も背景として指摘できよう。インターネットの発達により，遠隔地とのコミュニケーションが容易になってきた。NGO も他国の NGO と連絡を取ることが容易になり，後述する NGO ネットワークが形成されるようになってきた。また NGO の主張もインターネットを通じて世界中に配信することができるようになった。例えば，地球温暖化（気候変動）問題に関する NGO の国際ネットワークである気候行動ネットワーク（CAN：Climate Action Network）は，ECO というニューズレターをインターネットで配信している。

　政治的側面に目を向ければ，冷戦の終焉も市民社会アクター台頭の背景として指摘できよう。冷戦の終焉により，前述のグローバリゼーションに伴う諸問題に目が向けられるようになった。また冷戦の終焉は東欧諸国での市民社会アクターの働きかけがその一因としてあげられ，その他の地域での民主化や市民社会の発展につながったことも指摘できよう。

　更に制度的側面に着目した見解もある。すなわちこの見解では，第1に国際機構や各国での NGO に対する支援制度が充実してきたこと，第2に，既述した国連経済社会理事会の NGO 協議制度に示されるような協力制度が拡大したことにより，課題設定や政策決定における NGO の政治的アクセスが増大するようになったことを指摘している[25]。

4.　市民社会アクターの役割

　グローバルな公共政策において市民社会アクターはどのような役割を果たしているのだろうか。

（1）ネットワークの形成
　まずネットワークの形成という側面である。市民社会アクターは国家の枠を

超えて活動する。特定のイシューに関して国内レベル，国際レベルで多様な主体がネットワークを形成し，グローバルな諸問題の解決のために行動する。価値を共有し，情報やサービスの交換によって結びつき，個別の国家や国際機構に影響力を行使しようとする。トランスナショナル・アドボカシー・ネットワーク（TAN：Transnational Advocacy Network）とも呼ばれている。[26] 市民社会アクターのネットワークに関して，多種多様なメンバーをまとめるコミュニティ内の協働のメカニズムであるインターナル・ガバナンス，国家や企業などのコミュニティ外のアクターに対する働きかけであるエクスターナル・ガバナンスのバランスが重要であるとする指摘もある。[27] また市民社会アクター間あるいはネットワーク内部には多様性と差異が存在しており，一枚岩的，同一的に捉えることに対して批判的な指摘もある。[28]

　様々な問題領域において市民社会アクターのネットワークが形成されている。例えば，途上国の重債務救済に関して，ジュビリー 2000 というネットワークが形成された。これは 1996 年にイギリスのオックスファムやクリスチャン・エイドらが中心となり，2000 年までに発展途上国における債務帳消しという目標を掲げ，活動を開始したものである。2000 年までという目標は達成されなかったものの，後に貧困をなくすためのグローバルなキャンペーン（GCAP：Global Call to Action against Poverty）へと引き継がれ，重債務救済は単なる経済問題ではなく，貧困を生み出す南北問題であるという考えを広めることとなった。[29]

　また，近年，環境問題などで政府間のレジーム形成が停滞する中で，市民社会アクター主導によるレジーム形成も注目されている。具体的には，森林認証ラベル制度にかかわる森林管理協議会（FSC：Forest Stewardship Council），持続可能な漁業の認証評価にかかわる海洋管理協議会（MSC：Marine Stewardship Council）など，市民社会アクターが企業アクターなどと協働し，プライベート・ソーシャル・レジームを形成し，グローバルな課題に対応していることが指摘されている。[30]

（2）　利益の提供

　第 2 に利益の提供者という側面である。市民社会アクターの参加は政府や国際機構にとって利益になるという見解がある。すなわち政府や国際機構が様々な課題に対処していく際に，市民社会アクターが提供する情報，専門知識は有益である。カルドー（Mary Kaldor）は，本来政府が対処すべき課題について，専

門的な NGO がサービスを提供するという公共空間の「NGO 化」（NGOization）が拡大していると指摘した。[31)]

　例えば，既述した国連経済社会理事会における NGO 協議制度は，NGO の参加が国連にとって利益になるとみることができよう。世界銀行（世銀）もインスペクション・パネルといって，進行中の世銀プロジェクトに問題があると思われる場合，影響を受ける住民やその代表者が，世銀に苦情を申し立てる制度がある。[32)] この制度の設立の背景には世銀プロジェクトに対する NGO の批判がある。制度の運用においても NGO のキャンペーンが展開されている。

　他にも，国連環境計画（UNEP：United Nations Environment Programme）は主要グループやその他のステークホルダーを自然の同盟と位置づけ，積極的な参加の増大を確保させている。気候変動問題の国際的取り組みにおける資金問題に関して創設されたグリーン気候基金でも，理事会において市民社会や民間企業からのオブザーバー参加を認めている。[33)]

（3）　規範の構築

　第3に規範構築という側面である。国際社会ではパワー，利益とともに規範もアクターの行動に大きな影響を与える。[34)] 市民社会アクターは物理的資源を行使するよりも，正当な主張を行い，世論の支持をえることで，目標達成していくことを得意としている。市民社会アクターが行使するパワーの源は議論の説得力，正当性にある。

　そうした規範の影響を捉える枠組みとして「螺旋モデル（spiral model）」がある。[35)] すなわち制裁の回避や援助獲得のための戦略的な譲歩であっても，一旦人権などの規範の正当性を公に受け入れると，内政干渉であるという反論ができなくなる。その結果，道徳的な討議に従事せざるをえなくなり，次第に規範がアクターの中で内面化していくとする。人権侵害を行っている国の政府が，人権に関わる国際規範に遵守した行動様式を一貫して採用するまでのプロセス，そこでの NGO のかかわりを明らかにしようとする。

　市民社会アクターは様々な戦略を用い，規範の発生，拡散，内面化のいわゆるライフサイクルのプロセスで大きな役割を果たそうとする。市民社会アクターの活動は新しい規範を主張し，他のアクターを説得していくという規範起業家の側面を有している。それでは市民社会アクターはどのような戦略を用いるのか。まずとりあげられるのが「規範の接ぎ木（Norm Grafting）」工作である。

すなわち規範起業家として市民社会アクターは，その主張に正当性を与えるために，既に確立し，受け入れられている人道的な規範と結びつける，接合するという戦略をとる。対人地雷の問題に関して1997年に取り決められた対人地雷全面禁止条約（オタワ条約）では規範の接合工作が成功したといわれる。この事例はオタワプロセスと呼ばれ，市民社会アクターのネットワークである地雷禁止国際キャンペーン（ICBL : International Campaign to Ban Landmines）が行動を開始し，そのアイディアにカナダ政府が同調し，オタワ条約に結実した。ここで対人地雷の全面的禁止という規範が道徳的行為と結びつけられたのである。なおオタワプロセスの経験は他の事例にも波及している。例えばオスロプロセスと呼ばれる2008年に採択されたクラスター爆弾禁止条約（オスロ条約）の場合でも市民社会アクターは積極的に活動し，ノルウェー政府を説得し，クラスター爆弾の非人道性を訴えた。

　また規範起業家により提示された規範は，当該問題で権威的な地位にある団体であるゲート・キーパーに受け入れられなければ容易に広まらない，既存の規範を維持しようとする規範守護者による「接ぎ木の切断」といった側面に目を向けるべきとの指摘もある。例えば，小型武器問題をめぐって，小型武器規制を強化すべきとする規範起業家に対して，全米ライフル協会をはじめとする規範守護者は，アメリカ政府に既存規範支持を訴えた。

　他にもブーメラン効果（boomerang effect）があげられる。この戦略を用いることにより，国内の市民社会アクターが直接政府に影響力を行使できない場合に，国家を迂回し，国境横断的に形成されているトランスナショナル・アドボカシー・ネットワークや国際制度を利用することによって，外から圧力をかけ，国内における政策や政治状況を変化させることが可能になるとする。この枠組みにより，アムネスティ・インターナショナルといった国際NGOの存在が国際規範の設定に大きな役割を果たしたこと，国際NGOが効果的に活動を行う上で各国内のNGOとの間に密な関係を持ったことなどといった現実が明らかにされる。また，第三国や国際機関などが，人権侵害を行う政府に対して行う名指し批判，いわゆる「ネーム・アンド・シェイム（naming and shaming）」の効果が様々な研究者により指摘されている。カルドーによれば，ブーメラン効果の影響は対象国にとどまらず，介在する国際レジームの規範の強化にもつながるという「二重の効果」があるという。ただブーメラン戦略に関しては，対象国が争点となっている国際的な合意をあたかも（as if）遵守しているかのごと

くふるまう行動（as if 行動）をとっている場合，その効果が減少されるという[40]。

また市民社会アクターは以上のような様々な戦略を策定するときに，経済的資源が限定されることから，勝利する見込みのある問題を選別する「抗議ビジネス」の傾向にあるとの指摘もある[41]。

（4） 抵抗の担い手

第4に抵抗の担い手，すなわち協調，協力，共治という意味でのグローバル・ガバナンスに直接関与せず，その外側から変革を迫る対抗グループという側面である[42]。前述のように市民社会アクター台頭の背景として，グローバリゼーションがある。ここでいう抵抗はグローバリゼーションに対する抵抗という意味で，反グローバリゼーションとも呼ばれている。すなわち先進国や多国籍企業など強者の論理により推進される経済のグローバリゼーションは発展途上国や女性など弱者を脅かす。例えば，1999年のシアトルでの世界貿易機関（WTO：World Trade Organization）の閣僚会議における市民社会アクターによるネットワークの抗議活動はWTOを経済のグローバリゼーションを象徴する存在として捉え，批判したのである。具体的な要求として，経済のグローバル化を推進する国際機構の歪みを是正すること（例えば民主的な意思決定過程や市民社会の参加増大など）や多国籍企業に対する社会的責任をかかげている。この会議での抗議活動には，労働組合，農民団体，平和団体のほか，環境NGOや人権NGOなど7万人が結集した。抗議デモの結果，WTO閣僚会議は新ラウンドを開始することができなかったため，市民社会アクターによるネットワークの活動の成功を象徴する出来事となった[43]。

また反グローバリゼーションではなく，オルター・グローバリゼーションと呼ぶことにより，単にグローバリゼーションに反対するだけではなく，ネオリベラルな経済に頼らないオールタナティブな世界のあり方というグローバルな利益を追求する動きが活発になっている。

世界社会フォーラム（WSF：World Social Forum）もそうした実例として指摘できよう。WSFは「もう1つの世界は可能だ」をスローガンとして掲げている。2001年にブラジルのポルトアグレで開催されたことを契機に，原則として毎年1回開催されている[44]。

WSFの特徴は多様性にある。すなわち組織委員会が出した原則憲章によれば，新自由主義と帝国主義に反対する市民社会の団体や運動体が自由に討議し

たり，情報交換を行ったり，効果的な行動を連結したりするための開かれた集いの場であり，「もう1つの世界」を追求する世界的なプロセスである。暴力的手段をとる団体や政党以外の団体，人種差別を行わない団体であれば誰でも参加できる。個別に宣言を出すことはできるが，フォーラム全体としての最終決定文書を出すことはしないとする[45]。こうした多様性の中で，市場秩序を重視するグローバリゼーションを，人間や自然の多様性を重視する社会秩序に則してコントロールするための具体的方策を模索している[46]。

　ただ WSF に関しては，メッセージ性が弱いためにメディアの関心が長続きしないこと，WSF に参加できる人とできない人，国際的な NGO とローカルな運動体，WSF を是認する穏健な勢力と迅速な対応を求めるラディカルな勢力との間での亀裂が存在している問題が指摘されている[47]。

　また「アラブの春」と呼ばれる 2011 年アラブ民衆革命，アメリカでの「ウォール街を占拠せよ（Occupy Wall Street）」の占拠運動などに示されるポスト「新しい社会運動」が注目されていることを付記しておく。その特徴として，脱中心的で組織化されていないこと，公共空間を占拠する手法をとったこと，自主管理を実践したこと，ソーシャルメディアが動員の手段として用いられたことが指摘されている[48]。

　その他に近年の例として，# Me Too などに示されるハッシュタグ・アクティヴィズムの存在などが指摘されよう。これはセクハラなどの告発について，街頭での運動の他に，SNS でハッシュタグを用い，その主張をインターネット上に拡散することで影響を与えようとする。また，気候変動問題では，気候変動の影響が弱者に集中する現実を告発する気候正義運動が活発になっている。化石燃料による石灰火力発電への投資を引き揚げるダイベストメント，グレタ・トゥーンベリ（Greta Eruman Thunberg）によるストライキをきっかけに広まった Fridays for Future などの草の根運動が例としてあげられる。

5.　市民社会アクターの課題

　冒頭でグローバルな公共政策が公共性を追求する場合，市民社会アクターの参加が重要となると述べたが，その一方で課題も残っている。

　市民社会アクターの活動に伴う問題点として，正統性の問題があげられる。市民社会アクターの正統性については，市民からの支持という市民的正統性，

公平性・中立性，専門家としての知識を提供するという専門性といった点で道
義的権威としての正統性があるという指摘もある。[49]

　ただ国家では国民の選挙により当選した政治家が国民を代表して国家の政策
を決めていくが，市民社会アクターにはそのようなメカニズムは発達していな
い。前述のネットワークに関して言えば，先進国の NGO，特に資金力のある
NGO が優勢となり，公平性に疑問が生じている現実がある。

　また市民社会アクターの提供する情報の質も問題となっている。すなわち市
民社会アクターが常に正確な情報を提供しているかどうかは注意する必要があ
る。例えば，国連とのパートナーシップについて既述したが，国連による支援
をえるため，国連に都合のいい情報のみを提供することも考えられる。

　更に予算面の問題がある。[50]例えば NGO の収入は個人や団体の自発的な寄付
により賄われている。より効果的な活動を行うには人員などでそれだけ予算が
必要となる。前述した正統性とも関わってくるが，本来市民社会アクターが有
している規範や信念の普遍性を維持できるかどうかという問題が生じる。

　これらの課題を克服し，グローバル公共政策を国家アクターの独占から開放
することが今後も要請されていると言えよう。

注

1 ）　Secretary-General's video message to civil society on Financing for Development in
　　　the Era of COVID-19 and Beyond, New York, 2 November 2020.

2 ）　斎藤純一『公共性』岩波書店，2000 年。この他に国際社会における公共性について，
　　　遠藤誠治「現代国際社会における公共性」斎藤純一編『公共性の政治理論』ナカニシヤ
　　　出版，2010 年を参照。

3 ）　カルドー（Mary Kaldor）はグローバル市民社会を「個々人がグローバルなレベルで
　　　社会契約や政治取引を交渉し，再交渉するメカニズムを含んだ集団やネットワーク，
　　　運動からなるとしている。Mary Kaldor, *Global Civil Society: An Answer to War*,
　　　Cambridge: Polity Press, 2003（『グローバル市民社会論――戦争へのひとつの回答』
　　　山本武彦・宮脇昇他訳，法政大学出版局，2007 年）.

4 ）　最上敏樹「非国家主体と国際法」『国際法外交雑誌』108 巻 2 号，2009 年，6 頁。

5 ）　大芝亮「NGO（非政府組織）」『新・国際政治経済の基礎知識〔新版〕』有斐閣，2010
　　　年，257 頁。

6 ）　Akira Iriye, *Global community: the role of international organizations in the making
　　　of the contemporary world*, Berkeley, Calif.: University of California Press, 2002（『グ
　　　ローバル・コミュニティ――国際機関・NGO がつくる世界』篠原初枝訳，早稲田大学

出版部，2006年）．

7） Kim D. Reimann, "A View from the Top: International Politics, Norms and the Worldwide Growth of NGOs," *International Studies Quarterly*, Vol. 50, No. 1., 2006. 2014年の数値については The Union of International Associations, *Yearbook of International Organizations 2014-2015* Leiden: Brill, 2014 を参照。

8） 栗栖薫子「脱国家主体——国家の枠組みを越えて」村田晃嗣，君塚直隆，石川卓，栗栖薫子，秋山信将『国際政治学をつかむ【新版】』有斐閣，2015年，203頁。

9） 上村雄彦『グローバル・タックスの可能性——持続可能な福祉社会のガヴァナンスをめざして』ミネルヴァ書房，2009年。

10） 阪口功「市民社会——プライベート・ソーシャル・レジームにおける NGO と企業の協働」大矢根聡編『コンストラクティヴィズムの国際関係論』有斐閣，2013年。

11） Fernando Henrique Cardoso, "Transmittal Letter dated 7 June 2004 from the Chair of the Panel of Eminent Person on United Nations-Civil Society Relations addressed to the Secretary-General," UN Doc. A/58/817.

12） 後藤一美「国際援助機関と市民社会組織の新たな連携を求めて——IMF/WB/ADB/UNDP の取組み事例調査」後藤一美編『グローバリゼーションとグローバル・ガバナンス』法政大学出版局，2009年

13） 後藤，前掲論文。

14） ここでの記述は入江昭『平和のグローバル化に向けて』日本放送協会，2001年に負っている。

15） 目加田説子『国境を越える市民ネットワーク——トランスナショナル・シビルソサエティ』東洋経済新報社，2003年，7頁。

16） 入江，前掲書，175頁。

17） 同上，176頁。

18） 同上，177-178頁。

19） アムネスティ・インターナショナルに関しては樋口直人「国際 NGO の組織戦略——資源動員と支持者の獲得」大畑裕嗣・成元哲・道場親信・樋口直人編『社会運動の社会学』有斐閣，2004年，馬場伸也「「人類益」の追及をめざして——アムネスティの拷問廃止運動を中心に」臼井久和・武者小路公秀編『転換期世界の理論的枠組みⅡ　脱国家的イシューと世界政治』有信堂，1987年も参照。

20） 馬橋憲男「NGO の国連参加——消えた世界会議とその後」日本平和学会編『平和研究』早稲田大学出版部，第33号，2008年。

21） 馬橋憲男「国連と市民社会・NGO」臼井久和・馬橋憲男編『新しい国連』有信堂，2004年，165頁。

22） Margaret P. Karns, Kren A. Mingst, *International Organizations: The Politics and Processes of Global Governance*, Second Edition, Boulder, Colorado: Lynne Rienner

Publishers, 2010, pp. 22-25.

23）　目加田説子『地球市民社会の最前線』岩波書店，2004 年。

24）　Jessica T. Matthews, "Power Shift," *Foreign Affairs,* Vol. 76, No. 1, 1997.

25）　Kim, *op. cit.*

26）　遠藤貢「NGO のグローバルな展開と国際社会の構造変動」小倉充夫，梶田孝道編『国際社会 ⑤　グローバル化と社会変動』東京大学出版会，2002 年。

27）　毛利聡子『NGO と地球環境ガバナンス』築地書館，1999 年。

28）　金敬黙『越境する NGO ネットワーク――紛争地域における紛争支援・平和構築』明石書店，2007 年，28 頁。

29）　五野井郁夫「グローバル公共圏と市民社会――国際社会におけるデモクラシーと規範変容」大賀哲・杉田米行編『国際社会の意義と限界』国際書院，2008 年。

30）　阪口，前掲論文。足立研幾「国際社会における市民社会組織――政府なき統治の最前線」坂本治也編『市民社会論――理論と実証の最前線』法律文化社，2017 年。

31）　Mary Kaldor, *op. cit.*, 山本武彦「グローバル・ガバナンスの鳥瞰図――多様化するガバナンスの構造」グローバル・ガバナンス学会編『グローバル・ガバナンス』1 号，2015 年。

32）　段家誠「世界銀行と NGO――インスペクション・パネル制度と課題」日本国際連合学会編『市民社会と国連　国連研究』6 号，2005 年。

33）　上村雄彦「気候資金ガヴァナンスに見るグローバル・タックスと地球環境ガヴァナンスの交差――グリーン気候基金の現状とゆくえを中心に」グローバル・ガバナンス学会編『グローバル・ガバナンス』1 号，2015 年。

34）　ここでは規範を「共通のアイデンティティをアクターの間で適切とされる行動の基準」とする。規範の問題に関しては日本国際政治学会編『規範と国際政治理論　国際政治』143 号，2005 年を参照。

35）　遠藤，前掲論文。

36）　足立研幾『オタワプロセス』有信堂，2004 年。

37）　この事例に関しては足立研幾『レジーム間の相互作用とグローバル・ガヴァナンス』有信堂，2008 年，目加田説子『行動する市民が世界を変えた――クラスター爆弾禁止運動とグローバル NGO パワー』毎日新聞社，2009 年を参照。

38）　足立研幾『国際政治と規範――国際社会の発展と兵器使用をめぐる規範の変容』有信堂高文社，2015 年。

39）　Mary Kaldor, *op. cit.* なおブーメラン効果については，Margaret E. Keck and Kathryn Sikkink, Activists beyond Borders: advocacy network in international politics, Ithaca; Cornell University Press, 1988 を参照。ネーム・アンド・シェイムについては，向山直佑「第三国による歴史認識への介入の要因と帰結」日本国際政治学会編『国際政治』187 号，2017 年，32 頁で言及されている。

40)　宮脇昇「トランスナショナル唱導ネットワーク（TAN）の限界——「ブーメラン効果」に対抗する as if 的行動と時間要因試論」山本武彦編『市民社会の成熟と国際関係』志學社，2014 年。

41)　阪口功「IWC レジームの変容——活動家型 NGO の戦略と規範の受容プロセス」日本国際政治学会編『国際政治』有斐閣，153 号，2008 年，53-54 頁，足立研幾「「国際」社会におけるグローバル・ガヴァナンスの現状と課題」大賀，杉田編，前掲書，27-28 頁。

42)　上村雄彦『グローバル・タックスの可能性——持続可能な福祉社会のガヴァナンスをめざして』ミネルヴァ書房，2009 年，150-151 頁。

43)　都留康子「地球市民社会とグローバルな社会運動——その限界と意義」「地球市民社会の研究」「地球市民社会の研究」プロジェクト編，前掲書。

44)　2006 年は世界大会は開かれず，アメリカ大陸，アフリカ大陸，アジアで地域フォーラムが開催されるにとどまった。2008 年はローカルな催しを世界各地で一斉に行うことになった。2010 年は世界大会は開かれず，世界各地で分散開催された。2011 年はセネガルの首都ダカールで開催された。

45)　都留，前掲論文，113 頁。この事例に関しては山田敦「反グローバル化の広がりと繋がり——世界社会フォーラムの事例」日本国際政治学会編『国際政治』153 号，2008 年，も参照。

46)　毛利聡子「市民社会によるグローバルな公共秩序の構築」日本国際政治学会編『国際政治』137 号，2004 年。

47)　毛利聡子「オルター・グローバリゼーション運動の行方——転機を迎えた世界社会フォーラム」『アジア太平洋レビュー』第 5 号，2008 年。

48)　毛利聡子「共振する社会運動は，世界社会フォーラムに何をもたらすのか？——オルタ・グローバリゼーション運動とアラブ民衆革命を中心に」上村雄彦編『グローバル協力論入門』法律文化社，2014 年。ハッシュタグ・アクティヴィズムについては，五野井郁夫「ハッシュタグと〈現われ〉の政治——空間の秩序を変える直接民主主義について」『現代思想』48 巻 13 号，2020 年を参照。気候変動の事例については，Naomi Klein, This changes everything: capitalism vs. the climate, New York: Simon & Schuster 2014（『これがすべてを変える——資本主義 vs 気候変動』上・下（幾島幸子，荒井雅子訳，岩波書店，2017 年））などを参照。

49)　大芝亮「地球公共財と NGO——あらためて NGO の正統性を考える」『一橋法学』8 巻 2 号，2009 年，451 頁。

50)　宮脇昇「国際機構と NGO」岩崎正洋，植村秀樹，宮脇昇編『グローバリゼーションの現在』一藝社，2000 年。

📖 推奨文献

初学者向け

・毛利聡子『NGO から見る国際関係』法律文化社，2011 年。
　グローバルな課題に対応する NGO の活動について幅広く扱っている。
・Akira Iriye, *Global community: the role of international organizations in the making of the contemporary world,* Berkeley, Calif.: University of California Press, 2002（『グローバル・コミュニティ——国際機関・NGO がつくる世界』篠原初枝訳，早稲田大学出版部，2006 年）.
　国際 NGO の歴史的展開について扱っている。

発展学習向け

・目加田説子『国境を越える市民ネットワーク——トランスナショナル・シビルソサエティ』東洋経済新報社，2003 年。
・足立研幾『国際政治と規範——国際社会の発展と兵器使用をめぐる規範の変容』有信堂高文社，2015 年。
・Mary Kaldor, *Global Civil Society: An Answer to War,* Cambridge: Polity Press, 2003（『グローバル市民社会論——戦争へのひとつの回答』（山本武彦・宮脇昇他訳，法政大学出版局，2007 年）.
・松本悟，大芝亮編『NGO から見た世界銀行』ミネルヴァ書房，2013 年。
・山本武彦編『市民社会の成熟と国際関係』志學社，2014 年。
・坂本治也編『市民社会論——理論と実証の最前線』法律文化社，2017 年。

🖥 推奨 URL

・国連と市民社会 〈http://www.un.org/en/sections/resources/civil-society/index.html〉
・アムネスティ・インターナショナル 〈https://www.amnesty.org/en/〉
・OXFAM 〈https://www.oxfam.org/〉
・CAN 〈http://www.climatenetwork.org/〉

考えてみよう

① 市民社会アクターはどのように発展してきたのか。
② 市民社会アクターはどのような役割を果たしているのだろうか。
③ 市民社会アクターはどのような課題を抱えているのだろうか。

議論してみよう

　アナーキーの下で，市民社会アクターはグローバル公共政策の主役になることができるのか。

第9章
企　　　業

菅原絵美

> 「我々は，小規模企業から多国籍企業，協同組合，市民社会組織や慈善団体など多岐に
> わたる民間セクターが新アジェンダの実施における役割を有することを認知する。」
> （「我々の世界を変革する：持続可能な開発のための2030アジェンダ」）[1]

1.　企業活動とグローバルな課題とのつながり

　2015年9月25-27日に国連持続可能な開発サミットが国連ニューヨーク本部で開催された。150を超える国連加盟国代表が参加するなか，成果文書として「我々の世界を変革する：持続可能な開発のための2030アジェンダ」が採択され，17の目標と169のターゲットからなる「持続可能な開発目標」（SDGs：Sustainable Development Goals）が設定された。目標には，貧困（目標1），食料安全保障（目標2），健康・福祉（目標3），教育（目標4），ジェンダー平等（目標5），気候変動（目標13），生物多様性（目標15）などの課題が含まれている。これらの課題は，「地球規模かつすべての国に対応が求められる性質のもの」（成果文書のパラグラフ55）であり，まさにグローバル公共政策の対象である。本章では，グローバル公共政策において企業はどのように位置づけられてきたのか，国際社会での議論と取り組みの展開を確認する。

（1）　企業とは何か

　「企業」とはどのような組織だろうか。企業は，生産活動を行う経済単位であり，利益の追求を目的としていることに特徴をもつ。例えば，政府は一人ひとりの市民に対する奉仕を目的とした組織である。また，特定非営利団体（NPO：Non-profit Organization）はそもそも「非営利」の活動を目的とした組織であり，介護や保育，相談，交流などの対人サービスに加え，環境保全や社会課

題の解決など，不特定かつ多数のものの利益の増進（特定の個人や法人の利益を目的としてはいけない）のために設立される。これらの組織に比べて，営利団体である企業は，グローバル公共政策の対象となるような環境・社会問題の解決が究極的な目的とはならない組織なのである。

　このように企業は利益追求を目的とした組織ではあるが，当然ながら自社単体のみでは目的を果たすことができない。企業は，株主から資金を，労働者から労働力を得ながら商品やサービスを生み出す。そして，消費者や取引先からその商品やサービスが評価されることで利益を得，その利益を株主や労働者に還元することで成立している組織である。また地域住民の反発があっては事業活動がままならない。このように，様々な利害関係者（ステークホルダー）との関わりのなかで，企業は存在している。

　ヒト・モノ・カネ・情報の国境を越えた行き来が拡大してきている。このグローバル化を受けて，企業は，より良い条件のもとで原材料を調達し，労働力を確保し，市場を開拓するため，事業活動を世界中に拡大してきた。企業が商品・サービスの原材料などを取引先から調達し，そして取引先を通じてその商品・サービスを消費者に提供し，使用後の商品を廃棄・リサイクルする一連の流れはバリューチェーンと呼ばれる。原材料や資材の調達の流れだけを指してサプライチェーンとする場合もある。複数国に拠点を持ち事業活動を展開する企業は多国籍企業と呼ばれるが，取引先とのつながりであるサプライチェーンやバリューチェーンを含めて考えると，国内企業の多くも既に多国籍化しているといえるのではないだろうか。

（2）　企業活動のグローバル化と環境・社会への影響

　企業活動は人々の暮らしや自然環境に様々な影響を与えてきた。例えば，市場競争のなかで技術革新が進み，一人ひとりが携帯電話を持ち，容易にインターネットにアクセスできるなど，私たちの生活は企業活動の恩恵を受けてきた。さらに一歩進み，企業が自治体と協力し，一人暮らしの高齢者を24時間見守るサービスを提供するなど，少子高齢化の日本社会における福祉政策を担う側面もみられる。一方で，過重労働や低賃金を労働者に強いるいわゆる「ブラック企業」，アスベストなど職場での健康被害や労働災害，森林の違法伐採，有毒ガスの排出や不法投棄による環境破壊や公害問題など，国内での悪影響も深刻である。

　国内での環境や社会に与える影響に加えて，企業はグローバル化のなかで国境を越えて事業を拡大し，受入国の環境や社会に様々な影響を与えてきた。第1に，民営化に伴う課題である。これまで政府が担ってきた福祉，医療，教育，水道などの事業が民営化されることにより，効率化やサービスの質の向上など市民にプラスの結果がもたらされる場合はいいが，残念ながら悪影響が及ぶ場合もある。営利団体である企業は事業コストの回収以上に利益を確保する必要があるため，例えば，ボリビアのコチャバンバのように民営化により水道料金が高騰し貧困を助長させた事例もある。

　第2に，政府による人権侵害への加担である。南アフリカでのアパルトヘイト政策（白人と非白人を分離し非白人を極度に差別する政策）やミャンマーでの軍事政権による侵害，政府当局への個人情報の提供や腐敗行為など，作為・不作為の相違はあるものの，企業の加担が差別の撤廃，法の支配や民主化といったグローバルな課題の解決を後退させた。

　第3に，多国籍企業による受入国内での環境破壊・人権侵害である。例えば，ナイジェリアではロイヤル・ダッチ・シェルの子会社が石油開発による環境汚染とそれに伴う先住民族の健康被害を引き起こし，インドではユニオンカーバードの子会社が毒ガスを漏洩し地域住民の命と健康を奪い周辺環境を破壊した。このような多国籍企業の事件では，侵害を引き起こした現地子会社が親会社とは別の法人格を有することから，親会社は法的責任の追及を回避することができる「コーポレートベール」が問題視されてきた。

　もちろん多国籍企業の進出は現地の人々の生活をより良くする面もある。例えば住友化学によるマラリア防止や現地子会社設立による雇用創出，味の素によるガーナでの栄養改善プロジェクトなど，様々な取り組みが展開されていることに留意が必要である。

　さらに，企業活動による環境や社会への影響は，そのバリューチェーンを含めて考えると，地球規模に広がっている。2001年国連専門家パネルは報告書の[2]なかで，長期化するコンゴ民主共和国での紛争において反政府勢力が支配する鉱山から産出される金，スズ，タンタル，タングステンといった希少鉱物が紛争の資金源となっていること，この過程で企業が大きく関わり，鉱物や武器の取引，資金へのアクセスを提供していることが明らかにされた。電子電機業界など鉱物を使用し製品を製造または製造委託する企業は，サプライチェーンを介して紛争に加担しないよう，自社の製品に使用される鉱物が紛争地域から産

出したものでないかどうかについて情報を開示するなど対応を迫られている。このように企業単体の行為を越え，企業のバリューチェーンがもたらす構造的な悪影響は，紛争，気候変動，生物多様性，食料安全保障，現代奴隷（強制労働や人身取引など）や児童労働などでも指摘されている。

2.　国際社会における企業への関心と期待

企業活動が地球規模に広がり，環境や社会に与える影響が大きくなるに伴い，国際社会において企業に対し関心が高まり，そして期待が示されるようになった。

（1）　企業を名宛人とした国連規範の試み

グローバルな課題と企業活動のつながりへの関心は，国際社会における企業活動の規制として現れた。企業は究極的には「人」であり，会社法をはじめとする受入国の国内法上の規制のもとで事業活動をしている。本来，企業問題は国内問題なのである。1960年代に入り，先進国企業がアジア，アフリカ，ラテンアメリカなどの発展途上国へ進出し始めたことを契機に，多国籍企業の規制が国連で取り上げられる問題となっていった。

当初，発展途上国では，多国籍企業が大規模な経済力と先進的技術を有することから，自国の発展に貢献するものとしてその進出が奨励されていた。発展途上国は植民地体制から政治的な独立を果たしたばかりであり，貧困，対外債務，失業，食料危機といった経済発展の不平等を背負っていたからである。しかし，チリのアジェンデ政権成立阻止を狙った政治介入事件（1970年）など，多国籍企業が国家の主権を侵害する事件の発生を受けて，発展途上国では多国籍企業に対する不信が高まっていった。多国籍企業の現地子会社は株式所有比率では一見現地化しているように見えても，実際の経営は先進国の本社に支配され，受入国政府および住民と対立することも多かった。その「大きすぎる存在（オーバー・プレゼンス）」または「警戒すべき存在」は「新植民地主義」とされることもあった。

独立後の加盟により発展途上国が国連で多数派となっていたことも加わり，国連は企業活動の規制に取り組んでいくことになった。しかし，それは多国籍企業活動を規制する国際的基準を要求する途上国・社会主義諸国と，好ましい

投資環境の確立を目指す先進国という構図を背景としたものであった。OECD
多国籍企業行動綱領（1976 年），ILO 多国籍企業および社会政策に関する原則の
三者宣言（1977 年）が採択される一方で，1975 年に多国籍企業の活動の包括的
な規制を目指して始まった初めての多数国間取り組みである「多国籍企業に関
する国連行動綱領」は，難航する議論の末，15 年後の 1990 年に最終草案が完
成したものの，採択に必要なコンセンサスが得られず，1992 年に非公式ながら
廃案となった。³⁾

　国連行動綱領案と平行しながら，1980 年代後半から多国籍企業を含む企業
による人権侵害に対する国際的な関心が高まり，研究が行われるようになった。
その結果，国連人権小委員会は 2003 年「人権に関する多国籍企業および他の
企業の責任に関する規範」を全会一致で採択した。しかし，国家と同等の法的
義務を企業に課すことを目指した 2003 年規範は，反対する国家・企業側と賛
成する市民社会側の間に大きな対立を招き，国連は再び企業向け規範の定立に
挫折することになった。この膠着状態を打破したのは，2005 年に国連事務総長
特別代表に任命されたジョン・ラギー（John Gerard Ruggie）であった。⁴⁾ラギーの
6 年にわたる活躍の結果，2011 年に国連初の企業向けの人権規範である「国連
ビジネスと人権に関する指導原則」（以下，指導原則）が国連人権理事会の全会一
致のもと承認された。指導原則は法的拘束力のある文書ではないものの，「企
業の人権を尊重する責任」を認めるものとして注目を集めている。例えば，指
導原則の普及・実施として各国により行動計画（NAP：National Action Plan）が
策定されている。英国による 2013 年の策定に続き，現在 24 カ国が NAP を策
定した（2020 年 11 月末現在）。日本でも 2020 年 10 月に「『ビジネスと人権』に関
する行動計画（2020-2025）」が発表された。⁵⁾なお，2014 年国連人権理事会におい
て，ビジネスと人権に関する法的拘束力ある文書を起草するための政府間作業
部会を設置する決議が採択されており，企業に対する規制を求める動きが続い
ていることに注意が必要である。

（2）　企業の社会的責任（CSR）の普及

　企業は，利益を追求するという経済的責任を果たすのはもちろんのこと，そ
の決定や事業活動が及ぼす環境や社会に対する影響に対しても責任を負うとい
う考え方が，90 年代に欧州で登場し，その後，米国へ，そして日本へと広がっ
てきた。この考え方は「企業の社会的責任」（CSR：Corporate Social Responsibility）

と呼ばれる。日本では 2003 年が「CSR 元年」とされている。国際標準化機構
(ISO：International Organization for Standardinzation) における約 10 年にわたる国際
的な議論の末，2010 年に企業を含む組織のための社会的責任 (SR) に関するガ
イダンス規格「ISO26000：社会的責任に関する手引」が発行された。[6]

　ISO26000 によれば，社会的責任の具体的な中核主題は，組織統治，人権，労
働慣行，環境，公正な事業慣行 (汚職防止など)，消費者課題，コミュニティへの
参画およびコミュニティの発展 (教育，雇用創出など) である。企業はこれらの主
題を 2 つの次元で取り組んでいる。[7]第 1 に社会的に責任ある経営・事業活動で
あり，自社の CSR 方針や行動綱領の策定，省エネ対策やリサイクルの推進，女
性の取締役や管理職への登用，良好な労働条件や労働安全衛生の徹底などがあ
る。第 2 に，社会的課題への取り組みである。例えば，商品・サービス，事業
などビジネスとしての取り組みであり，二酸化炭素の排出を抑える環境配慮型
商品や高齢者や障がい者が使用しやすいユニバーサルデザイン商品の開発など
がある。また，ビジネスとは離れた社会貢献活動であり，金銭的な寄付やボラ
ンティア活動の推進，また自社の業務や技術を活用した支援活動などがある。

　このような取り組みにより企業が CSR を果たしているか否かの評価は，ス
テークホルダーや地域社会の支持・評価に依存している。例えば，消費者は社
会や環境に良い商品を買い，そうではない商品はボイコットをする。金融機関
は，企業を財務情報と環境や社会に関する非財務情報から評価して投資決定を
行う責任投資や ESG (Environment, Social, and Governance) 投資を進める。政府は，
CSR 評価を調達先の決定に反映させ，また企業に情報開示を求める立法や政策
を展開する。日本の動きの一例を取り上げれば，経済産業省と東京証券取引所
は 2013 年から女性活躍推進企業のインデックスである「なでしこ銘柄」を発
表した。また 2014 年には金融庁が機関投資家に投資先企業の CSR 実現を問う
「日本版スチュワードシップコード」を発表し，日本証券取引所は 2015 年に上
場企業に CSR を問う「コーポレート・ガバナンス・コード」を発表した。

　このように CSR は，企業が地球市民として，経済だけではなく環境・社会
問題に取り組むグローバルな視点と，ステークホルダーの期待・要求に対する
敏感さを求めるローカルな視点の双方をあわせもっている。このような特徴を
もつ CSR は，国家間関係を越えて，企業問題を個人や社会との関係で考える
視点を国際社会に与えた点で重要である。

（3）　国連グローバル・コンパクトの発足

　1999 年世界経済フォーラム（ダボス会議）において，元国連事務総長コフィ・アナン（Kofi Atta Annan）は，先進国と途上国の間でますます拡大する経済格差，テロリズム，民族主義や保護主義といったイズムの脅威など，人々が直面するグローバルな課題を前に，ビジネス界に向けて，「グローバル経済に『人の顔』をもたらすための，グローバルな約束（a global compact）を結びましょう」と呼びかけた。この提案を受けて，国連と企業のパートナーシップを推進するイニシアチブとして 2000 年に国連事務総長オフィスのもとに発足したのが国連グローバル・コンパクト（United Nations Global Compact，以下国連 GC）である[8]。

　国連 GC において，企業の経営トップは，国連事務総長に対し，① 人権，労働，環境，腐敗防止に関する 10 の原則（国連 GC10 原則）に合致した戦略および事業活動を行い，責任あるビジネスを実現すること，② 協力やイノベーションを重視しながら SDGs など社会的目標を前進させるために戦略的な取り組みを行うことを約束する。この約束に法的拘束力はなく，また約束を守らない企業に対し制裁はない。国連 GC は自発的イニシアチブであり，この点についての批判は多く聞かれる。しかし，国連 GC は，企業活動をモニタリングする仕組みではなく，企業の取り組みを段階的に向上させる（また問題を起こした企業を排除するのではなく，何が問題だったのかを学び，取り組みを改善していくことを期待する）パートナーシップである。国連 GC は，制裁の手段を設ける代わりに，取り組みの進捗状況を開示する仕組みを採用した。企業は，1 年間の取り組み内容を「コミュニケーション・オン・プログレス（COP：Communication on Progress）」として提出しなければならず，2 年間 COP を提出しない場合は除名される。COP は，提出時に回答する自己評価の結果とともに，一般に公開されるため，国連だけでなく，ステークホルダーに対する説明責任を果たすことになる。

　アナン元国連事務総長の呼びかけに応じた約 50 社で始まったイニシアチブは，現在世界 156 カ国から 1 万 1183 の企業，そして約 4000 の団体が参加する，世界最大の持続可能性推進のネットワークに発展した（2020 年 7 月末現在）。個々の企業の持続可能性の取り組み強化に加え，参加企業・団体が協働することで問題の改善を目指す取り組み（コレクティブ・アクション）も展開されてきた。「女性のエンパワメント原則（WEPs：Women's Empowerment Principles）」，「子どもの権利とビジネス原則」，「平和のためのビジネス」，「Caring for Climate」（気候変動に対する取り組み），「CEO 水マンデート」，「腐敗防止のための行動要請」，

「法の支配のためのビジネス」など課題別のイニシアチブに加え，3000 を超える機関投資家などが参加する「責任投資原則（PRI：Principles for Responsible Investment）」，600 以上の教育機関が参加する「責任ある経営教育原則（PRME：Principles for Responsible Management Education）」などステークホルダー別のイニシアチブがある。取り組みを通じて問題改善を図ることはもちろん，国連，政府や市民社会と協働しながら，国連持続可能な開発会議（以下，リオ＋ 20 会議）といった国際的な意思決定の場で影響力を示すなど，世界最大の CSR イニシアチブとしての影響力を行使している。

　また国連といった国際的な場のみならず，企業が事業を展開する現場である地域に根差した活動も拡大してきた。各国・地域レベルで GC 参加企業・団体をつなぎ支援するものとして，ローカルネットワークが 68 存在し（2020 年 1 月現在[9]）ている。日本では国連広報センター内に 2003 年にローカルネットワークが発足し，現在は一般社団法人グローバル・コンパクト・ネットワーク・ジャパンとして活動している。

（4）　企業を位置づけた世界共通の開発目標の設定

　最後に，世界共通の開発目標の設定とそこにおける企業への注目である。2000 年 9 月に開催された国連ミレニアム・サミットにおいて，189 の加盟国代表によって採択された「国連ミレニアム宣言」は，2015 年までに国際社会の達成すべき目標を定めた，加盟国の政治的合意であった。このミレニアム宣言と既存の国際開発目標を統合し，成立したのが「国連ミレニアム開発目標」（MDGs：Millennium Development Goals）である。極度の貧困と飢餓の撲滅（目標 1），初等教育の完全普及の達成（目標 2），ジェンダー平等と女性の地位向上（目標 3），環境の持続可能性確保（目標 7）などに加え，第 8 番目の目標として「開発のためのグローバル・パートナーシップの推進」が規定された。MDGs は加盟国政府が達成すべき目標であり，企業は国家が協働するパートナーとして位置づけられた。国連 GC の発足を受けて，最終的には第 8 目標だけでなく，MDGs の 8 つの目標全体の推進に企業が参画するようになった。例えば，国連開発計画（UNDP：United Nations Development Programme）が中心となり推進している「ビジネス行動要請」は企業がビジネスの成長と開発の達成を目指し MDGs に取り組むイニシアチブになっている。

　2015 年の達成期限が近づくと，ポスト 2015 の枠組み作りに向けた議論が加

速した。2012 年 6 月にブラジルで開催されたリオ＋ 20 会議では，国際商業会
議所（ICC：International Chamber of Commerce），持続可能な開発のための経済人
会議（WBCSD：World Business Council for Sustainable Development）および国連 GC
が，2002 年のヨハネスブルク会議に引き続き，「持続可能な開発のためのビジ
ネス・アクション」（BASD2012）を結成し，「企業および産業」グループを代表
した。そして，国際社会に対し，ビジネス界が，国際レベルでの公式な取り組
みがあるかないかに関わらず，企業と社会一般の持続可能な発展を促進するた
め積極的に取り組んでいくこと，さらには政府と積極的な協働を行い，かつ政
府に働きかけていくことを表明した。リオ＋ 20 会議の成果文書「我々が望む
未来」では，ポスト 2015 の枠組み作りおよびグリーン経済の実現に向けて，
企業の役割や官民パートナーシップの重要性が明示された。

　そして冒頭に紹介した 2015 年国連持続可能な開発サミットでは，2030 年に
向けた新たな 17 の目標を持つ SDGs が採択された。この SDGs では，企業を含
む民間セクターの位置づけが変化した。MDGs において企業は国家のパート
ナーであったが，SDGs では一歩進んで，「小規模企業から多国籍企業，協同組
合，市民社会組織や慈善団体など多岐にわたる民間セクターが新アジェンダの
実施における役割を有する」とされた。

3.　グローバル公共政策における企業の位置づけ

　国際社会の企業に対する関心や期待を振り返ると，企業の位置づけが「規制
の対象」，「パートナー」，そして「公共政策の担い手」と拡大してきたことが分
かる。これらの位置づけは変遷というよりは，重層化であることに注意が必要
である。

（1）「規制の対象」としての企業アクター

　企業活動は，グローバル公共政策の対象となる諸課題を引き起こし，助長し
てきた。保険や医療，教育分野の民営化，インフォーマル経済における現代奴
隷や児童労働，さらにサプライチェーンにおける環境汚染や紛争への加担など，
企業活動におけるこれらの問題は，本来は国家によって規制されるべき国内問
題であったが，今や国連をはじめとする国際社会で取り上げられ問題となり，
国連 GC10 原則や指導原則などの規範が策定された。これらの規範は CSR や

自発的遵守にとどまっており，国連人権理事会では条約化を検討する政府間作業部会が設置されるなど，企業に対する法的規制を求める動きは続いている。

　一方で，企業向けの規範を，自発性のみに頼るのではなく，国家，国際機関，投資家，取引先などからの働きかけを通じて遵守させようとする取り組みも展開されてきた。国連 GC は資産運用に携わる金融機関を対象にした「責任投資原則（PRI）」を 2006 年に発足し，PRI 参加機関は，企業への投資を決定する際に ESG への取り組みを評価している。また指導原則については，途上国の民間セクターに支援をする国際金融公社（IFC：International Finance Corporation）など国連諸機関が採用している。加えて，国家レベルでは，指導原則を実現するための行動計画の策定が進み，その推進の重要性が 2015 年 G7 エルマウ・サミット首脳宣言や 2017 年 G 20 ハンブルク・サミット首脳宣言において確認された。

（2）「パートナー」としての企業アクター

　次に注目したいのは，グローバル公共政策を進める上での「パートナー」としての企業である。[10]グローバル化した世界において深刻化する諸課題に対処するため，国連は，その機能強化の必要性から，非国家行為体とのパートナーシップを導入してきた。国連と企業のパートナーシップの先駆けとして，その発展を担ってきたのが国連 GC である。国連総会決議「グローバル・パートナーシップに向けて」は 2000 年以来 2 年毎に更新され，国際社会の意思を表明してきたものであるが，2015 年決議では，国連 GC が民間セクターと戦略的にパートナーを組む国連の能力を強化することに関して極めて重要な役割を果たしてきたと確認している。そして，民間セクターはパートナーシップを通じて，働き甲斐のある人間らしい雇用と投資，新たな技術，ジェンダー平等や女性のエンパワメントなどの実現に貢献するとして，SDGs の達成に向けた企業の役割の重要性を確認し，また歓迎している。

　国連と企業とのパートナーシップは多岐にわたる。[11]第 1 に国際会議やサミットへの参加であり，例えば毎年 9 月の国連総会開催に合わせて「国連民間セクターフォーラム」が設けられてきた。また SDGs 策定過程でのリオ＋ 20 会議に代表されるように，民間セクターの声を国際社会に届けてきた。第 2 に，人道支援機関をはじめ国連諸機関は企業と協働し資源や技術などの提供を受けながら事業を展開してきた。世界食糧計画（WFP：United Nations World Food

Programme）はシリア難民に対し食糧の現物ではなく食糧引換券やデビット
カードを配付している。WFP の経費削減はもちろん，難民を受け入れている
地元経済の活性化，さらに難民自身の選択の自由も広がっている。

　一方で，企業の「規制の対象」の側面に対する懸念は残り，例えば，企業が
国連のパートナーとなることで企業の不十分な取り組みにも関わらず良い評判
を得る「ブルーウォッシュ」になりかねないと批判されている。国連では「国
連とビジネスセクターとの協力に向けた原則基盤型アプローチに関するガイド
ライン」を策定し，パートナーとなる企業に対し，国連 GC10 原則および指導
原則を遵守すること，協力を進めるにあたっては説明責任と情報開示を果たす
こと，国連のロゴや名称などの使用に関する一般原則に従うことなどを求めて
いる。

（3）「公共政策の担い手」としての企業アクター

　さらに，国連や政府のパートナーとしてだけではなく，企業がグローバル公
共政策を自ら担うことが期待されるようになってきた。企業は CSR として，自
社の活動およびバリューチェーンにおいて，気候変動や生物多様性，現代奴隷
や児童労働の撲滅，先住民族の権利保障に取り組んできた。加えて，社会的課
題の解決を目指すソーシャルビジネス，企業と生産者または取引先が相互に利
益を最大限にすることを目指す「共有価値の創造（CSV：Created Shared Value）」，
途上国の低所得層にとって有益な商品・サービスを提供する BOP（Base of the
Pyramid）ビジネスなども展開されてきた。国連 GC の発足，そして MDGs やリ
オ + 20 会議での企業の活躍を受けて，SDGs では持続可能な開発に向けた企
業の主体的な役割が強調された。グローバル・リポーティング・イニシアチ
ブ（GRI：Global Reporting Initiative），国連 GC，WBCSD が共同開発した「SDG
Compass：SDGs の企業行動指針——SDGs を企業はどう活用するか——」は，
SDGs が MDGs と異なり，すべてのビジネスに対し，その創造力とイノベー
ションを活用して，持続可能な開発のための問題を解決するよう求めていると
し，企業が投資，商品・サービス，そして事業活動を通じて，SDGs に取り組
んでいくためにはどうすればいいのかを解説している。そのなかでは，企業が
積極的な取り組みを展開する前提として環境保全や人権尊重などの責任を果た
していること，そして取り組みは情報開示され，地域住民や関係者が情報を得
ることができることなど，担い手としての役割のみならず，責任についても明

示されている。

4.　今後の課題

　SDGs の採択を受けて，グローバル公共政策は新たな段階を迎え，企業の「公共政策の担い手」としての役割にますます期待が高まっている。企業は職場，市場，地域社会と関わりながら事業を展開してきており，その環境や社会への影響をサプライチェーンやバリューチェーン全体で捉えた場合，グローバルな課題の解決に向けた大きな可能性と資源，技術を有する存在である。一方で，本来企業は利益追求を目的とする組織であり，政府や NPO のような市民社会組織と同等のグローバルな課題への参画を求めることはできないし，また参画企業の利益確保のために取り組みを妥協することもできない。企業を「公共政策の担い手」として期待するならば，企業による環境や社会への侵害行為は許さず，一方で企業のグローバルな課題への参画を評価し，長期的な利益に結びつける国際社会の一層の仕組みづくりが課題となる。

注

1 ）　「我々の世界を変革する：持続可能な開発のための 2030 アジェンダ」（外務省仮訳），2015 年 9 月 25 日〈https://www.mofa.go.jp/mofaj/gaiko/oda/files/000101402.pdf〉（2020 年 12 月 10 日アクセス）。

2 ）　UN Doc. S/2001/357.

3 ）　以上について，吾郷眞一「国連による多国籍企業の規制」『国際問題』第 240 号，1980 年，小寺彰「多国籍企業と行動指針——多国籍企業行動指針の背景とその機能」総合研究開発機構編『企業の多国籍化と法 I　多国籍企業の法と政策』三省堂，1986 年を参照。

4 ）　ジョン・ジェラルド・ラギー『正しいビジネス——世界が取り組む「多国籍企業と人権」の課題』東澤靖訳，岩波書店，2014 年。

5 ）　ビジネスと人権に関する行動計画に係る関係府省庁連絡会議『「ビジネスと人権」に関する行動計画（2020-2025）』，2020 年 10 月〈https://www.mofa.go.jp/files/100104121.pdf〉（2020 年 12 月 10 日アクセス）。

6 ）　ISO/SR 国内委員会『ISO26000——2010 社会的責任に関する手引き』日本規格協会，2011 年。

7 ）　谷本寛治『企業と社会——サステナビリティ時代の経営学』中央経済社，2020 年。谷本寛治『日本企業の CSR 経営』千倉書房，2014 年。

8 ）　江橋崇『グローバル・コンパクトの新展開』法政大学出版会，2008 年。菅原絵美，
　　前田幸男「企業の社会的責任と国連グローバル・コンパクト——サプライチェーン・
　　マネジメントにみる企業と人権の関係構築」『新たな地球規範と国連（国連研究第 11
　　号）』国際書院，2010 年。

9 ）　United Nation Global Compact, *"Uniting Business in the Decade of Action: Building
　　on 20 Years of Progress"*（2020），pp. 28-29.

10）　吉村祥子「国際機関と個人・NGO・企業」渡部茂己，望月康恵編著『国際機構論
　　［総合編］』国際書院，2015 年。

11）　UN Doc. A/70/296.

📖 推奨文献

初学者用

・東北大学生態適応 GCOE チーム PEM『社会的責任学入門——環境危機時代に適応する
　7 つの教養』東北大学出版会，2012 年。
　　CSR の基本を環境，人権・労働，サプライチェーンなど項目ごとに具体的に説明して
　　いる。大学院生が執筆者となり専門家からの講義をまとめた本書はわかりやすい入門
　　書である。
・Think the Earth『未来を変える目標 SDGs アイデアブック』紀伊國屋書店，2018 年。
　　イラストを用いながら，SDGs の 17 目標の説明や，各目標の実現に向けた企業や
　　NGO などの取り組み事例が分かりやすく示されている。またコラム「SDGs を読み解
　　く視点」として一歩踏み込んだ知識や考え方も提供しており，充実した入門書である。

発展学習用

・ジョン・ジェラルド・ラギー『正しいビジネス——世界が取り組む「多国籍企業と人
　権」の課題』東澤靖訳，岩波書店，2014 年。
・谷本寛治『企業と社会——サステナビリティ時代の経営学』中央経済社，2020 年。

🖥 推奨 URL

・国連経済社会局持続可能な開発〈https://sdgs.un.org/〉
・国連グローバル・コンパクト〈https://www.unglobalcompact.org/〉
・ビジネスと人権リソースセンター〈https://www.business-humanrights.org/〉

考えてみよう

① 市民社会（NPO を含む）や政府と比較した場合の，企業の特徴は何だろうか。
② グローバルな課題と企業はどのように関わってきただろうか。
③ 国連にとって企業はどのような存在だろうか。

● ● **議論してみよう** ━●━●━●━●━●━●━●━●━●━●━●━●━●━●━●━●━●━●━●━

　身の回りの環境・社会課題を取り上げ，その解決における企業の可能性と限界を議論してみよう。また，企業に積極的に課題解決に参画してもらうにはどうしたらいいだろうか。

第Ⅲ部
何 が 問 題 な の か

　現在の国際社会は，一国単位では解決できない，「グローバル・イシュー」
を抱えており，またその内容も多岐に渡るものである。第Ⅲ部では，人権，
ジェンダー，環境や貧困問題など具体的事例を検討しながら，グローバル・
イシューにおいてどのような公共政策が形成され，実行されているのか，そ
して何が問題であるのかということを検討している。

第10章
人間の安全保障

庄司真理子

　「『人間の安全保障委員会』は『人間の安全保障』を『人間の生にとってかけがえのない中枢部分を守り，すべての人の自由と可能性を実現すること』と定義する。すなわち『人間の安全保障』とは，人が生きていく上でなくてはならない基本的自由を擁護し，広範かつ深刻な脅威や状況から人間を守ることである。また，『人間の安全保障』は，人間に本来備わっている強さと希望に拠って立ち，人々が生存・生活・尊厳を享受するために必要な基本的手段を手にすることができるよう，政治・社会・環境・経済・軍事・文化といった制度を一体としてつくり上げていくことをも意味する。」（人間の安全保障委員会報告書『安全保障の今日的課題』）[1]

　冷戦後の国際社会の変化の1つに，紛争の性質が著しく変化したことがあげられる。かつて戦争の主体は国家であった。国連憲章は，主として国家対国家の紛争をいかに処理するかを検討してきた。もちろんこのような古典的ともいえる形態の紛争が地球上からすべて消え去ったといっているのではない。しかし，冷戦後，顕著な傾向として「新しい戦争」ともいうべきテロ，内戦などの人間集団対人間集団の紛争が多発するようになった。紛争の問題を，人間同士の争いとして考えるとき，人間の安全保障という新しい概念で，国際社会の紛争を処理する必要が出てきた。

1.　人間の安全保障の意義

　人間の安全保障は，次の2つの点でこれまでの安全保障とは異なる。第1に，主体が国家中心ではなく人間中心であるということがあげられる。今までの安全保障のあり方は，国家をどう守るか，国家対国家の争いを収拾することに焦点があてられてきた。それに対し，最近の安全保障のあり方は，国家の中の人間をどうやって守るか，また人間集団間の争いをどうやって収拾するかという

ところに焦点が移っている。

　第2に，安全保障の対象が非常に幅広くなったことである。人間の安全保障
が脅威とするのは，実際の紛争にとどまらず，例えば環境汚染，テロ，暴力，
あるいはエイズや重傷性呼吸器症候群（SARS），新型コロナウィルスなどの感
染症の問題など多岐にわたる。難民問題や大量移民などの大規模な人口移動や
貧困の問題も，人間の安全保障では重要なテーマとなっている。

2.　人間の安全保障概念の形成

　それでは，この人間の安全保障の概念とはどういうものだろうか。冒頭にも
引用したが，人間の安全保障委員会の報告書は次のように定義している。人間
の安全保障とは，「人間の生にとってかけがえのない中枢の部分を守り，すべ
ての人の自由と可能性を実現すること」である。[2]

　人間の安全保障の定義については，歴史的にいくつかの国連に関わる委員会
が提案してきた。最初に人間の安全保障概念を定義したのは，1994 年に国連開
発計画（UNDP：United Nations Development Programme）が出した『人間開発報告
書』であった。[3]

　『人間開発報告書』は，開発を国の経済発展や経済成長の側面でのみ考えず
に，国家の中にいる人間の開発や発展に焦点をあてるうちに，開発や発展だけ
ではなくて，それ以前に安全が保障されないと開発まで進まないということを
指摘した。人間開発の前提として「人間の安全保障」が重要であるという文脈
で，「人間の安全保障」の概念が登場したのである。

　その後，この概念に注目して，日本，カナダ，EU から 3 つのレポートが出
される。1998 年，当時の小渕恵三首相が，日本の安全保障政策の柱として人間
の安全保障概念に注目した。翌 1999 年，日本政府は国連の中に，「人間の安全
保障信託基金」を設置した。また，人間の安全保障概念を明確化するためにイ
ンドのノーベル経済学者であるアマルティア・セン（Amartya Sen），日本の緒
方貞子（前国連難民高等弁務官）を共同議長として検討を重ね，2003 年に「人間の
安全保障委員会報告書」を発表した。[4]

　カナダ政府はノルウェー政府と共に各国政府や非政府組織（NGO）に呼びか
けて，人間の安全保障に関する国際的な協力を検討した。さらにカナダ政府の
後ろ盾で「介入と国家主権に関する国際委員会（ICISS：International Commission

6

6

on Intervention and State Sovereignty）」が組織され，2001 年に「保護する責任」報告書が発表される。[5]「保護する責任」は，後述するが人間の安全保障の中でも，軍事や安全に直接関係するような，「恐怖からの自由」の問題を中心に扱っている。

EU は，メアリー・カルドー（Mary Kaldor）を中心に欧州安全保障戦略（ESS：European Security Strategy）の履行に関わる検討グループを組織し，人間の安全保障についての EU の見解をまとめたバルセロナ・レポートを 2003 年 12 月に[6]まとめた。同レポートでは，軍隊よりは警察に近い治安部隊として人間の安全保障対応部隊（Human Security Response Force）を設置することが提案された。

3 つの報告書は，異なる政策として主張されることが多いが，その基盤には人間の安全保障という共通の理念が通底している。

3.　人間の安全保障の方途

日本の「人間の安全保障委員会報告書」から，この概念を検討してみよう。人間の安全保障概念の重要な柱は，「恐怖からの自由」と「欠乏からの自由」の2 つである。

「恐怖からの自由」は，安全保障面の問題で，テロ，暴力，紛争，大規模な人口移動など，物理的な暴力に対して，人々が安全に暮らすことを課題とする。一方「欠乏からの自由」は，経済・社会面の問題で，貧困，自然災害，疾病，教育，情報など，開発や発展に関わる人々の安全を指す。貧しければ人々は安心して暮らせない。安全だけでなく安心も求める必要がある。人間の安全保障概念には，この 2 つの柱に加えて，将来の世代が健全な自然環境を受け継ぐ自由も加わっている。人間の安全保障報告書は，「恐怖からの自由」「欠乏からの自由」「自然環境を受け継ぐ自由」などをまとめて，人間が享受すべき真の自由として位置付けている。

では，「人間の安全保障」を確保するためにはどうすればよいのか。人間の安全報告書はその方途として，「保護」と「能力強化」の 2 つをあげている。[7]

まず「保護」については，誰が人間を保護するのだろうか。報告書は，国際社会のあらゆる主体，すなわち国家，国際機構，NGO，民間企業などのさまざまな主体が人間を保護しなければならないことを指摘する。では何から保護するのだろうか。それは金融危機，暴力を伴う紛争，慢性化した貧困，テロ，感

図1　ユネスコ本部前で庇護を求める母子
（筆者撮影）

染症，保健サービスへの投資不足，水不足，環境破壊など安全保障上の脅威からであり，多岐にわたっている。

次に「能力強化」については，人々が自らのために，また自分以外のために行動する能力を付ける，すなわち「エンパワーメント」することが最も重要であると報告書は述べている。中でも「教育」は能力強化のために重要である。世界には推計で約8億人の成人非識字者がいる。彼らを救うためには，まず文字を読めるようにする教育が必要になる。また，「情報」も能力強化にとって重要である。先進国では当たり前になっているインターネットでの情報の提供は，電力もなく，コンピュータなど手に入れることができない場所では不可能であり，そういう場所での情報提供の方法が問題となってきている。

国連では今後「人間の安全保障」の主流化が検討されるようになるだろう。その際，主体が国家から人間に変わるということは，国際社会に生じた問題の責任を国家のみに押しつけるのではなく個人や人間集団などが国家とともに，国際社会の責任を分担していかなければならないということを認識しておく必要があるだろう。

4.　保護する責任

ICISS が提唱した「保護する責任」概念は，2005年の世界サミット成果文書で注目を浴び，次のように定義された。「国家は，大量殺戮，戦争犯罪，民族浄化及び人道に対する犯罪（以下，4つの罪）からその国の人々を保護する責任を負う。[8]」そして，「国家が明らかに人々の保護に失敗している場合には，国際社会は国連憲章に従って人々を保護するために集団的行動をとる用意がある。[9]」すなわち国家が人々を保護する第一義的責任を有するという主権国家の責任と，国家がその責任を果たせなかった場合には，国際社会が武力を行使してでも介入して人々を救うという国際社会の責任である。保護する責任という1つの言

葉に，国家の責任と国際社会の責任の二重の意味が込められているといえよう。

　国連はその後，保護する責任の実施方法について検討を重ね，2009 年の事務総長報告書において，実施方法の 3 つの柱を考えた。第 1 の柱は，国家が保護する責任，第 2 の柱は国際支援と能力構築，第 3 の柱は時宜にかなった決定的な対応である。第 1 の柱の国家の責任は国家の対内主権の重要な要素であり，国家主権の議論として目新しいものではない。もちろん，その細かい実施方法については，国内紛争を処理するために全く異なるグループ間で尊敬しあうことを養成するメカニズムを提案したり，アフリカのピア・レヴュー・メカニズム（同業者評価メカニズム）を通してパートナーシップを促進するなどの具体的な提案は含まれている。他方，第 3 の柱は国際社会の責任に言及しており，主として国連や地域的国際機構が，必要な場合には軍事力を行使してでも人々を保護する方法を検討したものである。この第 3 の柱は，保護する責任概念の最も特徴的な側面であるが，後述するリビアの事例からもわかるように，現実にはこれを実施するに当たって多くの問題が存在する。第 2 の柱は，国際支援と能力構築であり，2014 年の事務総長報告書は，この第 2 の柱を重視しており，次の 3 つの形態をとるとしている。すなわち奨励（encouragement），能力構築，および保護するための支援（protection assistance）である。奨励とは，国家が責任を果たすように普及啓発をし，対話と予防外交を促進することである。能力構築については，ガバナンスを効果的で正当かつ包括的なものとし，残虐行為を抑制するという内容のものである。さらに保護するための支援は，小型武器や軽量武器などの残虐行為の手段の違法取引を根絶し，危機状態にある国家に PKO および文民専門家を派遣するというものである。第 2 の柱の手段は予防外交の考え方と重なるものである。予防外交とは，「当事者間で発生している事態を予防し，事態が紛争に発展することを防ぎ，紛争が勃発した折にはその拡散をくいとめるための行動である」と定義される。保護する責任が，概念として特徴的といえるのは，その実施は困難を極めるものの，第 3 の柱が含まれている点であろう。伝統的な軍事力の行使の考え方は，外にいる敵から内側にいる国民を守るための対他的安全保障の考え方であった。第 3 の柱は，敵との対峙という考え方を超えて，地球を 1 つの共同体とみなして，地球内の人々を守るための対内的安全保障の視点からの治安維持を志向している。高すぎる理想とはいえ，地球の将来像を見据えたときに，このようなビジョンを持つことは大切だろう。

5. 3つの方途

　人間の安全保障を確保するための方途として，「保護」，教育や情報などの「能力強化」があることは既に述べたが，最後に，この保護，教育，情報の3つの方途がどのように作用しているか事例をあげておきたい。

　2010年，チュニジアにはじまった中東の春は，ツイッター革命，あるいはフェイスブック革命とも呼ばれ，ウェブ上での民衆の民主化要求にはじまる。2011年2月15日，この波はリビアに波及した。人々は，長期政権の指導者であるムハマド・カダフィ（Muammar Qadhafi）の排斥を要求して通りに繰り出した。リビア政府は，これに対して軍隊を派遣して鎮圧をはかったため，2月20日までに，約600人から700人が殺害された。事態を重く見た国連安全保障理事会は，最初の民衆蜂起から11日後の2月26日に武器禁輸を含む保護する責任のための制裁決議1970を採択した[16]。このとき民衆は，ツイッターなどのウェブ上で連携してはいたが，実際に組織化された軍隊があったわけでもなく，戦闘に備えた武力を保持していたわけでもなかった。他方で，カダフィは軍隊を保持しており，すでにリビア国内に武器の備えもあった。民衆を守るために発動された決議1970は，逆にカダフィ側に有利に働いた。安全保障理事会はその後3月17日に追加的措置を示す決議1973を採択する。ここで安全保障理事会はカダフィが民衆を空爆によって攻撃することを防ぐために，飛行禁止区域を設定する。飛行禁止区域の実施に当たっては主に北大西洋条約機構（以下，NATO）がこの任に当たった。これに対して，リビアの民衆側の反政府団体は空爆への反対を力説する[17]。その後，民衆を救うための飛行禁止区域設定の実施が，逆に無辜の一般市民に対して爆弾を投下してしまった[18]。外国軍隊の介入によって，10月20日，カダフィ大佐は殺され，政府は崩壊した。この事例は，保護する責任の真の意図とはかけ離れた形となった。安全保障理事会は，現地の民衆の意図を適切に汲むことができず，武器禁輸や飛行禁止区域設定を決議した。また，現行のカダフィ政権を倒壊させることも保護する責任概念の意図するところではなかった。保護する責任は理想ではあるが，実際に実施するには困難を伴う。

　2つ目の悲劇は，「教育」のあり方を問うものである。2014年にパキスタン出身の17歳の少女マララ・ユスフザイ（Malala Yousafzai）さんが，世界最年少

でノーベル平和賞を受賞した。彼女は女の子が安心して教育を受ける権利の重要性を世界に訴えた。その背景には，アフガニスタン，パキスタンなどで女子教育を禁じるイスラム原理主義勢力タリバンの活動があった。2008 年，マララさんが住むパキスタン北部のスワート渓谷は，彼女が 11 歳の時にタリバンによって女子校が閉鎖された。彼女はこの問題を匿名で BBC（英国放送協会）に投稿した。このことを察知したタリバンは，2012 年に彼女を襲撃する。頭を銃弾で打ち抜かれ瀕死の重体となった彼女は，イギリスに搬送され手術を受けて一命をとりとめた。翌年，銃撃を受けてもこれを恐れず，彼女は 16 歳で女子教育の重要性を訴えるスピーチを国連で行い，その後も女子教育を支援する活動を続けている。[19]「教育」は，人々が自分で考え，自分で人生を歩む能力をはぐくむ。マララさんは銃撃の悲劇を乗り越え，「教育」によってまさに「剣よりもペン」で人々が能力をつけることの大切さを訴えた事例といえよう。

　第 3 の悲劇は，「情報」の問題である。2017 年 8 月 17 日，スペインのバルセロナ中心部のランブラス通りで，人混みに車両が突入し，14 人が死亡，130 人以上が負傷した。犯行はイスラム国（IS）の戦士とされる人物によるものであった。同事件について，カタルーニャ州主要新聞の 1 つである『El Periodico』によると，「アメリカ中央情報局こと CIA は，スペイン国家警察を含む政府当局に，イスラム国は夏に，ランブラス通りなど観光客の集まる場所で詳細不明のテロリスト攻撃を計画しているという事前警告を送信した[20]」と報道している。この情報の信憑性は議論されているが，テロは世界のどこかで 1 週間に 1 回以上の割合で今日も発生し続けている。「情報」がこれを防ぐ 1 つの手がかりになる可能性はあるだろう。

　以上，人間の安全保障の方途とされる保護，教育と情報などの能力強化について，保護がうまくできなかった事例と，悲劇を乗り越える方途を示す教育と情報の事例を概観した。人間の安全保障は，地球上のすべての人に関わる問題であり，すべての人に開かれるべきものである。人間の安全保障の方途としての保護，教育，情報のあり方を，負ではなく正の公共性に向けていく努力が必要なのだろう。

注

1 ）　*Human security now*, Commission on Human Security, New York, 2003, p. 4（人間の安全保障委員会『安全保障の今日的課題――人間の安全保障委員会報告書』朝日新

聞社, 2003 年, 11 頁).

2)　*op. cit.,* 同上。

3)　*Human Development Report 1994: New dimensions of human security,* The United Nations Development Programme, Oxford University Press, 1994（国連開発計画『人間開発報告書 1994』国際協力出版会, 1994 年）.

4)　〈https://www.un.org/humansecurity/human-security-milestones-and-history/〉（2020 年 9 月 21 日アクセス）。

5)　International Commission on Intervention and State Sovereignty, *The Responsibility to Protect,* Ottawa：Canada, International Development Research Centre, 2001（*The Responsibility to Protect*）.

6)　Mary Kaldor, *A Human Security Doctrine for Europe,* Centre for the Study of Global Governance, LSE., The Barcelona Report of the Study Group on Europe's Security Capabilities, 2004（*A Human Security Doctrine for Europe*）.

7)　前掲書, 『安全保障の今日的課題』, 16-21 頁。

8)　*The Outcome Document of the 2005 United Nations World Summit*（A/RES/60/1, para. 138）.

9)　*Ibid.,* 139.

10)　"Implementing the responsibility to protect," *Report of the Secretary-General,* A/63/677, 12 January 2009.

11)　*Ibid.,* para.15.

12)　*Ibid.,* para.22.

13)　"Fulfilling our collective responsibility: international assistance and the responsibility to protect," *Report of the Secretary-General,* A/68/947-S/2014/149, 11 July 2014.

14)　*Ibid.,* para.30-38.

15)　*Ibid.,* para.39-58.

16)　UN Doc. S/RES/1970（2011）, 26 February 2011.

17)　Kareem Fahim & David D. Kirkpatrick, "Libyan Rebels Said to Debate Seeking U. N. Airstrikes," *The New York Times,* 1 March 2011, 〈http://www.nytimes.com/2011/03/02/world /africa/02libya.html?_r= 1 &emc=na〉（2011 年 12 月 8 日アクセス）.

18)　"Libya Conflict: France Air-dropped Arms to Rebels", *BBC News,* 29 June 2011 at 〈http://www.bbc.co.uk/news/world-africa-13955751〉（2011 年 12 月 8 日アクセス）; "Tripoli Says NATO Strike Kills Dozens of Civilians," *Reuters,* 9 August 2011, 〈http://www.reuters.com/article/2011/08/09/us-libya-idUSTRE76Q76620110809〉（2011 年 12 月 8 日アクセス）.

19)　〈https://www.unic.or.jp/activities/celebrities/peace_messengers/malala/〉（2020 年

9 月 21 日アクセス）。

20）〈https://www.elperiodico.cat/ca/politica/20170831/mossos-van-rebre-alerta-atemptat-cia-25-maig-6255194〉（2020 年 9 月 19 日アクセス）。

📖 推奨文献

初学者用

・長有紀枝『入門　人間の安全保障——恐怖と欠乏からの自由を求めて』中央公論社（中公新書），2012 年。
　人間の安全保障の概念の基本と，実際の例が示された入門書。
・武者小路公秀『人間安全保障——国家中心主義をこえて』ミネルヴァ書房，2009 年。
　多様なケース・スタディにもとづく人間の安全保障の具体的包括的研究書。

発展学習用

・篠田英朗，上杉勇司『紛争と人間の安全保障——新しい平和構築のアプローチを求めて』国際書院，2005 年。
・東海大学平和戦略国際研究所『21 世紀の人間の安全保障』東海大学出版会，2005 年。
・高橋哲哉，山影進『人間の安全保障』東京大学出版会，2008 年。
・メアリー・カルドー『「人間の安全保障」論』山本武彦，宮脇昇，野崎孝弘訳，法政大学出版局，2011 年。

🗂 推奨 URL

・国連人間の安全保障部署〈http://www.un.org/humansecurity/〉
・R2P ネットワーク〈https://sites.google.com/site/r2pnetworkjapan〉
・欧州を中心とした移行期安全保障を検討するサイト〈http://www.securityintransition.org/programme/〉
・外務省：人間の安全保障〈http://www.mofa.go.jp/mofaj/gaiko/oda/bunya/security/index.html〉
・人間の安全保障学会〈https://www.jahss-web.org/〉

🎬 推奨映画

タイトル：『わたしはマララ（特別編）』
　制作年：2018 年
　制作・監督：デイヴィス・グッゲンハイム
　おすすめポイント：テロに銃撃されながらも，女子教育の重要性を訴えて立ち上がったマララさんの記録。世界最年少の 17 歳でノーベル賞を受賞した。

考えてみよう ···

① 人間の安全保障とは，どういう内容の概念なのだろうか。

② 保護する責任とは，どういう内容の概念なのだろうか。

③ どうすれば人間の安全保障は達成されるのだろうか。

議論してみよう ···

　日本，EU の人間の安全保障，カナダの保護する責任，三者の考え方の相違を考え，人間の安全保障という考え方が，これからの地球社会にとってどのように必要なのか否か議論してみよう。

第11章
安全保障と軍備の規制

佐渡紀子

　「永続する国際の平和と安全は，軍事同盟による兵器の蓄積の上にうちたてることはできないし，また不安定な抑止のバランスによっても戦略的優位の理論によっても維持されえない。真の恒久的な平和は，国連憲章に規定された安全保障体制の効果的な履行，並びに国際協定又は相互垂範により究極的には効果的な国際管理の下における全面完全軍縮へと導くような軍備および兵力の迅速かつ大幅な削減によってのみ作り出される。同時に，軍備競争および平和に対する脅威の原因は減少させられなければならず，そのために緊張を除去し平和的手段で紛争解決するための有効な行動がとられなければならない。」(第1回国連軍縮特別総会最終文書　UN Doc. A/S-10/ 2，1978年6月30日)

1. 公共政策としての軍備規制

(1) 国際公益としての軍備規制

　国際社会の抱える課題は多くある。その中でも国家間武力紛争や内戦といった武力紛争は，そこに暮らす人びとの命を直接的に脅かすものであり，武力紛争に向き合うことは国際社会の重要な課題の1つといえる。

　武力紛争は，特定の国家の独立や安定，また，そこに暮らす人々の命を脅かす。武力紛争が発生すると戦災難民の流出，地域内での武器の蔓延，国際貿易の停滞など，周辺国へも影響が生じる。そして，紛争後の平和維持・平和構築の取り組みは長期にわたることが多く，国際社会全体に，人的にも資金的にも大きな負担となる。そのため，武力紛争を回避すること，またそこでの被害をできるだけ少なくすることは，国家の安全を守ること，すなわち国家安全保障と，国際社会の平和と安全を維持する国際安全保障の両者にとって，重要な課題ということができるのだ。

　武力紛争を回避し，また武力紛争時の被害を低減するために，様々な手法が

とられている。1919 年の国際連盟規約，1928 年の不戦条約，そして 1945 年の国連憲章など，規範形成による戦争の違法化はその代表的なものである。同時に，集団安全保障体制の構築や軍事同盟の形成といった制度作りや，国家が防衛力を高めるといった，武力行使を抑止する環境づくりも取り組まれている。

　軍備は国家が他国からの侵略を防ぎ，また侵略を受けた場合にはそれを排除するために必要とされてきた。このような性質を考えると，軍備増強は防衛力を高め，国家の安全を強化するものととらえることができるだろう。しかし，軍備の一方的な増強は，自国の安全を必ずしも強化しない。自国の軍備増強は，周辺国の不安を生み，周辺国側が自らの安全のために軍備を増強する。その結果，軍備の一方的な増強によって自国の安全を強化しようとする試みは，かえって自国の安全を脅かしてしまうからである。このような負の連鎖は，「安全保障のジレンマ」と呼ばれる。

　また，軍備の増強は，使用された際の被害の深刻化も意味する。第 1 次世界大戦は初の総力戦として多くの被害を生んだが，それは戦闘機や戦車など新たな兵器の開発によって戦場が広域化し，また，機関銃やライフル銃の開発により，多くの市民が兵士として動員されたためである。兵器の自由な開発や自由な使用を認めることは，戦争被害の深刻化をうむことが示されたといえる。

　そこで安全保障のジレンマを回避しつつ安全保障を強化するという戦略上の配慮と，被害の深刻化を防ぐという人道上の配慮の 2 つの観点から，兵器の規制が求められる。すなわち，軍備の規制はこれらの国際公益のための国際公共政策として位置づけることができるのである。

（2）　グローバル公益としての軍備規制

　軍備の規制は，安全保障問題を共有する国々が，安全保障の維持や強化を目指して合意するものであり，国家間の利益が優先される。しかし軍備規制の領域においても近年，国家というよりもむしろ，グローバルな視点にたった取り組みも生まれている。

　グローバルな視点への関心の高まりは，「人間の安全保障」の言葉に象徴される。冷戦構造の崩壊により軍事的な緊張が低減すると，国家や軍事中心の安全保障観への問題提起が行われた。そして人権規範に支えられた，人間中心の安全保障観が提起されたのである。それが「人間の安全保障」である。人間の安全保障とは，安全保障の客体を人間ととらえ，武力紛争や暴力などの「恐

怖」や貧困や飢餓などの「欠乏」からの自由を求める概念である。[1]

　兵器の規制は戦略的な安定性を強化することが主たる目的で，人道的な配慮は戦略的配慮を脅かさない限りにおいて実現してきた。そのため人道的な配慮の中心的なものは，戦争目的にてらして無用な苦痛や被害を与える兵器の，戦闘中の使用を制限するものであった。[2]しかし，人間一人ひとりの生存や人権を尊重する考え方の登場により，無辜の市民の被害を非人道的なものととらえ，そのような被害を生む兵器の全廃を求める声が市民社会からあがり，成果をあげている。このように，人道性が国家の守るべき価値として位置づけられたことで，グローバル公共政策としての軍備規制が進む可能性が生まれている。

（3）　軍備規制の3つのアプローチ

　兵器の規制にあたっては，軍備縮小（軍縮）と軍備管理という2つのアプローチがとられてきた。

　軍縮とは，保有する特定の兵器を削減または全廃することを指す。兵器の削減を通じて国家間の緊張を緩和させ，同時に，国家間の戦略バランスを維持することを目指す。これに対して軍備管理とは，保有上限値を設定することでそれ以上の軍拡を防止し，かつ，国家間の戦略バランスを維持することを目指す。必ずしも兵器を削減するものではなく，現状の保有量を上回る保有上限値を設定することも含まれる。軍備管理と軍縮はいずれも，戦略的な安定性を形成することを主たる目的として取り組まれてきた。

　しかし，核兵器という新しい兵器の開発は，軍備規制の領域に不拡散という，新しいアプローチをもたらすこととなった。第2次世界大戦末期にアメリカにより広島・長崎に投下された核兵器は，比類のない殺傷能力と破壊力を持っていた。しかし第2次世界大戦直後，米ソによる核兵器管理交渉は結実せず，その後，ソ連，イギリス，フランス，中国が核実験を成功させ，核拡散が進んだ。

　核兵器を保有する国家の数が増加することは，核兵器を保有しない国にとって，また米ソなどすでに核を保有する国にとっても，脅威であった。核保有国の増加は，核兵器が使用される可能性が高まることを意味するからである。そして冷戦構造のもと，ひとたび武力行使が始まれば全面核戦争へとエスカレートする可能性が否定できなかった。そこで核兵器の保有国を増やさないことが多くの国々にとって共通の利益（国際公益）となった。その結果，軍縮や軍備管理に加え，兵器の新規取得・保有を制限する国際公共政策が模索され，新たに

表1　主要な多国間軍備管理・軍縮条約ならびに輸出管理レジーム

条　約	署　名	発　効	加盟国数*	輸出管理レジーム	設立	参加国数
核不拡散条約	1968 年	1970 年	191	ザンガー委員会	1974 年	39
部分的核実験禁止条約	1963 年	1963 年	125	原子力供給国グループ	1974 年	48
包括的核実験禁止条約	1996 年	未発効	(168)	オーストラリア・グループ	1985 年	43
核兵器禁止条約	2017 年	2021 年	(51)	ミサイル技術管理レジーム	1987 年	35
トラテロルコ条約	1967 年	1968 年	33	ワッセナー・アレンジメント	1996 年	42
ラロトンガ条約	1985 年	1986 年	13			
バンコク条約	1995 年	1997 年	10			
ペリンダバ条約	1996 年	2009 年	41			
中央アジア非核兵器地帯	2006 年	2009 年	5			
生物兵器禁止条約	1972 年	1975 年	183			
化学兵器禁止条約	1993 年	1997 年	193			
対人地雷禁止条約	1997 年	1999 年	164			
クラスター爆弾禁止条約	2008 年	2010 年	110			
武器貿易条約	2013 年	2014 年	110			

＊加盟国数は批准した国家の数を示している。
（国連事務局軍縮部データベースおよび各輸出管理レジーム HP より筆者作成。2020 年 12 月時点）

不拡散アプローチが生み出された。

2.　軍備規制の進展

（1）核 兵 器

　核兵器をめぐる国際公共政策として，核保有国間での核使用を抑止するための取り組みと，核保有国の増加を防止するための取り組みがある。

　前者として，冷戦期間中に米ソ間で，冷戦後には米ロ間で，核兵器の保有量の均衡を維持し，かつ，相互に脆弱性を確保することで核使用を抑止する仕組みが構築された。具体的には，第 1 次戦略兵器制限交渉（SALT-I）により核弾頭を搭載できるミサイルの数に上限値を設定し，相互に核攻撃能力を均衡させ，同時に弾道弾迎撃ミサイル制限条約（ABM 条約）によって弾道弾迎撃ミサイルの配備を制限することで，防御態勢を相互に脆弱にした。その後も米ロは，中距離核戦略条約（INF 条約），第 1 次戦略兵器削減条約（START-I），第 2 次戦略兵器削減条約（START-II），モスクワ条約（SORT 条約），新 START 条約を通じて，核軍縮を行いつつ，核兵器数の均衡を保っている。[3]

　核保有国のさらなる増加を防止するために成立したのが，核不拡散条約

（NPT：Treaty on the Non-Proliferation of Nuclear Weapons）である。NPT の目的は
3つある。1つは 1967 年 1 月 1 日以前に核兵器を保有している国，すなわち
アメリカ，ソ連，イギリス，フランス，中国の核保有を認め，それ以外の国は
核兵器を将来においても受領・製造・保有しないことを義務付けることである。[4]
2つ目は核兵器を保有しない国に，原子力の平和利用の権利を認めることであ
る。3つ目は，核兵器国が非核兵器国の核兵器開発を支援することを禁止し，
同時に核兵器国自身が核軍縮を行うことを約束することである。[5]

　NPT に加え，核兵器の拡散を防止するために，核実験も規制されている。核
兵器の開発や改良には核実験が必要であることから，核実験を禁止することで
核兵器の新規開発や改良を防止することが期待されたのである。まず，大気圏
内，宇宙空間および水中での核実験の禁止を定める部分的核実験禁止条約
（PTBT：Partial Test Ban Treaty）がアメリカ，イギリス，ソ連によって合意され，
1963 年に発効した。さらに地下を含めたすべての核実験を禁止することを目
指した多国間交渉が始まり，1996 年には包括的核実験禁止条約（CTBT：
Comprehensive Nuclear-Test-Ban Treaty）が採択されている。ただし CTBT は，発
効に必要な国家の批准が進んでおらず，発効の目処が立っていない。

　NPT，PTBT，CTBT は，輸出管理レジームによって補完される。輸出管理
とは，各国が国内法・制度を整えることで，特定の兵器開発につながる技術や
資材が，望まない相手にわたらないように輸出を制限する仕組みを指す。核兵
器に関する輸出管理はザンガー委員会と原子力供給国グループ（NSG：Nuclear
Suppliers Group）で議論される。[6]

　また，核不拡散を支える非核兵器国による取り組みとして，非核兵器地帯が
設定されている。非核兵器地帯とは，地理的に隣接する複数国家間で，互いに
自国領域内での核兵器の製造・取得・配備を禁止するものである。このような
取り決めを通じて，締約国は自国が属する地域に新たに核兵器を保有する国が
出てくることを防止し，また，核兵器国からの核兵器の持ち込みを防ぐことで，
地域の安全と安定の維持を目指している。[7]

　なお，核兵器の規制は，2000 年代に入って停滞していたが，後述するように，
核兵器による威嚇，核兵器の使用，開発，保有を禁止する核兵器禁止条約
（Treaty on the Prohibition of Nuclear Weapons）が，国連加盟国 122 カ国の賛成によ
り，2017 年 7 月に採択された（2021 年 1 月発効）。

（2）　生物・化学兵器

　生物兵器と化学兵器は，核兵器とともに大量破壊兵器と呼ばれる。これは他の兵器と比較すると，1つの弾頭で広範囲に被害を与えることができ，かつ多くの人々を殺傷することができるためである。生物兵器とは，炭素菌やボツリヌス毒素などの細菌やウィルスを兵器として用いることで感染症を引き起こし，相手を殺傷する兵器である。化学兵器とはサリンやマスタードガスなどの化学物質によって，人々を殺傷する兵器である。生物兵器と化学兵器は，まず1925年にジュネーブ議定書において戦時の使用が禁止された。

　次に，生物兵器禁止条約（BWC：Convention on the Prohibition of the Development, Production and Stockpiling of Bacteriological（Biological）and Toxin Weapons and Their Destruction）が 1972 年に署名され，1975 年に発効した。BWC は，締約国に対し，生物兵器の開発・生産・貯蔵・取得・保有を禁止している。使用のみならず保有も禁止していることから，生物兵器の全廃を定めた条約といえる。

　そののち，化学兵器禁止条約（CWC：Convention on the Prohibition of the Development, Production, Stockpiling and Use of Chemical Weapons and on Their Destruction）が 1993 年に署名が開始され，1997 年に発効している。同条約は化学兵器の開発・生産・保有・使用の禁止に加え，現存する化学兵器の廃棄をも義務付けている。さらに CWC は，締約国が条約に従って保有する化学兵器を廃棄し，新たに生産・貯蔵していないことを確認するための検証制度を導入している点が注目できる。[8]

（3）　通 常 兵 器

　通常兵器とは，大砲や機関銃，戦車や戦闘機など，大量破壊兵器以外の兵器の総称であり，主に国防や警察機能のために用いられる兵器である。

　安全保障の強化にむけて，通常兵器の軍備管理・軍縮が進んだのは欧州である。欧州では，冷戦期を通じて東西間での軍備管理交渉が行われ，その成果として欧州通常戦力条約（CFE 条約）が 1990 年に合意され，1992 年に発効した。CFE 条約は北大西洋条約機構（NATO）とワルシャワ条約機構（WTO）の間で，通常兵器を削減したうえで均衡させ，その均衡が維持されていることを締約国自らが確認する検証制度を備えている。[9] 具体的には，NATO グループと WTO グループそれぞれに通常戦力の保有上限を設定し，その配備場所を規制するとともに，通常兵器に関する情報公開と査察の実施を盛り込んでいる。

　また，国連において国連軍備登録制度が 1991 年に設立されている。国連加盟国に対し，通常兵器のうち戦車やミサイル発射装置など 7 種の兵器について，国家間で移転する際には，移転する兵器の種類，数量，移転元・移転先国名などを国連に報告することを求めている。[10]同制度は武器移転の透明性を強化し，国家の武力行使の予兆を把握できるようにし，紛争予防につなげることを目指している。

　通常兵器規制に関する新たな成果として，2013 年には武器貿易条約（ATT：Arms Trade Treaty）が合意され，2014 年に発効した。[11]同条約は，通常兵器の国際取引を規制する初めての多国間条約である。戦車，装甲戦闘車両，大口径火砲システム，戦闘用航空機，攻撃ヘリコプター，軍用艦艇，ミサイル及びミサイル発射装置，小型武器の移転について，輸出入や仲介，通過や積み替えに関する手続きを定めており，国際人道法や国際人権法の侵害につながる国への輸出やテロリストへの武器移転につながるような輸出を防止することを目指している。

3. 軍備規制をめぐる新たな局面

（1）　グローバル公共政策と市民社会の力

　軍備規制は主として国家間で合意されてきた。しかし，対人地雷禁止条約の成立は，軍備規制に市民社会が影響力を持ち得ることを明らかにした。同条約は，NGO ネットワーク「地雷禁止国際キャンペーン」（ICBL：International Campaign to Ban Landmines）が，カナダなど地雷問題に関心の高い国々と協働することで，条約の採択を実現したためである。国際 NGO と有志国家の協働により対人地雷の全廃を導いた一連の取り組みは，オタワ・プロセスと呼ばれる。対人地雷禁止条約は 1997 年に合意され，1999 年に発効した。この条約は，対人地雷の使用，貯蔵，生産，移譲を禁止し，保有した対人地雷の廃棄も義務づけており，対人地雷の全廃を定めた条約である。

　対人地雷禁止条約採択の実績は，国際 NGO が有志国家と協働してクラスター弾の全廃を目指すオスロ・プロセスを生んだ。オスロ・プロセスは，2008 年にはクラスター爆弾禁止条約の合意の形で結実した（2010 年発効）。同条約は，クラスター弾の使用，貯蔵，生産，移譲を禁止し，保有した対人地雷の廃棄も義務付ける全廃条約であり，履行監視のための検証制度も導入している。

　そして ATT の採択にあたっても，市民社会による国際的なキャンペーンが展開された。これらの例から，軍備規制の分野での国際公益やグローバル公益を議論する際，市民社会が重要なアクターとして含まれるようになったということができる。[12]

（2）　人道性アプローチのさらなる展開

　対人地雷やクラスター弾は，武力紛争中はもちろんのこと，停戦後においても非戦闘員である一般市民の命と生活を脅かすことが明らかになったことから，これらの兵器は非人道的な兵器であると受け止められ，規制につながった。このような特定の兵器を人道性の観点から規制するという人道性アプローチは，他の兵器の規制にも応用されている。特に注目されるのが，核兵器の全廃を目指した取り組みである。

　核軍縮や核の全廃を求めるオーストリア，ノルウェー，ニュージーランド，メキシコなどの非核兵器国は，市民社会と連携しつつ，核兵器の非人道性に焦点をあて，核兵器の使用禁止と核兵器禁止条約の策定を求める意思表示を2010 年以降，重ねた。例えば，これらの国の主導により，2010 年および 2015年の NPT 再検討会議，2012 年および 2013 年の国連総会第一委員会では，核兵器使用の非人道性と使用禁止を求める声明が発表された。また，核兵器の非人道性と使用禁止を議論する国際会議が，2013 年以降毎年開催されてきた。[13]

　このような動きを経て，核兵器の非人道性を指摘する声明や決議に支持を表明する国は徐々に増加し，2017 年に，国連加盟国 122 カ国の支持によって核兵器禁止条約が採択された。同条約の発効には 50 カ国・地域の批准が必要であるが，2020 年 10 月に 50 カ国目の批准が行われたことで，2021 年 1 月の条約発効が確定した。

　核兵器禁止条約は，核兵器の早期の全廃を求める国からは高い評価を得ているが，核保有国や核保有国の核の傘に依存する国々は，条約への不参加を早期に表明した。条約を支持する国々は，核兵器の存在が国家や人びとの安全を脅かすと捉えるのに対し，核保有国やその同盟国は，即時の全廃は自国の安全保障を脅かすと捉えているためである。核兵器禁止条約の成立によって，核兵器に対する考え方の違いが先鋭化し，国際社会に大きな対立と溝を生んでしまったともいえる。しかし，核兵禁止条約が成立したことは，軍備規制の際の人道性アプローチの有用性を示した，3 つ目の成果ということができる。

　対人地雷，クラスター弾に続き，核兵器についても人道性を基軸にしたアプローチが成果を生んだことから，今日の国際社会において，安全保障の強化を模索するにあたって，人道性への配慮の重要性が増していることを示している。今後軍備規制は，戦略的配慮と人道的な配慮の両者のバランスをとりつつ，かつ市民社会が重要なアクターとして関与する国際公共政策・グローバル国際政策として取り組まれるといえる。

注

1）　人間の安全保障は，1994 年に国連開発計画（UNCP）が『人間開発報告書』の中で提唱した。

2）　戦闘に関するルールは国際人道法，戦時国際法，武力紛争法などと呼ばれる。ジュネーブ 4 条約（1949 年）や，ハーグ条約（1899 年，1907 年），ジュネーブ条約追加議定書（1977 年）などがある。国際人道法では，戦闘員と非戦闘員の区別，攻撃対象の区別，使用兵器に関する制限，戦闘被害者の保護などが定められている。

3）　米ソ間核軍縮について，詳しくは，黒澤満『核軍縮と世界平和』信山社，2011 年を参照。

4）　核兵器を保有しない国は非核兵器国と呼ばれる。非核兵器国は核兵器を製造・取得していないことを示すために，国際原子力機関（IAEA：International Atomic Energy Agency）の検証を受ける義務を負っている。検証とは主に，原子力発電所等の核関連施設に対する現地査察であり，そこでは専門家が備蓄量や管理状況を確認することを通じて，放射性物質が兵器に転用されていないかどうかを調査している。

5）　NPT には現在 191 カ国が加盟しており，世界規模の核不拡散制度である（2020 年12 月時点）。ただし，インドやパキスタンは NPT に加盟せず，核兵器の保有を宣言している。また，イスラエルも NPT には加盟しておらず，公式には明らかにしていないものの 200 発程度の核弾頭を保有していると見られている。さらには，イラクや北朝鮮などは，NPT に加盟しながら秘密裏に核兵器開発を進めていたことも明らかになっている。なお北朝鮮は，2018 年に韓国や米国と首脳会議を開催し，核兵器の放棄を宣言した。しかし具体的な道筋については，合意に至っていない（2020 年 12 月時点）。

6）　輸出管理は，核兵器以外の兵器についても行われている。化学兵器と生物兵器の輸出規制はオーストラリアグループが，通常兵器についてはワッセナー・アレンジメント，そしてミサイル技術についてはミサイル技術管理レジーム（MTCR：Missile Technology Control Regime）が設置されており，そこで参加国によって規制対象や規制輸出先に関する合意形成がなされている。

7）　非核兵器地帯には，ラテンアメリカおよびカリブ地域におけるトラテロルコ条約，南太平洋地域におけるラロトンガ条約，東南アジア地域におけるバンコク条約，アフ

リカ地域におけるペリンダバ条約，そして中央アジア地域における中央アジア非核兵器地帯条約がある。

8） CWC によって化学兵器禁止機関（OPCW：Organization for the Prohibition of Chemical Weapons）が設立され，条約の履行確保のための検証を行っている。

9） CFE 条約は WTO の解散をうけ，グループごとの保有上限を国別の保有上限に変更するため CFE 適合合意を策定したが，未発効である。また，2007 年以降ロシアは適合合意の未発効を理由に CFE 合意の履行を停止し，対抗措置として米国を含む 24 カ国が，2011 年以降，CFE 条約に規定される情報提供を停止している。

10） 国連軍備登録制度で提出が求められるのは，① 戦車，② 装甲戦闘車両，③ 大型口径火砲システム，④ 戦闘用航空機，⑤ 攻撃ヘリコプター，⑥ 軍用艦艇，⑦ ミサイルおよびミサイル発射装置，の移転情報である。

11） ATT の意義については例えば次を参照。佐藤丙午「武器貿易条約（ATT）と軍備管理」『国際安全保障』第 37 巻第 4 号，2010 年 3 月，31-46 頁。

12） 目加田説子『国境を超える市民ネットワーク——トランスナショナル・シビルソサエティ』東洋経済新報社，2003 年，191-193 頁。

13） 2013 年 3 月にノルウェー・オスロで，2014 年 2 月のメキシコ・ナジャリットで，2015 年 10 月に，オーストリア・ウィーンで開催された。

📖 推奨文献 ・・・

初学者用

・黒澤満編著『軍縮問題入門（第 4 版）』東信堂，2012 年。
　兵器の規制の背景，現状，および課題についての概説書。
・クリス・ムーン『地雷と聖火』小川みどり，吹浦忠正翻訳，青山出版社，1998 年。
　地雷の撤廃運動や地雷の撤去の実態が克明に記されている。

発展学習用

・足立研幾『国際政治と規範』有信堂，2015 年。
・黒澤満『核兵器のない世界へ——理想への現実的アプローチ』東信堂，2014 年。
・浅田正彦，戸崎洋史編著『核軍縮核不拡散の法と政治』信山社，2008 年。

🖥 推奨 URL ・・

・国際連合事務局軍縮部〈http://www.un.org/disarmament/〉
・ストックホルム国際平和研究所（SIPRI）〈http://www.sipri.org〉
・軍備管理協会（ACA）〈http://www.armscontrol.org〉
・Small Arms Survey〈http://www.smallarmssurvey.org〉
・日本国際問題研究所，軍縮・不拡散促進センター（CPDNP）〈http://www.cpdnp.jp〉

●――**考えてみよう**・・・

① 核兵器の全廃は，国際社会の安全を強化するといえるだろうか。

② 国家が兵器を保有・増強するにあたり，周辺諸国や国際社会の安全を脅かさないためには，どのような取り組みが必要だろうか。

③ 特定の兵器の規制を行う際，国際連合などの国際機関，国家，企業，NGO，そして市民は，それぞれどのような役割を果たすことができるだろうか。

●――**議論してみよう**・・・

　特定の兵器を削減する多国間条約を作成する際，その条約の実効性や信頼性を確保するためには，どのような仕組みを条約に組み込む必要があるだろうか，議論してみよう。

第12章
テロリズム

宮坂直史

「この地下鉄サリン事件については，政府が早い機会に各分野の専門家を集めて公正な調査委員会を組織し，隠された事実を解明し，周辺システムの徹底的な洗いなおしをはかるべきだと思う。何が間違っていたのか，何が組織の正常な対応を阻害していたのか？　そのような事実的追究を厳しく綿密におこなうことこそが，サリン・ガスによって不幸にも命をおとされた人々に対して，私たちが払いうる最大の礼儀であり，また切迫した責務であるだろう。そしてそこで得られた情報は，部門ごとに密閉されるのではなく，世間に広く公開され，共有されなくてはならない。それがなされない限り，同じような体質の失敗がまたいつか繰り返されるおそれはある。」(村上春樹，1997年)[1]

1.　テロリズムとは何か

（1）　他の暴力との区別

　テロリズムという言葉から読者は何を想像するだろうか。「イスラム国」(IS)をはじめとする宗教的な過激派のことを思い浮かべるかもしれない。そういう主体ではなく，爆弾の使用や銃撃，ハイジャックやサイバー攻撃など特定行為が頭をよぎるかもしれない。あるいは，近年の日本でもしばしば起きる繁華街で突如無差別的に殺傷行為に及ぶような事件も，その動機が何であれ，「これもテロだ」と思う人がいるし，独裁的な国がその国民を抑圧，弾圧したり，他国民を拉致したりすることをテロだと非難する人も少なくない。

　このように広く解釈されるのはある意味仕方ない。テロリズムもテロも物理的，客観的な用語ではなく，政治的，主観的に敵を非難するレッテルとして使われてきた側面がある。テロリズムの世界共通の定義は未だない。もし，包括的テロリズム禁止条約が採択されれば，その条文にはテロリズムまたはテロの定義が示されることになるであろう。国連では，テロの定義をめぐって1970

年代初頭から継続的に協議されてきたし，包括的テロ禁止条約も 1990 年代後半から審議されてきたが，いずれも合意に至っていない。その代わりに，世界各地の地域機構が反テロの協定を締結して，そこにテロリズムの定義が明記されることも多い[2]。また，各国の法律や，テロ問題を所管する機関（省庁）単位でも独自にテロリズムを定義している[3]。テロリズムの研究者による定義付けもまた，微妙に，あるいは相当に違っていたりする。

　しかしそうは言っても，100 人，100 カ国がテロリズムを水と油の違いほど全く独自に解釈しているわけでもない。そこには，おおよその共通項もある。

　通常，政治的な目的や動機が伴う暴力に限ってテロと言われる。つまり，自ら望む体制や政策の非合法的な追求や，社会的争点や亀裂を生みだしている問題に対して自らの立場を誇示し他人に強制するための暴力である。さらに，被害者は武器をもって身構えているわけではない。ここでテロと戦闘行為が区別できる。被害者にとってテロは日常の無防備状態の中で突如として降りかかる理不尽な暴力である。ほとんどの場合，被害者は加害者を直接知らない。それらの点でテロは，通常の犯罪に見られる加害者側の私利私欲の追求や，被害者との怨恨関係から生じるものではない。

　さらに，テロとはふつう，テロ組織とかテロリスト個人，つまり非国家主体（non-state actors）によって実行されるものを指す。もちろん，国家（政治権力）による一部の暴力をテロに含めることもあるが，それは，国家機関に所属する者が組織的な命令の下に秘密裡に一般市民の殺傷や要人の暗殺に関与したり[5]，特定のテロ組織を支援したりする場合である。これらは国家支援テロ（state-sponsored terrorism）とみなされる。

　ちなみに，terrorism は接尾語が -ism だから 1 つの主義だとも言われることもあるが，主体や目的の多様性からも，思想的な源流が存在しないことからも，主義ではなく，行為とか状態を表す抽象名詞である。テロリズムという名のイデオロギーがあるわけではなく，革命思想とか排外主義などさまざまな主義主張を実現させるために，不特定多数の人々に恐怖を植え付ける行為なのである。

（2）　宣伝とその狙い

　人々に恐怖を植え付けるためには，自らの行為や主張の宣伝（publicity）が必要になる。この点もまた通常の犯罪行為とは異なるテロリズムの特性である。今やテロ組織が広報部門を抱えたり，オンライン・マガジンを定期的に発刊し

図1　オンライン・マガジン『インスパイア』
（アラビア半島のアルカイダという組織のオンライン・マガジン『インスパイア』。この号は電車の脱線方法を詳述している）

たりすることも珍しくなくなった。

　1990年代からのITの急速な発展と全世界への浸透が，テロリストにとって宣伝を格段に容易にさせた。それ以前の時代のテロ組織は，読者の限られる地下出版物を出すのが関の山であった。犯行声明や映像を広く世間に知ってもらうには，新聞に掲載してもらうとか，テレビで放送してもらわなければならなかった。今日，誰もがネットにアクセスできる中で，マスメディア各社に頼る必要性が薄れていることは言うまでもない。

　テロのやり方次第では，いちいち犯行声明など出さなくても宣伝が成り立つことも多い。一定の地域・地区での似たような連続攻撃で，人々は誰による犯行か想像できる。先例がない「劇的なテロ」（a spectacular attackとも表現される。例として9.11テロ）ならば，その行為自体が宣伝に値する。

　宣伝は，支持者や仲間を増やすためと，いわば同業他社（同じ地域や，同じような目的で活動する他のテロ組織）との競争に勝つためにも必要になる。

　テロリストの最終的な狙いは，政府の過剰反応を引き出すことである。政府がテロ対策を強化すればするほど，国民の自由や利便性は制限され，民主主義の土台の浸食につながる。軍事的な対応を引き出せればなお望ましい。爆弾を投下しても，テロリストは簡単には根絶できないし，その間，大勢の無関係の者が犠牲になる。政府への批判が強まり，政府の無力さが浮き彫りになるからである。そうさせるためにも，息をつかせる間もなくテロを繰り返し，挑発的かつ理にかなった宣伝で揺さぶりをかける。

　実は，1969年にブラジル人のカルロス・マリゲーラ（Carlos Marighella）が執筆した「都市ゲリラ小教則」（The Mini-manual of the Urban Guerrilla）には，政府の強硬手段を引き出すことがテロの戦術上最も重要であるという趣旨で書かれてあり，当時，世界的に興隆していた左翼テロ組織はこれをバイブルとしていた。[6]時代が変わって，いまや宗教的な過激主義組織が蔓延るようになり，左翼革命思想家のマリゲーラなど一顧だにされなくなったが，執拗に攻撃・宣伝を

続け，政府の過剰反応を引き出すことで，政府批判を高め疲弊させるというテロ戦術の本質は変わっていない。21世紀の「対テロ戦争」もテロリストの術中にかかったと言えなくもないし，テロリスト側は，軍事攻撃を仕掛けてくる「十字軍」と戦うのはムスリムの義務だと正当化できるのである。

2. テロ対策とは何か

（1） 3つのフェーズ

次にテロ対策とは何かについて述べておきたい。おそらくそのイメージは人によって異なるかもしれない。

一般にテロ対策は3つのフェーズ（段階的な局面）で分けられる。まず，テロが起きないように努める未然防止措置，次いで，テロが発生してしまった際の緊急的な対処，そしてテロの実行犯や背後の組織に対する追及である。

1つ目のフェーズになる未然防止措置とは，例えば，空港や国境検問所での移民局（日本の場合は「出入国在留管理庁」）が出入国管理を強化してテロリストの移動を阻止したり，税関が武器の密輸を摘発したりする。破壊されたり，保管物質が強奪されたりすると社会に多大な悪影響が考えられる重要施設やインフラの防護，警備強化も未然防止措置になる。テロリストが資金調達できないような規制をはりめぐらせることも重要である。これらすべてを支えているのが，情報収集分析（インテリジェンス）活動である。その成果が国際的に共有されることも多い。

テロは防ぐにこしたことはないが，いかなる措置をとっていてもテロの可能性をゼロにすることはできない。ゼロにするには，全国民の日常行動や思想を監視しなければならず，そんなことはできない。テロを起こす理由や動機は多種多様で，社会が自由で豊かになればテロがなくなるわけではない。

そこで，2つ目のフェーズとしてテロが起きてしまった場合を想定してふだんから準備しておかねばならない。爆弾テロがA市で起きて大勢の死傷者が出たとする。A市は直ちに対策本部を立ち上げて，地元の警察，消防，医療機関などの初動対処機関と連携して対処する。加えて，爆弾のような不審物でも発見されれば，その付近を閉鎖して住民を避難させる。一連の流れの中で，住民への情報提供，マスメディア対応などで混乱を見せてはならない。そして何よりも重傷者が生きるか死ぬかが消防や医療機関の対応にかかっている。このよ

うなことすべては，訓練なくして本番でうまくいくはずがない。

　そして３つ目のフェーズが，実行犯を特定する捜査と，背後にテロ組織もしくは国家支援テロが疑われるのであれば，外交面を含めた国際的な対処をしなければならない。テロ組織を法的に指定して制裁措置（例えばメンバーの国際移動や，組織への資金提供などを違法とする）を加えたり，軍事的な報復措置をとったりする国も少なくない。

　以上３つのうちどれか１つのフェーズでも欠けていれば，テロ対策は有効に機能しないだろう。しばしば「破綻国家」（collapsed states）がテロリストの温床になると言われるのは，能力的にこれらの対策がとれないからである。

　もちろん，「破綻国家」とまではいかなくても，テロが多発する国や社会の改革もテロ対策と見なすことができる。特に，難民の帰還や第三国定住を促進し難民キャンプを閉鎖すること，武力紛争の停戦や和平，国家統治機構の再建，治安部隊の強化育成，少数派の居住地区を差別することなく何らかの形で社会統合を進めるなどが重要であることはいうまでもない。ただし，それらはあくまでも「間接的」テロ対策である。なぜなら，これらは何もテロをなくすためだけにやるのではなく，より大きな目標である平和を取り戻し，人々が安心してまともな生活ができるようにするためにやるからである。

（2）　グローバル公共政策としてのテロ対策

　テロ対策は各国で策定され運用される。しかし，具体的に何をやらねばならないのかは国際的に決められている部分も少なくない。逆に言えば，国の都合でテロ対策をやらないという自由は認められない時代になっているのである。なぜならば，国連の安全保障理事会が 1990 年代以降しばしばテロ対策に関する決議を採択してきたからであり，すべての加盟国がその実施を求められているからである。テロ対策は，安保理が法制化して各国に標準的に実行させる形になるので，「グローバル公共政策」の色彩が強い。

　国連では，1970 年代のはじめから断続的に国際テロ問題の協議が続けられた。だが 1970-80 年代の冷戦（2 極の対立）という国際情勢は，テロ問題の協議にも反映され，テロ対策に進展はみられなかった。

　それが 1990 年代になると一変した。いかなる理由があってもテロは許容しない，非難すべきであり，その根絶のためにすべての国が取り組むべきであることが数々の総会決議，安保理決議を通じて，いわば国際規範として確立され

ていくのである。90年代前半にはリビアとスーダンに対して，テロを支援した
行為に制裁措置が下されることになった。90年代後半にはさらにタリバーン
（Taliban）とアルカイダ（Al-Qaeda）に対しての制裁措置が安保理で採択される
（安保理決議1267）。当時のタリバーンはアフガニスタンの首都を実効支配してい
たが，ごく一部の国からしか国家承認されておらず，アルカイダは純粋にテロ
組織である。つまりは，事実上2つの非国家主体に対する国連制裁という画期
的なものになった。

　国連がテロ対策構築の主導的な役割を果たす構図は，21世紀になるとさら
に強固になる。2001年の9.11テロの直後には，アルカイダのような特定の組
織を対象にしたものではなく，あらゆるテロ行為を抑えるための包括的な措置
を安保理で採択する（安保理決議1373）。2004年には大量破壊兵器テロを防ぐた
めの措置を決定した（安保理決議1540）。

　ただ決議文という紙が重ねられただけではない。すべての国連加盟国は，決
議に書かれてあるテロ対策について，どのように実施しているのかというレポー
トを，それぞれの委員会に決められた期限までに提出しなければならなくなっ
た。期限を守らなければ提出するまで何度も催促されるし，また1回提出すれ
ばそれで終わりというわけではない。委員会との間で何度もやりとりが行われ，
何回も再提出が求められるのである。委員会は，各国のレポートを採点して，
何がどこまで実行されているのか否か，それこそ学校の成績のように採点をし
て，加盟国と委員会との間の書簡を含めて，それを公開するようになった。

　このプロセスにおいて「自分の国はテロがないからテロ対策は関係ない」と
いう理屈は通らない。テロ対策が遅れている国，できない国に対しては，国連
機関や地域の主導国をはじめさまざまな形で支援の手が入るのである。

　さらに国連以外にも，G8（現在はロシア抜きなのでG7），地域機構，同盟国や有
志国によるおのおのの取決めも数多い。メンバー国間のパートナーシップに基
づく決定や実行で，世界共通の普遍的な要素も含まれるので，それらも「グ
ローバル公共政策」と言える。地域機構では，おのおのの対テロの協定を締結し
ている。地域独自の課題もあるからそれは必要とされるのであろう。ただしそ
こでも，各国に国際安保理決議を履行させたり，国際テロ関連条約・議定書
（2018年現在18ある）の締結を急がせたりと，国連の要請と連動して，国連を補
完している側面がある。

3. グローバル化するテロリズム

　以上のように，国際社会では重層的にテロ対策が推し進めてきたのだが，いまもってテロリズムが収束する気配がない。専門家や実務担当者が参考にしているテロの統計はいくつかあるが，その1つにアメリカの機関が集計し公表しているデータがある[9]。それによると，ここ10年間，全世界でのテロの年間発生件数は1万件台で推移している。この間のテロの最多発国は，イラク，アフガニスタン，パキスタン，インドなどである。現在，最も活発なのは，いわゆるイスラム過激派（ジハーディスト）であり，「イスラム国」とか，「アルカイダ」系の諸組織がその代表になる。

　その特徴は，構成員の出身国が1つの国だけに偏ったナショナルな組織ではない。組織の中核的なメンバーも多国籍（というよりも出身国にアイデンティティを見出していないので無国籍的とも言える）であり，加えて，世界中からメンバーを引寄せている。1990年代のアルカイダの場合は，アフガニスタンにあったテロ訓練キャンプに世界各国から有志が集まり，その多くはアルカイダという組織に加入するのではなく，出身国に戻ったり紛争地に潜り込み，過激思想の流布やテロ活動を行ったりした。一方で，2014年にカリフ制国家の創設を宣言した「イスラム国」の場合は，同国に移住するように世界に向けて勧誘していた。

　今日，ある1つの組織の動静や活力を分析しようとするならば，その組織だけを観察すれば済むわけではない。**図2**に示したように，その組織と連携する組織もある。また，テロ組織は分裂するので，本家と対立する組織も生まれる。メンバーシップは確たるものではなく，人々が所属を替えることもある。

　彼らの活動は，外部から資金的な援助をする者によっても支えられる。また，

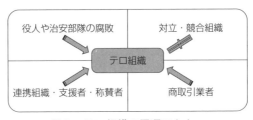

図2　テロ組織の周辺アクター
（筆者作成）

武器，麻薬，資源，美術品，文化遺産などの売買に応じる業者がいる。拘束した外国人をテロ組織に人質として売りさばくような人身売買もある。さらには，腐敗した役人が，テロ組織の違法行為を取り締まらなかったり，軍人が私利私欲から武器などを横流ししたりすることもある。テロ行為を称賛したり扇動したりする過激な宗教指導者もいる。テロ組織の盛衰は，これら周辺アクターとの関係にも左右される。

図 3　パリ連続テロ（2015 年 1 月）シャルリ・エブド社襲撃後　　　（筆者撮影）

　一方で，組織には属さずに，過激な思想に感化されて 1 人もしくはごく少数でテロを行う危険分子も少なくない。欧米各国で「ホームグロウン・テロリスト」（homegrown terrorist）とか「ローンウルフ」（lone-wolf）と称されている。イスラム教徒の移民の 2 世や 3 世で，欧米諸国で生まれ育ち，

図 4　パリ連続テロ（2015 年 1 月）ユダヤ系スーパー襲撃後　　　（筆者撮影）

成人になる前後に何らかの契機で過激化するパターンである。「ローンウルフ」には，移民や少数派を憎悪する排外主義的なテロリストも入る。

　一見して，出身や居住地域や職業などで疎外されている人々はいるが，家庭や学校，地域や職場に溶け込んでいるように見える人々までもが，周囲が気づいたらテロリストになっていたというケースもある。いったい人は，いつ，いかなる理由でテロリストになるのか。その兆候をつかみ，周囲がストップをかけることができるのか。世界で数多くの「過激化」（radicalization）研究がなされてきたが，[10] 過激化を阻止したりする施策について万能の妙案というのはないのが現状である。

4.　日本の取り組み

　先に記したようにテロ対策には3つのフェーズ（未然防止，テロ発生後の対処，テロリストへの追及）がある。それに沿って説明すると，まず，未然防止については，2004年に「テロの未然防止に関する行動計画[11]」を決定したことが出発点になっている。これは，特定のテロ組織を対象にしたものではなく，テロ行為を全般的に阻止するためにとるべき措置が16項目にわたって挙げられている。例えば出入国管理の強化という柱がある。外国人の入国にあたって空・海港では，特定の免除はあるが，指紋と写真を撮られ，それがデータと照合される。あるいは，船舶や航空機の乗員乗客名簿は入国前に提出することが義務付けられている。あるいは，国内で，テロに使用されそうな危険な物質の管理強化が求められている。病原体とか放射性物質，爆発物の原料などである。これらを含めて，法令改正，あるいは所掌する官庁が業界に対して通達を発するなどして，多くの措置を実行してきた。

　テロが発生したあとの対処については，国民保護法制[12]がある。国民保護法は，武力攻撃や大規模テロの発生時に，住民の避難と救援，災害復旧（壊された施設や道路を修復，火災を消火するなど）を実施するために定められた国，都道府県，市区町村，そして住民の間の関係を定めた枠組みである。

　この国民保護訓練は，武力攻撃よりも，大規模テロ，BC（生物，化学）テロの発生を想定したものが圧倒的に多い。テロの発生現場での負傷者の手当や除染，

図5　自治体における国民保護図上訓練の
　　　様子　　　　　　　　　　　　　（筆者撮影）

医療機関への搬送なども訓練の一環になる[13]。

　また，海外で日本人が巻き込まれたテロ事件についても，すべて現地当局の捜査に任せるのではなく，警察のTRT-2（国際テロリズム緊急展開班）を派遣して情報収集や現地治安機関への捜査支援にあたる。また，実行犯の逮捕状をとることもある[14]。

　先に国連安保理決議のことを書いたが，そこで決定されたテロ対策は加盟国が履行しなければならず，日本もその多くを実施してきた。また，他国のキャパシティ・ビルディング（能力向上）の支援も多方面で行ってきた。

　最後に，本章の冒頭に引用した世界的な作家・村上春樹の一節を読み返して欲しい。これは村上自身が，オウム真理教による地下鉄サリン事件（1995年3月）の数多くの被害者たちにインタビューを重ねた異色の作品である。村上は，重大な事件が起きたら，それがなぜ起きたのかを検証する第三者委員会（独立調査委員会）──この呼称こそ使っていないが──が必要であると主張しているのである。とても重い指摘だと思う。少々付言をすれば，そのような検証は，政策決定者などの個人の責任をあげへつらって政治的に非難するものではなく，むしろ，法的，制度的，組織的，慣習的に，なぜ重大事件を防げなかったのか，国全体の動きのレビューである。当然，政府や警察のみならず，当時のマスメディアの報道や，国民の考え方も分析の俎上にのせるのである。主要な民主主義国家では，重大な失敗が発生すれば，権限を付与された第三者委員会があらゆる面から決定を分析して，何が問題であったのかを明らかにして，それをその後の取り組みに役立てようとする。残念ながら日本のテロ対策にはそれがない。オウム真理教の事件だけでなく，それ以前の日本赤軍の数々の国際的犯罪，あるいは海外で日本人が多数巻き込まれた重大なテロ事件の数々について，結局，何が問題で，何を教訓として若い世代に伝えるのか，それすら曖昧のまま時を重ねてきた。

　テロの未然防止も，起きたときの対処も，実行犯の追及も，国際的な支援もすべて重要であるが，そのあり方を詰めていくうえで，過去の事件の検証は不可欠なはずである。日本は，形式的にはいろいろ多方面に取り組んではいる。しかしその土台となる部分，つまり過去の教訓が共有されていない。はなはだ心もとない状態である。

注

1）　村上春樹『アンダーグラウンド』講談社，1997 年，721 頁（同作品は文庫本でも出版
　　されている。講談社文庫，1999 年初版，771 頁）。

2）　さまざまな地域機構の反テロ協定については，廣瀬佳一・宮坂直史編著『対テロ国
　　際協力の構図』ミネルヴァ書房，2010 年を参照のこと。

3）　日本政府の場合は，「特定秘密の保護に関する法律」（平成 25 年 12 月 13 日法律第
　　108 号）第 5 章第 12 条 2 項に以下のようなテロリズムの定義が示されている。「政治上
　　その他の主義主張に基づき，国家若しくは他人にこれを強要し，又は社会に不安若し
　　くは恐怖を与える目的で人を殺傷し，又は重要な施設その他の物を破壊するための活
　　動」。

4）　アレックス・シュミット（Alex P. Schmid）という研究者が，1984 年に 100 以上の
　　テロ研究者等の定義を集めて精査した論文を出しているが，それから 30 年以上たち，
　　いまや学者の定義がいくつあるのか，無数とも言えるほど多い。

5）　現代テロリズムの歴史の中で有名な例は，リビアによるパンナム機爆破事件（1988
　　年），北朝鮮による大韓航空機爆破事件（1987 年），同じく北朝鮮のラングーン事件
　　（1983 年）などがある。

6）　クレア・スターリング『テロ・ネットワーク』友田錫・山本一郎訳，サンケイ出版，
　　1982 年，31-32 頁。なお，原著も翻訳されている。カルロス・マリゲーラ『都市ゲリラ
　　教程』日本・キューバ文化交流研究所編訳，1970 年，190-191 頁。

7）　ブルース・ローレンス『オサマ・ビン・ラディン発言』鈴木主税・中島由華訳，河
　　出書房新社，2006 年，特に 162-193 頁（2001 年 10 月 21 日のアル・ジャジーラ社の記
　　者によるビン・ラディンへのインタビュー）。

8）　以下，国連の取り組みについての詳細は，廣瀬佳一・宮坂直史編著『対テロ国際協
　　力の構図』（ミネルヴァ書房，2010 年）第 1 章国連のテロ対策を参照のこと。

9）　Global Terrorism Database を参照のこと。〈http://www.start.umd.edu/gtd/〉から
　　入って，年間発生件数その他を簡単に検索できる。ここには 1970 年から 2017 年まで
　　18 万件のテロのデータが収められている。

10）　一例を挙げると，キングスカレッジ・ロンドン（ロンドン大学）の国際過激化研究
　　センター（The International Centre for the Study of Radicalization and Politics）が
　　ある。〈https://icsr.info/〉には，現在のテロ情勢や過激化に関するさまざまな報告書
　　がアップされている。

11）　〈http://www.kantei.go.jp/jp/singi/sosikihanzai/kettei/041210kettei.pdf〉を参照せ
　　よ。未然防止の取り組みの詳細が説明されている。

12）　内閣官房国民保護ポータルサイト〈http://www.kokuminhogo.go.jp/〉を参照せよ。
　　国民保護の基礎知識や，全国で実施されている訓練が紹介されている。

13）　国民保護訓練の問題点や訓練の方法については，宮坂直史・鵜飼進『実践危機管理

　　国民保護訓練マニュアル』ぎょうせい，2013 年を参照のこと。
14)　近年の例では，2013 年 1 月にアルジェリアのガス田施設を襲撃して多数を殺害した
　　イスラム武装組織の指導者，モフタール・ベルモフタール容疑者に対して，神奈川県
　　警（犠牲者が多数出た「日揮」本社が横浜市内にある）が組織犯罪処罰法および人質強
　　要処罰法違反容疑で逮捕状をとった。事件直後に県警は TRT-2 の派遣も実施した。

📖 推奨文献 ・・・

初学者用

・Charles Townshend, *Terrorism: A very short introduction*, Oxford University Press,
　2002（チャールズ・タウンゼンド『テロリズム〈1 冊でわかるシリーズ〉』宮坂直史
　訳・解説，岩波書店，2003 年）.
　　歴史的に，さまざまな種類のテロリズムの相違や共通点，テロ対策の難しさを知るた
　　めの薄いコンパクトな一冊。
・事態対処研究会編著『実戦 CBRNE テロ・災害対処』東京法令出版，2018 年。テロやテ
　ロ対策の理解は，文系学問だけでは足りない。日本で実際に行われている各機関の訓
　練や対応実務の課題を本書で垣間見ることができる。

発展学習用

・ジル・ケペル『ジハード　イスラム主義の発展と衰退』丸岡高弘訳，産業図書出版，
　2006 年。

🗐 推奨 URL ・・・

・「グローバル・テロリズム・データベース」（米メリーランド大学）いつ，どこで，どの
　ようなテロが何件あったのか，それが自在に調べられる。〈http://www.start.umd.
　edu/gtd/〉
・「国際テロリズム要覧」（法務省公安調査庁）文字通りの要覧で基本的な事項はカヴァー
　されている。〈http://www.moj.go.jp/psia/ITH/〉
・「SITE Intelligence Group」ジハーディストの声明の英訳，過激派の最新ニュースなど
　が掲載されている米調査機関のサイト。〈http://www.siteintelgroup.com/〉

✦ 考えてみよう ・・・

① テロリズムの原因とは何だろうか。政治・経済・社会などの環境的な要因と，テロリス
　トの心理的な要因の双方から整理してみよう。
② 2 つ以上のケース（異なるテロ組織，または異なる国や地域でのテロリズム）をとりあ
　げて，① で挙げた原因が共通してあてはまるのか否か考えよう。
③ ① で挙げた原因が無くなればテロは減少するはずだが，一体どのようにすれば無くな
　るのだろうか。どれくらいの時間，コストがかかるのだろうか。

議論してみよう・━・━・━・━・━・━・━・━・━・━・━・━・━・━・━・━・━・━・━

　大規模な集客施設（球場，テーマパーク，モールなど）でテロが起きた場合どうなるのだろうか。警察や消防や自衛隊や自治体や医療機関など対応する諸機関のすべきこと，できること，できないことは何か。過去の事件を調べたり，関係機関にもインタビューをしたりして，テロ発生と対処の〈シナリオ〉を作って，その妥当性についてグループで議論してみよう。

第13章
民主化と人権

玉井雅隆

「欧州は過去の遺産から解放された。男性や女性の勇気，人々の意思の力強さやヘルシンキ最終議定書の理念の力が，民主主義，平和，そして統一された欧州の新たな時代を開いたのだ。」(CSCE パリ憲章――真正の自由を目指して)

1. 人権と民主主義

　冷戦が終結して 30 年が経過した現在，「民主主義」「人権の尊重」を表だって否定する国家はもはや存在しない。換言すると，国際規範として「民主主義」「人権」は国際社会に広く受容されている。特に欧州では，民主主義・人権・法の支配の確立が EU 加盟の前提条件であり，それらの要素を順守することが当然視されている。しかしながら他の地域では，「アジア的人権」論争にみられるように，「人権」「民主主義」の概念の内容自体を巡る論争自体は続いている。本章では，人権・民主主義に関し国際公共政策の立場から検討をしていきたい。

2. 人権概念の変容

(1) 人権概念の歴史と普遍化・細分化
　フランス革命後に出された人権宣言では，「人は生まれながらにして自由である」とあるように，現在の人権概念に通じる概念は 18 世紀の欧州から始まった。歴史的にみるとそれまでの封建的もしくは絶対王政的身分制度が崩壊し，ブルジョア階級の勃興に伴う市民層の要請に沿うものであった。すなわち，財産権の絶対的保障や表現の自由など，「権力からの自由」と言われる自由権である。その後，19 世紀に労働者の労働環境などが大きく問題となると，自由

権を保証するための人権が必要とされるようになる。「権力による自由」と言われる社会権であり，この権利は第 1 次世界大戦以降のドイツ・ワイマール憲法にて結実することになる。これらの人権概念が国境を越えた普遍性を有する，という認識自体は各国で共有されていたものの，人権の実効的保障制度に関しては整備に至るまでに時間を有した。なぜならば主権国家体制下においては，人権問題は諸国家政府に委ねられる問題であり，責任を負うのも諸国家であるべきである，という概念が広く共有されていたからである。

　この状況が変化し人権概念が国際政治上の問題となるのは，第 2 次世界大戦の経験であった。ナチズムによるユダヤ人迫害という大規模な人権侵害を目前として，英米は 1941 年にいわゆる「4 つの自由」に代表される大西洋憲章を発表した。1945 年の国連憲章，1948 年の世界人権宣言を通じて，人権概念の重要性こそが国際の平和と安全に直結する，という認識を示した。しかし同時に，第 2 次世界大戦以前にはソ連とモンゴルのみであった共産主義国が，第 2 次世界大戦後には少なくない国家が共産主義体制を導入する状況となっていた。そのため，その人権概念に関し，アメリカを中心とする西側諸国，ソ連を中心とする東側諸国の間で対立が生じるようになってきていた。アメリカは自由権を中心に主張し，ソ連は社会権を主張するなど，どちらの陣営も自国に有利な主張を行っていた。その後欧米諸国の植民地であったアジア・アフリカ諸国が独立を達成していくが，これら諸国は第 3 の人権として，国家形成のための「発展の権利」を主張していた。国民国家形成がほぼ終了している先進国とは異なり，新興独立国では国民統合を果たしておらず，国家は成立しても「国民」を創造しなければならなかった。そのため，個々の人権ではない集団的権利としての「発展の権利」を主張したのである。

　1948 年に出された国際人権宣言，1966 年に署名開放された国際人権規約（自由権規約，社会権規約）いずれも人権のカタログとでもいうべきものであり，総合的人権法であった。これに対し，1951 年の難民の地位に関する条約に始まり，女性（女子に対するあらゆる形態の差別の撤廃に関する条約，1979 年），子ども（児童の権利に関する条約，1989 年），障がい者（障がい者の権利に関する条約，2008 年）など，近年では人権の細分化がみられるようになった。また，国際連合でも経済社会理事会の傘下機関であった規約人権委員会が，国連改革の一環として人権理事会に格上げされるなど，人権問題はより国際社会の中心課題となってきており，同時に国際社会の法化（legalization）の 1 つの証左ともいえる。ただし，

マイノリティに関してはその例外となっている。

（2）　人権概念の国際問題化

　第 2 次世界大戦以降，冷戦構造の枠組の中で，人権問題は安全保障問題の陰に隠れる存在であった。自由権を重視するアメリカや西側諸国は，一方で人権侵害を行っている政権を自陣営にとどめるために支援を行っていた。南ヴェトナムのゴ・ディン・ジエム（Ngo Dinh Diem）政権に対する支援や，軍事独裁政権下の韓国に対する支援など，人権侵害を行っている政権であっても，自陣営にとどまる限り支援を実施したのである。同じことはソ連をはじめとする東側陣営にも言えた。どちらの陣営にせよ安全保障問題の下，人権問題は「ロー・ポリティクス」であり続けたのである。

　この状況が変化を見せるのが，1975 年からの欧州安全保障協力会議（CSCE）である。CSCE はアメリカ，カナダ，全欧州及びソ連の計 35 カ国が参加した（アルバニアは不参加）。東側諸国は第 2 次世界大戦以降成立した共産党政権の承認を西側諸国に対して求め，西側諸国は東側諸国内の人権問題や人・情報の自由移動に関して東側諸国に対して善処を求めていた。東側諸国は抵抗するものの，西側諸国が第 2 次世界大戦後成立した国境線や政権の承認を行ったことから，1975 年 8 月に「欧州の安全保障と協力に関する宣言」（ヘルシンキ宣言）の署名に至った。署名当時，西側諸国で東側諸国への譲歩に対して数多くの批判があったものの，人権（自由権）問題に関して国際会議の議題とすることに成功したことは，西側諸国の大きな勝利であると言えた。

　ヘルシンキ宣言以降，数度の再検討会議（Follow-up Meeting）を通じて東側は人権項目に関して西側に対して劣勢となっていった。東側諸国の人権状況に関しては，ヘルシンキ宣言を契機に各国に NGO「ヘルシンキ・ウォッチ」（Helsinki Watch）が各国の市民によって設立され，政権側の弾圧を受けながらも人権問題に関して情報を収集し，西側政府や世論に対して情報提供を実施していた。このことは情報を統制することで政権を維持していた東側諸国にとっては打撃となり，東欧革命による政権崩壊に繋がっていくことになった。

　東欧革命で一党独裁体制が崩壊した 1990 年 11 月に，CSCE 参加各国首脳はパリに集まりサミットを開催，「新しい欧州のためのパリ憲章」を採択した。人権・民主主義は欧州唯一の価値規範である，と宣言された。また EU でも東欧革命後に加盟交渉が開始された中東欧諸国に対して「コペンハーゲン基準」

が要求され，この中では「法の支配」「民主主義」「人権の尊重」を加盟国が順守しなければならない規範とされている。このように欧州では人権を巡るゲームは終了したのに対し，世界に視野を拡大すると異なった様相を示している。

　一方でシンガポールや中国は，人権とは相対的な存在であり，個人より集団の発展の権利が優先されることで社会権の実現を図り，かつ国内管轄事項である人権に関して外部国家は介入すべきではない，というアジア独自の人権概念として「アジア的人権」を唱え，多数のアジア諸国の賛同を得て 1992 年に開催された世界人権会議の準備会合であるバンコク会議において，「バンコク宣言」として宣言を行った。1993 年にウィーンにおいて開催された世界人権会議では，このような「文化相対主義」を唱え，人権の名のもとに内政干渉が行われることを警戒したアジア諸国と，人権は普遍的価値が存在し，人権問題は国内管轄事項ではないとする欧州諸国との間で駆け引きが行われ，最終的には自由権・社会権のどちらも重要且つ相互不可分のものであり，また，歴史的・文化的・宗教的背景を考慮に入れる必要性はあるが，人権保護は国家の責務である，とした両者の主張を取り入れたウィーン宣言及び行動計画（Vienna Declaration and Programme of Action）が採択された。またこの会議では国連人権高等弁務官事務所（OHCHR：Office of the United Nations High Commissioner for Human Rights）の創設が勧告され，1994 年に設立された。

　中国の経済発展に伴って，欧州諸国が貿易面などへの影響を考慮し，中国を含めたアジア諸国に対してアジア的人権に対する直接的な批判を行うことを避けるようになりつつある。このように国際連合創設以降，人権理事会の設置など国際社会では人権保護が規範化されつつある一方で，人権観を巡る対立は現状も存続している。

3.　民主主義体制の国際的拡大

（1）　民主主義体制の国際的拡大と揺り戻し

　人権と共に国際社会の焦点となっているのが，民主主義である。アメリカの国際政治学者ハンチントン（Samuel P. Hantington）によると，国際政治の歴史上，諸国家の民主化には 3 回の波がみられるとする[1]。第 1 の民主化は第 1 次世界大戦後，第 2 の民主化の波は第 2 次世界大戦後，第 3 の民主化の波は 1975 年のリスボンの春以降である，としている。これらの民主化の波の間には非民主化

の動き（揺り返し）もあるが，世界的にみると民主主義国は増加傾向にあり，アメリカの NGO であるフリーダム・ハウスの統計によると，世界の約半数の国が民主主義を国家体制として採用している[2]。特に 1989 年の東欧革命や冷戦構造の解体以降，2011 年のアラブ諸国での独裁体制の打倒（アラブの春）にみられるように，独裁体制の崩壊は世界的な流れとなっている。

　しかし独裁体制の崩壊が即民主化を意味するのではなく，権威主義体制に移行した国も少なからず存在する。特に欧州では，OSCE 参加国であっても，スロヴァキアやルーマニアのように一時的に権威主義体制に陥りつつも，現在は民主主義体制となり EU 及び NATO 加盟を果たした中東欧諸国と，ソ連時代からの指導者が引き続き権力の中枢にいる中央アジア諸国をはじめとする権威主義体制化している旧ソ連諸国（バルト三国を除く）とに分かれている。前者は EU や NATO の加盟条件として民主化などが要求されていることが要因の 1 つであり，後者にはその誘因が存在しないことが原因の 1 つである。また，近年ではトルコのエルドアン政権やハンガリーのオルバン政権のように，民主主義体制から権威主義体制に移行する国もあり，1980 年代以来の民主化の波は転換点を迎えつつある。

（2）　民主主義体制の定着と国際機関

　政治学者プシェヴォルスキ（Adam Przeworski）によると一般的に民主化が始まるのは，当該国家の 1 人当たり GDP が 6000 ドルを超えた段階で開始される，とされる。また，比較政治学者リプセット（Seymour Martin Lipset）によると，ある国家が低開発時代には，基盤産業である農業を行う大土地所有者と権力が結合することにより独裁体制となる。しかしながら経済発展に伴って基盤産業が農業から工業へと変化すると，そのような経済構造の変化は大土地所有者の経済的権力を失墜させる。また，大土地所有者の土地を耕作していた農業労働者が都市に出て工業労働者になり，中産階級を形成する。その中産階級が階層として発達すると，政府はそのような中間階級との連携を選択するようになり，同時に中産階級は参政権を主張するようになる。一般的にはこのような過程を経て民主化が行われる，と説明される。

　しかし前項でも説明した通り，民主化は時として後退もしくは後戻りすることがある。民主主義体制を考える上で選挙は被統治者が統治者を選任し統治を委任する手続きとして重要であり，国際政治学者ホルスティ（Kalevi J. Holsti）

表1 2004年までに実施された選挙監視回数

略称	国際機関名	開始年	総数
OSCE	欧州安全保障協力機構	1991年～	124
CoE	欧州審議会	1990年～	77
OAS	米州機構	1962年～	71
OIF	フランス語共同体	1992年～	60
EU	欧州連合	1993年～	34
EP	欧州議会	1994年～	59
AU	アフリカ連合	1989年～	47
UN	国際連合	1990年～	47
CIS	独立国家共同体	2001年～	14

(出典) Judith G. Kelley, *Monitoring democracy : when international election observation works, and why it often fails*, Princeton, N.J. : Princeton University Press, 2012, p. 46 より筆者作成。

が指摘するように, 統治の正統性を担保するものとして, 選挙は重要である[3)]。また比較政治学者ステパン (Alfred C. Stepan) とリンツ (Juan José Linz) は, 選挙が「街で唯一のゲーム」となることが民主主義の定着に必要であると指摘する。

それでは, 国際機関はどのように選挙を通じた民主主義の定着に対応しているのであろうか。**表1**は, 各国際機関が選挙監視を実施した回数であるが, その中でもOSCEの選挙監視が際立って多い。本項では, OSCE選挙監視に焦点を絞って論じていく。

OSCEでは参加国に対して選挙監視団を派遣することで, 選挙の公正な実施を監視し, 参加国における民主主義の確保に努めている。OSCEによる選挙監視活動は, 東欧革命後の1990年に中東欧諸国において実施された国政選挙に対する選挙監視に端を発する。中東欧諸国では共産主義体制成立以降, 自由選挙が実施されていなかった。そのために, 選挙に関しての基礎的知識や選挙自体に対する信任が低く, そのためにCSCEが1990年にワルシャワに設置した自由選挙事務所（OFE）を通じて, それら諸国に対して自由選挙に関する選挙実施責任者に対する教育や選挙監視などを実施することとなった。中東欧諸国の国政選挙が一巡した1992年には, 自由選挙事務所は民主制度・人権事務所（ODIHR）に改組され, 中東欧諸国以外のすべてのCSCE/OSCE参加国を対象とすることになった。OSCEの選挙監視は, 参加国から提出された選挙予定リストの中からODIHRによって派遣対象国が決定され, 実施される。選挙監視活動には大きく分けて数カ月間にわたる長期型選挙監視団及び, 選挙投票日当日のみの短期型選挙監視団に分けることができる。選挙監視終了後には選挙監視報告レポートをOSCE常設理事会に提出し, 選挙監視活動を終了する。

選挙監視活動を実施することで何が変化するのであろうか。ベラルーシの議会選挙やウズベキスタンの議会選挙のように, 選挙に対する不正が指摘された

としても当局が無視し，何ら効果が生じなかった例もある。⁴⁾しかし一方で，2005年のウクライナ大統領選挙では，選挙の不正を選挙監視団が指摘し，その結果選挙のやり直し，新たな大統領の選出という結果になった。このように，選挙監視によって参加国の民主化を支援する，という役割を果たす例も存在している。

4.　難民——尊重されない人々か

　いわゆる「ゲルマン民族の大移動」や中国の東晋王朝における華北から華中への漢民族の移動など，古代より何らかの事情によって現居住地を追われる人々は存在した。彼らもいわば「難民」であるが，それらの人びとと近代国際社会における「難民」の相違点は，国民国家体制の成立と深く関係する。

　近代的意味における大規模な「難民」は，ソ連の成立に伴い共産主義体制を嫌って国外に脱出した人々であった。彼らはパスポートも持たず，母国と切り離された存在であった。当時の国際連盟は著名なノルウェー人探検家であるナンセン（Fridtjof Wedel-Jarlsberg Nansen）を難民担当官とし，無国籍のソ連からの脱出民に対して「ナンセン・パスポート」と呼ばれる身分証明書を発行し，難民を援助した。一方でナチス・ドイツの迫害から逃れようとするユダヤ人難民に対しては各国とも消極的な態度に終始した。その一例としてはドイツから，ドイツ国内に定住地を有したポーランド国籍を有するユダヤ人約1万人が追放されたが，ポーランド政府は入国を拒否し，多数が凍死する事件などがあった。この他スイス政府などもドイツ系ユダヤ人の流入を警戒し，パスポートなどでユダヤ人と記載されている場合には入国を拒否することもあった。

　このような悲劇的な事例を踏まえて，第2次世界大戦後には1950年に国連難民高等弁務官事務所が設置され，翌年には「難民の地位に関する条約（Convention Relating to the Status of Refugees）」が締結された。同条約では難民とは「人種，宗教，国籍，政治的意見やまたは特定の社会集団に属するなどの理由で，自国にいると迫害を受けるかあるいは迫害を受けるおそれがあるために他国に逃れた」人々である，と定義を行っている。

　このように難民に対する保護制度が制定されたが，同時に第2次世界大戦以降には東西冷戦に伴う政治難民が激増した。特にヴェトナムでは1975年のヴェトナム戦争終結に伴って，共産主義政府の支配を嫌う南ヴェトナムの人々

表2 主な難民出身国と難民避難国 (国内避難民は除く)

難民出身国	避難先国	移動難民数 (2019年末時点)	UNHCRに支援 された難民数
シリア	トルコ レバノン ヨルダン ドイツ	3,576,370 910,586 654,692 572,818	500,000 910,586 654,692 —
アフガニスタン	パキスタン イラン	1,419,084 951,142	1,419,084 951,142
南スーダン	ウガンダ スーダン	861,452 810,917	861,452 435,181
ミャンマー	バングラデシュ	854,764	854,764
コンゴ民主共和国	ウガンダ	394,037	394,037

(出典) UNHCR (2020) GLOBAL TRENDS FORCED DISPLACEMENT IN 2019- Annex table3 より筆者作成。

が船で周辺国に難民として逃げ出す「ボート・ピープル」と呼ばれる人々が急増した。

冷戦が終結すると，政治体制を理由とした政治難民は減少する。それに伴い増加してきたのが「戦争難民」であり，地球環境の悪化に伴う「環境難民」であった。特に冷戦終結後に多発した民族紛争は，女性への性暴力などを伴う民族浄化（エスニック・クレンジング）が行われ，組織的に故郷から追い出され国外へ避難する難民や，国内の他地域へ自らの意に反して避難生活を強いられる国内避難民となることが多かった。

2011年以降のシリア内戦では国民の3分の1以上が国内避難民，もしくは難民として他国へ避難を行っている。難民としてトルコを経由しギリシア，セルビアやバルカン半島を経由してドイツを目指す形となっており，経由地にあたるハンガリーではセルビア国境に有刺鉄線を張り巡らすなど，難民への拒否姿勢を明確にしている。

現在の難民数は国連難民高等弁務官事務所によると約8000万人に上り，増加の一途をたどっている。また，難民の流出先にしても途上国であることが多く，難民の支援に余裕がなく経済的な負担となっている現実がみられる。この他にも，国内避難民に関しては国際社会の救済の手が十分に差し伸べられていない点も問題となっている。

ドイツはナチスの反省から難民に関しては寛容な姿勢をとっており，EUも

難民を人道問題として寛大な政策をとろうとしている。しかしながらシリア難民に関しては，ハンガリーやポーランドなどの中東欧諸国が難民受入の割当に反発するなど，EU 内でも足並みが乱れる状態である。ドイツでは反移民・難民政党である極右政党「ドイツのための選択肢（Alternative für Deutschland）」が地方において議席を獲得するなど，反移民の動きがみられる．この他フランス（国民連合），スウェーデン（スウェーデン民主党），オランダ（自由党），スペイン（ボックス）など，従来移民・難民に寛容であるとされた国々でも反移民政党が勢力を拡大しつつある。またアメリカでも，難民を巡ってその受け入れを拒絶するトランプ（Donald John Trump）前大統領の政策が一定数の支持を得るなど，全世界的に移民・難民受け入れに対して非寛容になりつつあることも現状である。

おわりに

　2015 年のミャンマー総選挙における国民民主連盟（NLD）の勝利は，同時に半世紀にわたってミャンマーに君臨し続けてきた軍事独裁政権に対する国民の不信任であり，市民による民主主義の勝利でもあった。フリーダム・ハウスが指摘するように冷戦以降増加傾向にあった民主主義国が，21 世紀を境に停滞傾向にあったことを考えると，大きな勝利であったといえる。しかしながら，NLD リーダーのスーチー（Aung San Suu Kyi）氏がミャンマー国内のロヒンギャ族への迫害に関しての言及を避けていることなど，民主主義体制が導入されたばかりの国々では，微妙なバランスの上に成り立っている。

　また，現在の民主主義は様々な挑戦を受けている。民主主義国のリーダーと自他ともに認めるアメリカでは 2016 年にトランプが当選した。トランプは支持率維持のために，それまでの大統領に見られなかったアメリカ社会の分断を煽るような発言を繰り返している。他の先進民主主義国でも，ポピュリズム政党や極右政党が選挙のたびに躍進するなど，民主主義は様々な課題に直面していることは事実である。

　ここで，イギリス首相チャーチル（Winston Leonard Spencer-Churchill）の言葉を我々は思い返す必要がある。「これまでも多くの政治体制が試みられてきたし，またこれからも過ちと悲哀にみちたこの世界中で試みられていくだろう。民主主義が完全で賢明であると見せかけることは誰にも出来ない。実際のところ，民主主義は最悪の政治形態と言うことが出来る。これまでに試みられてきた民

主主義以外のあらゆる政治形態を除けば，だが。」(1947 年 11 月 11 日，下院演説)。

注

1) サミュエル・P・ハンチントン『第 3 の波――20 世紀後半の民主化』坪郷實・中道寿一・藪野祐三訳，三峰書房，1995 年。

2) 〈http://www.freedomhouse.org/〉(2020 年 8 月 10 日アクセス)。

3) Kalevi J. Holsti, *The state, war, and the state of war*, New York : Cambridge University Press, 1996.

4) 2004 年のウズベキスタン議会選挙では，CIS 選挙監視団はその選挙を "legitimate, free and transparent" と評するのに対し，OSCE 選挙監視団は "having fallen significantly short of OSCE commitments and other international standards for democratic elections" とし，批判を加えている。CIS 側の評価に関しては，〈http://www.ln.mid.ru/brp_4.nsf/0/030111d3b474a94cc3256f790042f6f9?OpenDocument〉(2014 年 9 月 10 日アクセス)，ODIHR の評価に関しては〈www.osce.org/odihr/elections/uzbekistan/41950〉(2014 年 9 月 10 日アクセス)。

📖 推奨文献 ••

初学者用

・吉川元『国際平和とは何か――人間の安全を脅かす平和秩序の逆説』中央公論新社，2015 年。

　　国際政治と民主主義，人権に関して様々な角度から論じられており，国際平和の名のもとに犠牲となってきた人権問題などに関して学ぶことができる。

・サミュエル・P・ハンチントン『第 3 の波――20 世紀後半の民主化』坪郷實・中道寿一・藪野祐三訳，三峰書房，1995 年。

　　少し古い研究ではあるが，歴史的に見た民主化の流れを丁寧に検討した好著である。

・J. リンツ＆ A. ステパン『民主化の理論――民主主義への移行と定着の課題』荒井祐介・五十嵐誠一・上田太郎訳，一藝社，2005 年。

　　民主化に関して，比較政治学の立場から研究したものである。民主化を巡る諸問題が単にそのはじまりだけではなく，過程の問題でもある点を明らかにしている。

発展学習用

・アレンド・レイプハルト『民主主義対民主主義――多数決型とコンセンサス型の 36 ヶ国比較研究』勁草書房，2005 年。

　　比較政治学者レイプハルトにより，民主主義の類型化及び分析がなされている。

・ロバート・A・ダール『ポリアーキー』岩波書店，2014 年。

　　民主主義研究の古典。民主主義の発展の条件に関する実証的考察がなされている。

📋 **推奨 URL** •━•

・OSCE 〈https://www.osce.org〉

・フリーダム・ハウス 〈https://www.freedomhouse.org/〉

・欧州審議会 〈https://www.coe.int〉

💭 **考えてみよう** •━

① アジア的人権の主張はどこまで正当性を持ちうるのだろうか。

② 民主主義が定着する場合，定着しない場合はどのような場合であろうか。

③ 現代の国際社会では，難民はどのように生じるのだろうか。

💭 **議論してみよう** •━•

①「選挙監視活動」は内政干渉であるという主張は正しいか否か。

② 難民支援のありかたはどうあるべきか。

③ 国内避難民をどのように国際社会は救済できるだろうか。

第14章
ジェンダー

軽部恵子

「男女の平等な権利，機会及び資源の利用，家族に対する責任の男女の間の公平な分担並びに彼（女）らの間の調和のとれた協力関係が，彼（女）ら及びその家族の福祉並びに民主主義の強化にとってきわめて重要である。」（「北京宣言」第15項）[1]

1. ジェンダーとは何か

（1） ジェンダーとは何か

近年，「ジェンダー」（gender）という言葉が頻繁に聞かれるようになった。また，ジェンダー論やジェンダー法学と呼ばれる研究分野も確立した。ジェンダーの意味は人によって若干異なるものの，一般的には「社会的・文化的に作られた性別」という意味で使われている。

ジェンダーの視点（a gender perspective）は国際公共政策に重要である。その理由は，ジェンダーのあり方が既存の慣習や固定観念にとらわれない社会では，それ以外の人権問題——人種，宗教，信条・言語による差別など——も積極的に取り組まれ，個人が尊重されるとともに，貧困，暴力そして武力紛争の防止がより可能になるからである。その理念は，2つの世界大戦への反省に基づき起草された国際連合憲章にみてとれる。国連の目的を規定した憲章第1条は，第1項で「国際の平和及び安全を維持する」と掲げ，第3項で「……人種，性，言語又は宗教による差別なくすべての者のために人権及び基本的自由を尊重する」とうたっている。

国連憲章の正文（条約が制定されたときの原文）の1つである英語では，第1条第3項が「性（sex）による……差別なく」となっているが，今日では「性による差別」の「性」にジェンダーの語を使うことが多い。元来，ジェンダーは男女の性別，集団としての性別を意味するが，文法上の名詞の性（男性名詞，女性

名詞，中性名詞）も指す。しかし，1970 年代ごろになると，生物学的な性別を指すときに「セックス」が，社会的または文化的につくられた性別には「ジェンダー」が用いられるようになってきた。その背景には，次の 2 つの著作の影響があるといえよう。1949 年，フランスの実存主義者シモーヌ・ド・ボーヴォワール（Simone de Beauvoir）は『第二の性』（*Le Deuxième Sexe*）を発表した。そして，「人は女に生まれるのではない。女になるのだ」という有名な言葉で，女らしさは社会によってつくられると批判した。1963 年，アメリカの女性運動家ベティ・フリーダン（Betty Friedan）が『新しい女性の創造』（*The Feminine Mystique*，原題「女らしさの神話」）を発表した。フリーダンの著書は性別分業を否定し，家庭にこそ女の幸せがあると信じていた当時の社会に衝撃を与え，女性解放運動に多大な影響をおよぼした。女性の権利という概念の萌芽はフランス革命期にまで遡るが，ジェンダーの概念は第 2 次世界大戦後に急速に発達したといえよう。[2]

（2）「ウーマン」とは何か

英語の「ウーマン」（woman, 複数形 women）の和訳にも，ジェンダーの影響がみられる。1979 年に国連総会で採択された "Convention on the Elimination of All Forms of Discrimination against Women" の日本政府公定訳は，「女子差別撤廃条約」である。国連経済社会理事会（Economic and Social Council）の機能委員会の 1 つとして 1946 年に設立された "Commission on the Status of Women"（CSW）を，外務省は「婦人の地位委員会」（略して「婦地委」）と呼ぶ。しかし，「女子という……一見未成熟の女性だけを表すようなこのことばが，広く女性一般を指すものとなったのは，戦前，すべての日本人が天皇の臣民とされ，人々が天皇の『赤子』であるとしたことの名残[3]」である。また，日本語の「婦人」は「成人したおんな，嫁いだ女[4]」という意味を含み，すべての年代の女性の問題を扱う CSW の訳語にふさわしくない。したがって，本章では「women」を原則として「女性」と訳すことにする。

2.　国連とジェンダー

（1）　法律上の平等から事実上の平等へ

人権の保障は国連設立当初から重要な課題であった。国連憲章第 1 条第 3 項

表　国連の諸機関及び国際労働機関（ILO）が採択した女性及びジェンダーに関連する主要な文書

文書名	国連文書番号	採択年
同一価値の労働についての男女労働者に対する同一報酬に関する条約（ILO 第 100 号条約）及び同勧告（第 90 号）		1951
婦人の参政権に関する条約	A/RES/640(Ⅶ)	1952
既婚女性の国籍に関する条約	A/RES/1040(ⅩⅠ)	1957
雇用及び職業についての差別待遇に関する条約（ILO 第 111 号条約）及び同勧告（第 111 号）		1958
婚姻の同意，婚姻の最低年齢及び婚姻の登録に関する条約	A/RES/1763A(ⅩⅦ)	1962
女性に対する差別撤廃宣言	A/RES/2263(ⅩⅩⅡ)	1967
緊急時及び武力紛争時における女性と子どもの保護に関する宣言	A/RES/3318(ⅩⅩⅨ)	1974
国際女性年の目標を実施するための世界行動計画（メキシコ世界行動計画）	E/CONF.66/34, Part One, Ⅰ and Ⅱ に掲載	1975
女性に対するあらゆる形態の差別の撤廃に関する条約（女性差別撤廃条約）	A/RES/34/180	**1979**
国連女性の 10 年後半期行動プログラム（コペンハーゲン行動プログラム）	A/CONF.94/35/（80.IV.3）	1980
家族的責任を有する労働者の機会及び待遇の均等に関する条約（ILO 第 156 号条約）及び同勧告（第 165 号）		1981
女性の地位向上のためのナイロビ将来戦略	A/CONF.116/28/Rev.1（85.IV.10）	1985
夜業に関する条約（ILO 第 171 号条約）及び同勧告（第 178 号）		1990
女性差別撤廃委員会一般勧告第 19 号「女性に対する暴力」	CEDAW/C/GC/19	**1992**
女性に対する暴力撤廃宣言	A/RES/48/104	**1993**
ウィーン宣言及び行動計画	A/CONF.157/24	1993
北京宣言及び北京行動綱領	A/CONF.177/20	**1995**
女性に対するあらゆる形態の差別の撤廃に関する条約の選択議定書（女性差別撤廃条約選択議定書）	A/RES/54/4	1999
北京宣言及び行動綱領実施のための更なる行動とイニシアティブ（女性 2000 年会議成果文書）	A/S-23/10/Rev.1	2000
ミレニアム宣言，ミレニアム開発目標（MDGs）　目標 3「ジェンダー平等推進と女性の地位向上」	A/RES/55/2	2000
人種差別撤廃委員会　一般見解 25「人種差別のジェンダーに関連する側面に関する一般的な性格を有する勧告」	A/55/18, annex Ⅴ に掲載	2000

国連安保理決議 1325（「女性，平和，安全保障」に関する討議）	S/RES/1325	2000
1952 年の母性保護条約（改正）に関する改正条約（ILO 第 183 号条約）		2000
社会権規約委員会　一般見解 16「あらゆる経済的，社会的及び文化的権利の享有に対する男女平等の権利」（第 3 条）	E/C.12/2005/4	2005
女性に対する暴力撤廃努力の強化決議	A/RES/64/137	2010
持続可能な開発のための 2030 アジェンダ　目標 5「ジェンダー平等と女性及び女児のエンパワーメント」	A/RES/70/1	2015
女性差別撤廃委員会一般勧告第 35 号　女性に対するジェンダーに基づく暴力	CEDAW/C/GC/35	2018
仕事の世界における暴力及びハラスメントの撤廃に関する条約（ILO 第 190 号条約）及び同勧告（第 206 号）		2019

（凡例）　A/RES/ ＝国連総会決議，A/CONF.＝国連総会会議文書，A/S- ＝国連特別総会文書，S/RES/ ＝国連安保理決議，E/ 経済社会理事会文書，CEDAW　女性差別撤廃委員会文書
（注 1 ）　安保理決議 1325 に関連する安保理決議は，UN Women, Guiding documents,〈https://www.unwomen.org/en/about-us/guiding-documents〉, 2020 年 11 月 22 日アクセスを参照。
（注 2 ）　国際労働機関（ILO）の条約の詳しい内容は，ILO 駐日事務所，〈https://www.ilo.org/tokyo/lang--ja/inde.htm〉を参照。
（注 3 ）　2000 年のミレニアム開発目標は 2015 年で終了し，同年採択された持続可能な開発のための 2030 アジェンダ（SDGs）に引き継がれた。
（注 4 ）　1992 年の女性差別撤廃委員会の一般勧告第 19 号「女性に対する暴力」が見直しされ，新たに 2018 年の第 35 号が採択された。

には，人権保障のための国際協力を達成することが国連の 4 つの目的の 1 つとして掲げられている。具体的な人権保障の内容を文書にすべく，1948 年 12 月 10 日に「世界人権宣言」が賛成 48，反対 0，棄権 8 で，第 3 回国連総会決議（General Assembly）（A/RES/217(111)A）として採択された。宣言に法的拘束力はなかったが，第 2 条は人種，皮膚の色，言語，宗教などとともに，性による差別なく宣言中の権利と自由を享有する旨を明記していた。次の段階として，法的拘束力を有する条約として，1966 年に「経済的，社会的及び文化的権利に関する国際規約」（以下，「社会権規約」）と「市民的及び政治的権利に関する国際規約」（以下，「自由権規約」）が採択された。両規約の第 3 条は，男女平等の権利の確保を規定し，後者の第 26 条では，すべての者が人種，皮膚の色，性，言語，宗教などいかなる差別も禁止された。このほか，女性の権利に関する条約が国連や国際労働機関（ILO：International Labour Organization）で多数採択されている。

　1960 年代に女性解放運動が広がると，法律上（*de jure*）の男女平等が必ずしも事実上（*de facto*）の男女平等を実現していないとの認識が生まれた。1967 年 11 月 7 日，第 22 回国連総会で総会決議「女性に対する差別撤廃宣言」が採択

された。宣言第1条は「男性と同等の権利を否定し制限する女性差別は，基本的に不正であり人間の尊厳に対する侵犯を構成する」とし，男女同権を訴えた。また，第2条は，女性に対して差別的な法律・規則のみならず，慣習や慣行も廃すように求めた。

　1975年の国際女性年（International Women's Year）には，メキシコシティで国際女性年世界会議（メキシコ世界女性会議）が開催され，翌1976年から1985年は「国連女性の10年」（U.N. Decade for Women）と銘打たれた。そして，事実上の男女平等を実現するために，1979年12月に国連総会で法的拘束力を有する女性差別撤廃条約が採択され，女性の権利に関する国際基準が設定された。続く1980年の「国連女性の10年中間年世界会議」（コペンハーゲン会議）と1985年の「国連女性の10年をしめくくる世界会議」（ナイロビ世界女性会議）ではそれぞれ行動計画が策定され，具体的な目標が参加各国に提示された。

（2）「女性の人権」から「ジェンダーの主流化」へ

　1990年代に入り，女性の人権保障に関する動きはいっそう活発になった。1993年6月にウィーンで開催された世界人権会議では，NGOの強い要請により「女性の権利は人権である」（Women's rights are human rights.）というスローガンが掲げられ，「女性と少女の人権は，普遍的人権の不可譲，不可欠，かつ不可分な一部である」と宣言された[5]。また，同年12月に国連総会決議「女性に対する暴力撤廃宣言」が採択された。宣言採択は，国家機関による暴力と異なり，従来の国際人権規範が規制しなかった私的な暴力，例えば間引きなどの女児殺害，夫や恋人によるレイプ，レイプの被害者が家の名誉を汚したとして自分自身の家族に殺される名誉殺人，持参金（ダウリ）が少ないとして夫や夫の家族に殺されるダウリ殺人などを国際人権の問題として認識させた[6]。

　1995年9月に第4回世界女性会議（北京会議）で採択された「北京宣言」の第14項目には「女性の権利は人権である」（Women's rights are human rights.）という一文が挿入され，男女双方の経験や視点を取り入れながら人権規範を再構築する「ジェンダーの主流化」（gender mainstreaming）の流れが明確になった。また，北京会議で採択され，各国に具体的行動を求めた「行動綱領」（PFA：Platform for Action）でジェンダーの視点が強調され[7]，そのフォローアップが毎年春にニューヨークの国連本部で開催されるCSWの主要な任務の1つとなった。2000年，北京会議5周年記念とPFAのフォローアップのため，第23回国連

特別総会「女性 2000 年会議：21 世紀に向けての男女平等，開発及び平和」（女性 2000 年会議）が国連本部で開催された。2005 年の CSW 第 49 会期は「北京＋10」と称し，北京会議後の 10 年間と女性 2000 年会議の成果を見直し評価する会議を開催した。2010 年の CSW 第 54 会期では「北京＋ 15」が，2015 年の CSW 第 59 会期では「北京＋ 20」が開催され，20 年前に採択された北京宣言と北京行動綱領の成果が確認された[8]。なお，2020 年の CSW 第 64 会期は，新型コロナウイルス感染症の世界的な拡大のため，2020 年 3 月 9 日に政治宣言を採択し，1 日で終了した[9]。

（3）　女性に対する暴力への取り組み

1989 年 12 月に冷戦が終結すると民族紛争が各地で発生し，女性に対する集団的・組織的なレイプが民間人を恐怖に陥れる手段として広く使われた。女性差別撤廃条約の監視機関である女性差別撤廃委員会（CEDAW：Committee on the Elimination of Discrimination against Women）が第 11 会期（1992）で一般勧告第 19 号「女性に対する暴力」（CEDAW/C/GC/19）を採択し，翌 1993 年の 12 月 20 日に国連総会決議「女性に対する暴力撤廃宣言」（A/RES/48/104）が採択されるなど，武力紛争下の女性に対する暴力への取り組みが早急に必要であると強く認識されたが，女性差別撤廃条約の保障制度は第 18 条に基づく締約国政府の定期報告のみであった。そこで，個人通報と締約国に関する調査の 2 つの手続を有する女性差別撤廃条約選択議定書案が 1996 年から CSW 作業部会で討議され，1999 年 10 月に国連総会で最終案が採択された[10]。

　一定の要件下で人権侵害された個人が直接 CEDAW に申し立てる個人通報手続は，被害者を救済するだけでなく，CEDAW における事案の審議を通じて国際人権基準の明確化を促すことができる[11]。調査手続は，CEDAW が「重大または系統的な人権侵害」（第 8 条）に関して信頼できる情報を得たときに，締約国の同意の下，その領域内で実態調査を行う権限を CEDAW に与えるものである。これにより，個人通報では対応できない「大規模な人権問題を扱う場合に効果を発揮することが期待されている[12]」。

3.　ジェンダー規範としての女性差別撤廃条約

　以上概観したように，国連と各種の国際会議は女性の人権そしてジェンダー

の視点を伸長するため，様々な決議や人権条約を採択してきた[13)]。ジェンダーに関する国連文書の中でも最も重要なのは，女性の人権に関する基準を設定した女性差別撤廃条約と，条約の国内実施のために具体的な行動指針を各国に示した 1995 年の北京行動綱領（PFA）であろう。

　ジェンダーの国際的規範として女性差別撤廃条約はどの程度実効性があるのか。世界の人口の大半を占める発展途上国の女性は依然として困難な状況にあるため，当面女性差別撤廃条約が果たす主な役割は，ジェンダーの視点の導入による女性の人権状況の改善という前提で話を進めたい。

　第 1 に，女性差別は公的分野のみならず，私的な分野で多く発生する。例えば，教育における差別撤廃は条約第 10 条に規定されるが，政府が義務教育の機会を男女双方に与えても，家庭の貧困や親の教育に対する考え方によって，女性は初等教育を受けられるようになってきたが，中等・高等教育を容易に得られない。その理由として，経済的理由のみならず，女性の保護や宗教上の教義が理由に掲げられる国や地域もある[14)]。また，女性は結婚・出産したら家庭に入るべきという考え方も根強く，女性が経済的な自立の手段や財産権，親権を制限されている地域も多い。人権保障に表現の自由や参政権などの自由権の付与は不可欠であるが，個人がそれらの権利を適切に行使するには，教育や経済的自立などの社会権の確立が大前提となっている。さらに，女性差別撤廃条約には，憲法，国内法，宗教，文化，伝統，慣習を理由に留保（条約の一部適用除外）が付されることが多く，締約国と CEDAW 委員の見解はしばしば大きく異なっている[15)]。

　第 2 に，武力紛争がひとたび発生すると，条約の監視機関である CEDAW の権能を超えた取り組みが求められる。武力紛争下でのジェンダーに基づく暴力に取り組むため，国連の安全保障理事会（Security Council）は 2000 年 10 月 31 日に決議 1325 を採択した。この決議は，国連加盟国が国政や地方議会，国際機関において女性の代表を増やし，国連の現地活動に女性の係官を増やし，平和維持活動にジェンダーの視点を導入するよう求めている[16)]。紛争の終結と平和維持活動には，国連の組織で唯一強制力をもつ安全保障理事会が，国連憲章第 41 条や第 42 条に基づき強制措置をとる必要があるが，拒否権の壁が立ちはだかる。自国に民族紛争が「飛び火」する，あるいは自軍に犠牲者が出るのを恐れ，平和維持活動への参加を躊躇する国も少なくない。2014 年 6 月，日本政府は安保理決議 1325 を履行するため国内行動計画（NAP：National Action Plan）を

策定し，2019 年 3 月に第 2 次国内行動計画を公表したが[17]，最終的には安全保障理事会，そして国連加盟国の政治的意思が問われよう。

　一方，急速に発展した分野もある。女性差別撤廃条約選択議定書が採択から約 1 年後の 2000 年 12 月に効力発生し，CEDAW は個人通報の審査と調査の事例を着実に重ねている[18]。CEDAW は通報の検討を通じて被害者の救済と締約国による問題全般への積極的な取り組みを促すことができた。それと同時に，ジェンダーに関する国際法が女性差別撤廃条約の枠組み以外でも積極的に動き始めている。人種差別撤廃条約の監視機関である人種差別撤廃委員会は，第 56 会期（2000 年）に採択した「人種差別のジェンダーに関連する側面に関する一般的な性格を有する勧告 25」で，マイノリティ女性がマイノリティ男性より深刻な影響を受ける，あるいはマイノリティ女性のみに人種差別が向けられる可能性を指摘した（段落 1 - 2）[19]。また，経済的，社会的及び文化的権利に関する国際規約（社会権規約）の監視委員会である社会権規約委員会は，第 34 会期（2005 年）で一般的見解 16 を採択し，第 3 条（男女平等）と第 2 条第 2 項（性に基づく差別の禁止等）は，同規約第 3 部に規定された個々の具体的な権利と合わせて理解されるべきとすることで，ジェンダーに基づく差別への具体的取り組みを求めた（段落 2）。ジェンダーの平等が国連に浸透してきた現われといえよう。

4.　ジェンダーの平等がめざすもの

　ジェンダーという言葉が社会に浸透し，法律や制度が整備されるにつれて，ジェンダーへの「バックラッシュ」，すなわちジェンダーに対する激しい反動が増えている。ジェンダーの平等とは，服装，トイレ，着替え，風呂などすべて男女を同じにすることと理解されている場合も少なくない[20]。

　だが，国連の唱えるジェンダーの視点の導入は，社会的・文化的につくられた性別の再検討であって，「ジェンダーの中性」（gender-neutrality）をめざすものではない[21]。それに，ジェンダー平等の実現には，男女が協力して取り組むべき課題が多い。2011 年 1 月，国連内の女性およびジェンダー関連の組織が統合され，「ジェンダー平等と女性のエンパワーメントのための国連機関」（United Nations Entity for Gender Equality and Empowerment of Women），通称 UN Women が活動を開始した。親善大使に任命された英国の俳優エマ・ワトソン（Emma Watson）は，「ジェンダー平等のための連帯運動」（A Solidarity Movement for

Gender Equality)，通称「HeForShe キャンペーン」のため，2014 年 9 月に国連
本部で自身の体験に基づく演説を行い，女性たちのために男性たちが連帯する
よう呼びかけた。[22)]

　ジェンダー平等のわかりやすい例として，日本の労働問題を考えてみたい。
1986 年 4 月に男女雇用機会均等法が施行され，女性は様々な職場に進出したが，
今でも約半数の女性が第 1 子の出産を機に正規雇用を退職する。2019 年度の
男性の育児休業取得率は 7.48％であった（2018 年度は 6.16％，2009 年度は 1.72％）。[23)]
男性の育児休暇取得率が依然低迷する理由として，小さい子の世話は母親が家
庭ですべきという考えが根強いこと，女性の平均賃金が男性より低いことが考
えられるが，男性側の事情を見ると，労働時間が長い（時間外・深夜・休日を含
む），転居を伴う遠隔地への転勤がある，育児休暇を取得すると人事考課が悪
くなるなどの理由で，家事・育児に参加しにくい。[24)]出産後も働きたい女性がい
ても，待機児童が溢れ，保育所など社会の子育て支援体制は不足している。そ
こで，働く女性の多くが今も出産を機に退職するのである。

　1991 年のバブル経済崩壊後，日本企業は男性正社員もリストラの対象とし
た。経済のグローバル化が進むと，生産部門を人件費が安い発展途上国に移転
させ，国内では派遣・契約・請負など低賃金の非正規雇用を増大させた。今や，
日本の労働者の 3 人に 1 人が非正規雇用である。2008 年 9 月に世界金融危機
が始まると，日本でも非正規雇用の契約打ち切りが激増したが，[25)]正規雇用も安
泰ではない。人員減で 1 人当たりの仕事量は増大したのに賃金は抑えられ，[26)]過
労死・過労自殺を招くような長時間労働，賃金・残業代等の未払いなどが常態
化した「ブラック企業」，学生のアルバイトが長時間労働となる「ブラックバ
イト」という言葉が広く知られるようになった。

　2007 年 4 月施行の改正男女雇用機会均等法は，女性労働者に対する差別だ
けでなく，男性への差別も禁止した。それ自体は画期的だが，同法が新しく設
けた間接差別（表面上差別でないようにみえるが，実質的に特定のグループを狙い打ちに
した差別的制度）の 3 つの例示は，かえって女性差別を正当化すると批判されて
きた。[27)]2009 年 7 月 23 日，ニューヨークの国連本部で開催された女性差別撤廃
委員会第 44 会期で日本政府の第 6 回報告が検討されたが，前回の 2003 年 7 月
に引き続き，実質的に女性が対象となる間接差別への取り組みが不十分と指摘
された。[28)]間接差別の撤廃には家族的責任が男女間で分担される必要があるが，
それには日本国民全体の労働条件の改善が大前提である。2016 年 2 月に第 7

回・第 8 回日本政府報告が検討されたが，CEDAW から再び間接差別を厳しく指摘され，間接差別撤廃への努力を求められた。[29]

　もちろん，日本政府も一定の取り組みは行ってきた。厚生労働省は，女性が妊娠・出産後も仕事を続けられるよう，個人が仕事と家庭生活を調和させる「ワーク・ライフ・バランス」（WLB）を掲げ，子育てに積極的に参加する男性（通称イクメン）への支援を呼びかけてきた。[30]2010 年 6 月 30 日施行の改正育児・介護休業法では，3 歳未満の子どもを養育する労働者が所定外労働（残業，休日出勤）を免じられ，正規雇用を維持したまま 1 日の労働時間を原則 6 時間にする「短時間勤務制度」などが始まった。2012 年 12 月に発足し，7 年 8 カ月の長きにわたり政権を担当した第 2 次安倍晋三内閣では，日本再生のための成長戦略として「女性が輝く日本へ」の実現を唱え，保育所の拡充，女性管理職の「202030」（2020 年までに女性管理職を 30％にする）などを目標に掲げた。2015 年 8 月には女性活躍推進法が国会で成立し，2018 年 5 月には政治分野における男女共同参画の推進に関する法律（候補者男女均等法）が公布・施行された。[31]だが，2020 年 9 月に成立した後継の菅義偉内閣では，女性閣僚が 20 名中 2 名に留まっている。

　日本の低迷ぶりは国際指標でも明らかである。ダボス会議を主催する世界経済フォーラム（WEF）が 2019 年 12 月 16 日に発表したジェンダー・ギャップ指数 2020 年 によると，日本の男女平等は 153 カ国中，121 位であった（前年の指数は 149 カ国中，110 位）。[32]日本の女性労働者の活用は，財政赤字削減の視点から国際通貨基金（IMF）の研究員が提言しているが，一向に改善されていない。[33]その原因の 1 つとして，妊娠・出産を理由とした不利益な取扱い，いわゆるマタニティー・ハラスメントが海外からも注目されている。[34]さらに，2019 年末から始まった新型コロナウイルス感染症の世界的な拡大で，日本でも女性の雇い止めや失業，ドメスティック・バイオレンスの増加などにより，女性の自殺者が急増している。[35]日本の女性差別撤廃条約批准と均等法制定から 30 年以上が経過しても，「ジェンダーの不平等」が構造的に維持されていることは明白である。今こそ，理念法の制定や啓発活動で終わらない，社会を根本から見直す政策とそれを実現する政治的意思が求められる。

　以上見てきたように，ジェンダーの平等を達成するには，女性と男性の問題が同時に取り組まれなければならないことは明らかである。ジェンダーの視点が国内はもとより，国際公共政策に組み込まれ，各国の法律や社会制度，慣

習・慣行がより積極的に見直されれば，先進国においても，発展途上国において，男女双方の人権が尊重され，より平和な社会が構築されていくであろう。

注

1）「北京宣言」は，1995 年 9 月 15 日に第 4 回世界女性会議（北京会議）で採択された成果文書の 1 つである。

2）　女性の権利に関する歴史は，辻村みよ子『ジェンダーと法』不磨書房，2005 年，第 1 章。金城清子『法女性学——その課題と構築』（第 2 版），日本評論社，1997 年，第 2 章。小島妙子・水谷英夫『ジェンダーと法Ⅰ』信山社，2004 年，第 1 章。Bert B. Lockwood, ed., *Women's Rights: A Human Rights Quarterly Reader*, The Johns Hopkins University Press, 2006 などを参照。

3）　金城清子『法女性学のすすめ』（第 4 版），有斐閣，1997 年，47 頁。

4）　新村出編『広辞苑』（第 6 版），岩波書店，2008 年，2455 頁。

5）「ウィーン宣言及び行動計画」第 18 項目。

6）　阿部浩己『国際人権の地平』現代人文社，2003 年，33 頁。

7）　辻村，前掲書，33-34 頁。

8）　CSW 第 59 会期の記録は，〈http://www.unwomen.org/en/csw/csw59-2015〉（2015 年 8 月 30 日アクセス）に掲載されている。

9）　政治宣言の文書番号は E/CN.6/2020/L.1. "CSW64/ Beijing+25（2020）",〈https://www.unwomen.org/en/csw/csw64-2000〉（2020 年 11 月 22 日アクセス）。

10）　1996 年から 1999 年に開催された CSW 作業部会における選択議定書案の交渉過程は，軽部恵子「第 1 章　制定過程の研究」第Ⅲ部「女性差別撤廃条約選択議定書の分析」山下泰子・植野妙実子編著『フェミニズム国際法学の構築』中央大学出版部，2004 年，199-216 頁，を参照。

11）　阿部，前掲書，37 頁。選択議定書の採択以前からも CEDAW は締約国の報告審議を通じ，一般勧告という形で基準を明確化してきた。1992 年の第 11 会期で採択された一般勧告第 19 号「女性に対する暴力」はその典型例である。

12）　阿部，同上。

13）　国連による過去 60 年間の取り組みは，Devaki Jain, *Women, Development, and the UN: A Sixty-year Quest for Equality and Justice*, Indianapolis, Indiana: Indiana University Press, 2005 を参照。

14）　少女が教育を受ける権利を唱えて銃撃されたパキスタン出身のマララ・ユサフザイ（Malala Yousafzai）は，2013 年 7 月 12 日に国連の Global Education First Initiative で演説を行った。演説全文と動画（英語）は次のサイトに掲載されている。"Malala Yousafzai: 16th birthday speech at the United Nations," Malala Fund, 〈https://

www.malala.org/newsroom/archive/malala-un-speech〉（2020 年 11 月 23 日アクセス）。

15）　女性差別撤廃条約締約国の留保は，国連人権高等弁務官事務所（UNHCHR）の女性
　　差別撤廃委員会（CEDAW）に入り，"Basic documents" の "Convention"〈http://
　　www.ohchr.org/EN/ProfesionalInterest/Pages/CEDAW.aspx〉へ進むと，Status of
　　ratification, Reservations and declarations を参照できる。

16）　決議採択の背景については，United Nations, *Women, Peace and Security*, New York:
　　United Nations, 2002, Introduction を参照。

17）　第 1 次および第 2 次国内行動計画は，外務省「女性・平和・安全保障に関する行動
　　計画 1 行動計画の策定」に掲載されている。〈https://www.mofa.go.jp/mofaj/fp/pc/
　　page1w_000128.html〉

18）　2019 年の実績は，林陽子（第 71 会期）・秋月弘子（第 72・73 会期）「国連女性差別
　　撤廃委員会第 71・72・73 会期報告」『国際女性』No. 33（2019）16-19 頁を参照。

19）　2001 年に南アフリカのダーバンで開催された「人種主義，人種差別，外国人排斥お
　　よびそれに関連する不寛容に関する世界会議（ダーバン世界会議）」もこの流れを受け
　　ている。

20）　「社会的・文化的性別にとらわれない」という意味の「ジェンダー・フリー」は，和
　　製英語である。英語の "-free" は「～がない」を意味し，「アルコールなし」（alcohol-
　　free），「禁煙の」（smoke-free）のように使う。ジェンダーの定義および「ジェンダー・
　　フリー」をめぐる議論は，上野千鶴子他『バックラッシュ！ なぜジェンダー・フリー
　　は叩かれたか』双風舎，2006 年，日本女性学会ジェンダー研究会編『Q&A 男女共同参
　　画／ジェンダーフリー・バッシング』明石書店，2006 年，細谷実『『ジェンダー・フ
　　リー』をめぐるバックラッシュを読み解く」『法律時報』第 78 巻第 1 号（2006 年），な
　　どを参照。なお，日本政府はジェンダーを「社会的・文化的に形成された性別」と定義
　　し，「ジェンダー」概念のすべてが男女共同参画社会の実現を阻むものではないとする。
　　詳細は，内閣府男女共同参画基本計画に関する専門調査会「『社会的・文化的に形成さ
　　れた性別』（ジェンダー）の表現等の整理」2005（平成 17）年 10 月 31 日，内閣府男女
　　共同参画局，「『ジェンダー・フリー』について」（都道府県・政令指定都市の男女共同
　　参画担当課〔室〕事務連絡），2006（平成 18）年 1 月 31 日付を参照。

21）　The United Nations Economic and Social Council, "Agreed conclusions 1997/2," "I.
　　Concepts and Principles, B. Principles for mainstreaming a gender perspective in the
　　United Nations system," para. 1, 18 July 1997, reprinted in "Report of the Economic
　　and Social Council for the year 1997," General Assembly Official Records, Fifty-
　　second Session, Supplement No. 3, UN Doc. A/52/3/Rev. 1, p. 24.

22）　Emma Watson HeForShe Speech at the United Nations, 20 September 2014 at the
　　UN Headquarters, 〈http://www.youtube.com/watch?v=Q0Dg226G2Z8&feature=
　　youtu.be.〉（2015 年 3 月 19 日アクセス）。

23)　滝沢卓・岡林佐和「男性育休，昨年度の取得は 7.48%　政府は新制度検討」『朝日新聞 DIGITAL』2020 年 7 月 31 日，〈https://www.asahi.com/articles/ASN706TWNN70ULFA01D.html〉（2020 年 11 月 22 日アクセス）。

24)　中井なつみ・高橋健次郎「取る前に謝罪，戻ると始末書……『男性育休は迷惑』の現実」『朝日新聞 DIGITAL』。2020 年 11 月 18 日，〈https://www.asahi.com/articles/ASNCK4R5LNBMUTFL002.html〉（2020 年 11 月 22 日アクセス）。

25)　2008 年 10 月から 6 カ月間，3536 の事業所で計 19 万 7000 名の非正規雇用人員が雇用止めとなった。厚生労働省プレスリリース，「非正規労働者の雇用止めについて（5月報告：速報)」2009（平成 21）年 5 月 29 日，1 頁。

26)　厚生労働省編『労働経済白書』（平成 20 年度版），国立印刷局，2009 年，18 頁。

27)　2013 年 12 月，厚生労働省は間接差別の範囲を拡大し，2015 年 7 月に施行した。これは法改正ではなく，男女雇用機会均等法施行規則を改正する省令と指針の見直しによって行われた。〈http://www.mhlw.go.jp/stf/houdou/0000033232.html〉（2015 年 9 月3 日アクセス）。

28)　日本政府第 6 回報告に対する女性差別撤廃委員会の総括所見（Concluding Observations）は，UN Doc. CEDAW/C/JPN/CO/6（7 August 2009）を参照。なお，CEDAW 第 29 会期（2003 年 7 月）で日本政府第 4-5 回報告が検討された際，コース別人事管理など間接差別の問題は CEDAW からすでに指摘されていた。UN Doc. A/58/38, paras. 369-370。第 4-5 回報告の検討の詳細は，赤松良子・山下泰子監修，日本女性差別撤廃条約 NGO ネットワーク編『女性差別撤廃条約と NGO——「日本レポート審議」を活かすネットワーク』明石書店，2003 年，第 6 回報告の検討の詳細は，国際女性の地位協会（JAIWR）の年報『国際女性』No. 23，尚学社，2009 年を参照。

29)　審議の詳細は日本女性差別撤廃条約 NGO ネットワーク編『女性差別撤廃条約　第7・8 次日本政府報告審議と JNNC の活動記録——国連と日本の女性たち』日本女性差別撤廃条約 NGO ネットワーク，2016 年を参照。CEDAW が日本の審査終了後に発表した総括所見（CEDAW/C/JPN/CO/7-8）の和訳と解説は，『国際女性』No. 30，2016 年，72-88 頁を参照。

30)　厚生労働省ホームページ「イクメン・プロジェクト」〈http://www.ikumen-project.jp/index.html〉（2015 年 8 月 31 日アクセス）を参照。

31)　厚生労働省「女性活躍推進法特集ページ」〈http://www.mhlw.go.jp/stf/seisakunitsuite/bunya/0000091025.html〉（2015 年 9 月 3 日アクセス）。

32)　内閣府男女共同参画局「世界経済フォーラムが『ジェンダー・ギャップ指数 2020』を公表」，〈https://www.gender.go.jp/public/kyodosankaku/2019/202003/202003_07.html〉（2020 年 11 月 3 日アクセス）。

33)　チャド・スタインバーグ，中根誠人「女性は日本を救えるか？」IMF Working Paper（WP/12/248）（2012 年 10 月），〈https://www.imf.org/external/japanese/pubs/

ft/wp/2012/wp12248j.pdf〉（2015 年 8 月 21 日アクセス）。

34）　David Stewart, "Abenomics Meets Womenomics: Transforming the Japanese Workplace," *Foreign Affairs*, January 2015。

35）　「コロナで女性の雇用急減，自殺者は増加　男性より深刻　内閣府の有識者研究会が処遇改善提言」『東京新聞』2020 年 11 月 19 日，〈https://www.tokyo-np.co.jp/article/69401〉（2020 年 11 月 23 日アクセス）。

📖 推奨文献

初学者用

・山下泰子・矢澤澄子監修，国際女性の地位協会編『男女平等はどこまで進んだか——女性差別撤廃条約から考える』岩波ジュニア新書，岩波書店，2018 年。
・竹信三恵子『女性を活用する国，しない国』岩波ブックレット，岩波書店，2010 年。

発展学習用

・国際女性の地位協会編『学んで活かそう女性の権利　改訂 3 版——女性差別撤廃条約の新展開』国際女性の地位協会，2016 年。
・前田健太郎『女性のいない民主主義』岩波書店，2019 年。
・山田昌弘『日本の少子化対策はなぜ失敗したのか？——結婚・出産が回避される本当の原因』光文社，2020 年。

🔲 推奨 URL

・内閣府男女共同参画局〈https://www.gender.go.jp/index.html〉
・UN Women　日本事務所〈https://japan.unwomen.org/〉
・東北大学ジェンダー平等と多文化共生センター〈http://www.law.tohoku.ac.jp/gemc/〉
・公益財団法人横浜市男女共同参画推進協会〈https://www.women.city.yokohama.jp/〉

考えてみよう

① 女性差別撤廃条約が日本に与えた影響について調べてみよう。
② 日本が女性差別撤廃条約選択議定書を批准しないのはなぜか。
③ ジェンダーの平等は各国の文化や宗教によって異なるのだろうか。

議論してみよう

　テレビドラマや製品のコマーシャルが提示する「男性らしさ」「女性らしさ」について話し合ってみよう。

第15章
地球環境ガバナンス

横田匡紀

「パンデミックは，気候変動，自然の喪失，公害といった，地球の３つの危機を引き起こす破壊的な開発路線から速やかに転換しなければならないという警告です。しかしこれは明らかに大きな機会でもあります。私は，政府，企業，個人，特に気候への影響が最も大きい人々に，この機会を利用して，今後何十年にもわたって私たちの気候と自然を守ってくれることを強くお勧めします。」(インガー・アンダーセン)[1]

1. 地球環境問題と公共性

　本章は地球環境問題におけるグローバル・ガバナンス（地球環境ガバナンス）を取り上げる。地球環境問題は地球温暖化（気候変動），オゾン層破壊，生物多様性など多岐にわたり，各々の問題が相互に関係する。多様な地球環境問題の分類に関しては，保護・保全される対象に着目し，第１に，（野生生物の種や生物多様性の保護など）人間以外の動植物の保護・保全，第２に酸性雨，気候変動，廃棄物の海洋投棄といった人類その他の生物が健康に生きていくために必要な環境の質の維持・改善を目的とするもの，第３に砂漠化や人口増加，スラムにおける住環境の悪化などの発展途上国の経済発展に関連するものにわける見解がある。[2]こうした地球環境問題について，いくつかの問題では，人類が社会経済発展をするために許容される地球システム上の境界（Planetary Boundaries）を越えており，人類が地球システムの行方を左右する地質学上の新たな時代である「人類世（Anthropocene)」に突入しているとの指摘もある。[3]
　本書の視点の１つである公共財の視点から地球環境をみると，純粋公共財ではないが，共有プール資源である準公共財の性質を有する。すなわち，競合性と非排除性に特徴づけられ，地球環境を悪化させる特定のアクターの行為による影響は全体に及ぶが，そうしたアクターを排除できない。[4]

またもう 1 つの視点である公共性の要素の点からみると，第 1 に，大気，水などの地球環境は我々の生活を支えている。この意味で地球環境の恩恵はすべての人々に開かれている。第 2 に，気候変動やオゾン層破壊など，その影響は国境を越えて波及するため，地球環境の保全は程度の差はあれ，すべての人々の共通の関心事である。ここでいう「すべての人々」には，現在の世代である先進国や発展途上国の人々が含まれるのみならず，将来世代の人々も対象となるものである。第 3 に気候変動問題に関する京都議定書やオゾン層破壊など公的な国際制度が数多く存在する。

以上のように地球環境問題は公共財，公共性の性質を有するが，以下では国際社会の対応の展開と現状，地球温暖化問題に言及していく。

2.　ストックホルムからヨハネスブルクへ

まず地球環境問題への国際社会の対応を取り上げる。国際社会で環境問題が本格的に議論されたのは 1972 年開催の国連人間環境会議である。この背景として，第 2 次世界大戦後の先進諸国の経済成長に伴う公害問題があげられる。1962 年にレイチェル・カーソン（Rachel Louise Carson）が発表した『沈黙の春』は，化学物質が人間の健康に悪影響を与えることを描き，当時の人々の環境問題への意識を高めるのに寄与した。また，地球を脆い宇宙船に例えた「宇宙船地球号」という言葉もこの時期から使われるようになった。なお「宇宙船地球号」の議論では，前後の見境がなく，搾取的かつ夢想的で，無尽蔵の資源を前提とし，消費と生産は善とされる「カウボーイの経済」を批判し，資源の有限性と維持に関心をおいた未来の「宇宙飛行士の経済」の重要性を喚起している。

こうした関心の高まりから環境問題での国際的対応の必要性が議論され，国連人間環境会議では人間環境宣言，行動計画という成果を生み出した。この会議の特徴として，まず当時の国際関係の状況を如実に反映した点が指摘される。例えば，準備プロセスでは先進国と発展途上国との間でいわゆる南北対立が鮮明化した。発展途上国は経済発展を達成し，貧困から脱却することが最優先の課題であり，公害問題への規制は経済発展を妨げるとして消極的な姿勢をとった。こうした南北対立を反映し，人間環境宣言の前文では，発展途上国での環境問題の原因は低開発にあるとし，先進国は発展途上国との格差を縮めるように努めることを定めた。

　またこの会議は今日の国際的な枠組みの基礎を定めた点も指摘できよう。国
連環境計画（UNEP : United Nations Environment Programme）はこの会議の結果創
設された国際機構である。ケニアのナイロビに事務局を設置し，環境問題に関
する様々な国際機構の活動の調整を主な責務とする。先進国と途上国の代表か
らなる管理理事会が意思決定機関となった。

　国連人間環境会議を契機として，環境問題に関する多くの国際条約が締結さ
れた。現在ある環境問題に関する国際条約のうち約 6 割以上が 1972 年以降に
取り決められたものであると指摘されている。[8]

　その後，1980 年代に入り，発展途上国での環境破壊が課題となった。例えば，
熱帯雨林の破壊や砂漠化などの問題が注目された。

　こうした事態を受け，1987 年にはグロ・ハルレム・ブルントラント（Gro
Harlem Brundtland）を委員長とした環境と開発に関する世界委員会（WCED :
World Commission on Environment and Development）において『われら共有の未来
(*Our Common Future*)』と題する報告書が出された。この報告書では「地球は一
つであるが，世界は一つではない」という認識のもとで，「持続可能な発展
(Sustainable Development)」の考え方を提示した。[9] 持続可能な発展とは「将来の世
代のニーズを損なうことなしに，現在の世代のニーズを満たす発展」と定義さ
れる。この概念には，第 1 には自然資源の保全という側面，第 2 には現在の世
代と将来の世代の間での世代間の公平性，第 3 には現在の世代での富める者と
貧困に苦しむ人々の間での世代内の公平性という 3 つの要素が含まれる。[10]

　また持続可能な発展の見方には，経済成長と対立し，成長の限界を強調し，
成長悲観主義と特徴づけられる「強い持続可能性」，経済成長との調和が可能
であり，環境問題の解決には経済成長が必要であるとし，成長楽観主義と特徴
づけられる「弱い持続可能性」，両者の中間にあり，環境政策を通じて産業社
会の構造転換を行い，従来の発展とは異なる道が可能であるとする「均衡のと
れた持続可能性」という 3 つが指摘されている。[11]

　持続可能な発展の考え方は今日の地球環境政策の重要な原理の 1 つとなった。
この考え方が支配的になった理由として，まず出自の正統性があげられる。
WCED は 1982 年の UNEP 管理理事会特別総会で設置が決められ，先進国と発
展途上国からの有識者で構成された委員会である。すなわち国連の下での有識
者による議論に基づきまとめられた考え方であるため，国際社会の中で正統な
ものとして認識されるようになった。更に，市場経済の論理と合致し，先進国

や発展途上国の思惑とも重なっていた点があげられる。持続可能な発展の考え方はしばしばリベラルな経済的・政治的秩序を維持・促進しつつ，環境を保護するという「リベラル環境主義」とも形容されている[12]。

　その後，環境問題はグローバルな問題として認識されるようになった。1987年にはオゾン層破壊の問題に関してモントリオール議定書が採択された。後述する地球温暖化問題に対する関心も高まった。

　1992年に開催された地球サミット（国連環境発展会議）ではリオ宣言，アジェンダ21のほかに生物多様性条約，国連気候変動枠組み条約，森林に関する原則声明が採択された。地球サミットでも南北対立が表面化した。ただ国連人間環境会議の時と異なるのは，発展途上国側は地球環境の保全の必要を認めたうえで，保全のための資金援助を要求した点である。地球環境の保全に対する責任は共通であるが，責任のとり方は経済発展の度合いに応じて異なるべきだとする「共通だが差異ある責任原則（common but differentiated responsibility）」の考え方が主張された。この考えの下に，政府開発援助（ODA：Official Development Assistance）の増額を主張し，最終的には2000年までに先進国の国内総生産（GDP：Gross Domestic Product）の0.7％に引き上げることが決められた。さらにアジェンダ21により，国連持続可能な発展委員会（CSD：United Nations Committee on Sustainable Development）というアジェンダ21の実施状況を評価する役割を持つ新たな国際機構も誕生した。

　地球サミットは1989年の国連総会の決議で開催が決められ，地球環境問題の国際次元での方策を求めて，様々な準備会合などで議論され，その最終的な仕上げの場として設定された。また冷戦の終結という国際政治の転換点と地球サミットへのプロセスとが重なり合うことに着目し，「米ソ冷戦の終焉→地球環境問題の主題化」と位置づける見解もある[13]。

　2002年に開催されたヨハネスブルク・サミットは，地球サミット後10年間の成果と課題の検証を目的とした。ヨハネスブルク・サミットでは政治宣言，実施計画，タイプ2プロジェクトが取り決められた。背景として地球サミット後，経済のグローバル化により貧富の格差が拡大した点があげられる。地球サミットで掲げられたODAの数値目標は達成されなかった。2000年の国連ミレニアム・サミットで採択されたミレニアム開発目標では，2015年までに1日1ドル以下で生活する人々を半減することが合意された。持続可能な発展は環境と経済に加え，社会にも着目し，これら3つの要素を満たしつつ，貧困削減

を実現することが求められるようになった。

　こうした背景を受け，ヨハネスブルク・サミット（持続可能な発展に関する世界首脳会議）では ODA の数値目標が争点となった。期限を設けた数値目標を主張する発展途上国とそれに反対する先進国とで南北対立があった。この点に関しては，発展途上国側が譲歩し，期限を設けた数値目標は取り決められなかった。

　またタイプ 2 プロジェクトが特筆すべき点として指摘できる。タイプ 2 プロジェクトとは，国家，国際機構，非政府組織（NGO：Non-Governmental Organizations），企業などの各種主体による持続可能な発展のための自主的約束をとりまとめたものである。国連人間環境会議と地球サミットでは人間環境宣言とリオ宣言で行動の基礎となる原則を定め，行動計画やアジェンダ 21 で具体的な行動を取り決めた。ヨハネスブルク・サミットでは政治宣言と実施計画がそれぞれに対応するが，これらに加え，国連人間環境会議と地球サミットにはないタイプ 2 プロジェクトという成果を生み出した。

　以上に示される地球環境問題をめぐる国際社会の対応について次の対立軸を指摘できよう。第 1 は，環境と経済の対立軸である。国連人間環境会議，地球サミット，ヨハネスブルク・サミットのいずれも環境保全と経済的利益とが衝突し，主要な争点となった。ただ争点の中身をみると，公害問題から持続可能な発展へと変化している。第 2 は，先進国と発展途上国の間の対立軸である。上述の環境と経済の対立は主として先進国と発展途上国との間で議論された。持続可能な発展の概念が登場したことで，発展途上国との公平性が問題となり，後述する地球温暖化問題への対応をはじめとして，各々の地球環境問題の国際交渉でも主要な争点の 1 つとなった。[14]

3.　地球環境ガバナンスの現況

　ヨハネスブルク・サミット後の動向としては，第 1 に生物多様性の問題を取り上げる。既述したように，1992 年に生物種，遺伝子，生態系の多様性の保全を目的とした生物多様性条約が採択され，2000 年には遺伝子組換え生物に関してカルタヘナ議定書が採択された。2005 年に国連により公表されたミレニアム生態系評価では，生物多様性や生態系が人間に提供する様々な恵みを「生態系サービス」とし，その重要性を提起している。またこの領域での重要な争点の 1 つとして，遺伝資源へのアクセスと利益配分（ABS：Access to genetic resources and Benefit-Sharing）があげられる。これは，例えば，バイオテクノロジーを活用して植物由来の薬品を開発し，利益を得た場合，その植物の生育国にも利益を分配するといった，国際的な枠組み作りの議論である。アメリカは生物多様性条約を署名していないが，ABS がその理由の 1 つとなっている。特に発展途上国が利益配分を要求し，先進国が消極的であるという議論の構図となっており，名古屋で 2010 年に開催された第 10 回締約国会議（COP10）でも取り上げられ，名古屋議定書が採択された。[15] COP10 では，この他に，2020 年までの目標である愛知目標などが決められた。この点については 2020 年以降のポスト 2020 年生物多様性枠組の検討が行われている。2012 年には，研究成果をもとに政策提言を行う組織として，「生物多様性及び生態系サービスに関する政府間科学 – 政策プラットフォーム（IPBES：Intergovernmental science-policy Platform on Biodiversity and Ecosystem Services）」が設立された。

　第 2 に有害化学物質の領域についてだが，発展途上国での化学物質の生産・使用が増大する中で，対処能力の南北格差がクローズアップされてきている。[16] 既述したヨハネスブルク・サミットの実施計画でも 2020 年までに化学物質による環境や健康への影響を最小化させることを要請しており，それを受け，UNEP が対応し，2006 年に国際的な化学物質管理のための戦略的アプローチ（SAICM：Strategic Approach to International Chemicals Management）が取り決められている。個別の問題については，例えば，ダイオキシンなど人の健康や生態系への毒性を有する残留有機汚染物質に関してストックホルム条約が 2001 年に採択され，有害化学物質の国際貿易の規制に関してロッテルダム条約が 1998 年に採択され，両方とも 2004 年に発効している。また水俣病の原因ともなった水銀のグローバルな規制枠組みについても UNEP のもとで交渉が行われ，法的拘束力，基金，遵守の面で進歩的な側面を有する「水銀に関する水俣条約」が 2013 年に採択された。[17] 欧州連合では，化学物質の登録，評価，許可及び制限について REACH（Registration, Evaluation, Authorisation and Restriction of Chemicals）規則が 2007 年より施行されている。その他に，プラスチック汚染問題について，サミットやバーゼル条約などの場でとりあげられ，対策の機運が高まっている。例えば EU はサーキュラー・エコノミーという戦略を提示している。

　第 3 に 2012 年に開催された国連持続可能な発展会議である。これは 2009 年の国連総会において地球サミット後 20 年の成果と課題を検討することを目的として 2012 年に開催することが決められた。[18] 主たる争点は，グリーン経済と

制度枠組みである。グリーン経済では，金融危機や地球温暖化を受け，持続可能な発展や貧困撲滅に資するものとして，環境保全と経済成長（特に雇用）の相乗効果を生む社会の仕組みを模索する。制度枠組みでは，UNEP や CSD など既存の国際機構の枠組みが焦点となる。これまで制度枠組みに関して，世界貿易機関（WTO：World Trade Organization）に匹敵する世界環境機構（WEO：World Environmental Organization）の構想や UNEP の改革などが議論されてきた。経済の領域に比べると，UNEP や CSD の権限が弱く，分散している。数多く存在する環境レジームも地球環境問題の改善という観点からは十分に機能していない[19]。持続可能な発展のためにいかに強化していくかが焦点となった。

　この会議の成果として，グリーン経済については，その重要性を認めながらも，詳細な実施は各国に委ねられる形となり，具体的な数値目標の導入は見送られた[20]。制度的枠組みについては，UNEP の財政基盤を強化すること，最高意思決定機関を従来の管理理事会から全加盟国参加の国連環境総会へと発展させること，CSD を国連持続可能な発展に関するハイレベル政治フォーラム（High-level Political Forum）へと改組することなどが決められた。国連環境総会では前述のプラスチックの問題などが議論されている。

4.　地球温暖化問題への対応

　次に地球温暖化（気候変動）問題の国際レジームである京都議定書を取り上げる。地球温暖化は二酸化炭素など温室効果ガスの濃度上昇により生じ，海面上昇のほかに生態系への影響など様々な被害が予測される。地球温暖化防止には温室効果ガスの排出削減が必要となる。温室効果ガスは人間活動の増大に伴い，排出量も増加している。温室効果ガスの排出削減は経済活動全般の規制にもつながり，その実現には困難が伴う。

　1992 年採択の国連気候変動枠組み条約では，アメリカなどの反対で温室効果ガス排出削減の数値目標が盛り込まれなかった。国連気候変動枠組み条約は 1994 年に発効し，1995 年から締約国会議（COP：Conference of the Parties）が毎年開催された。1997 年の気候変動枠組み条約第 3 回締約国会議（COP3）で京都議定書が採択され，数値目標として，2008 年から 2012 年までの間（第 1 約束期間）に先進国が約 5 ％削減することを決めた。また温室効果ガス排出削減を達成するための手段として，市場を活用した手段である京都メカニズム（共同実

施，排出量取引，クリーン開発メカニズム（CDM：Clean Development Mechanism））が採択され導入されたほか，吸収源も盛り込まれた。2001 年には，アメリカが京都議定書から離脱した一方，モロッコのマラケシュで開催の COP7 では，これら手段の運用細則を採択した。2005 年に京都議定書が発効した。[21]

　ところで地球環境問題の国際レジーム形成では「枠組み条約──議定書」アプローチがとられる。既述したように，地球温暖化問題では 1992 年に国連気候変動枠組み条約という緩やかな原則に基づく枠組み条約を定めた後，具体的な規制として京都議定書を採択した。こうした方法により，多様な利害が衝突する国際社会での合意形成を確保しやすくなる。

　またこの問題では予防原則に依拠した行動が求められる。すなわち実際に被害が生じてからではなく，科学的知見が不確実でも規制していくことが要請される。不確実な状況下で政策決定を行うことから，考えや信条を共有し，知識の提供を目的とした国境横断的な専門家集団である認識共同体（epistemic community）の重要性が高まる。[22]ただ，問題領域の性質や政治的・経済的な利害などで認識共同体の影響力は制限される。また国際レジームの有効活用により認識共同体の影響力が発揮されることもある。京都議定書の場合は，1988 年に設立された気候変動に関する政府間パネル（IPCC：Intergovernmental Panel on Climate Change）に参加した各国の専門家により認識共同体が形成されたと見ることができよう。IPCC は地球温暖化問題の原因，影響，対策に関する知見を提供する目的で，UNEP と世界気象機関（WMO：World Meteorological Organization）のもとに作られ，定期的に報告書を発行している。

　地球温暖化問題では認識共同体の影響はいかなるものであったか。日米欧の主要先進国で見た場合，影響の程度には国より差があったとされる。影響力を発揮したと言われるドイツでは，早期に科学者による合意が政策決定に浸透していた。対照的に影響力を発揮できなかったアメリカでは，この問題に関してはエネルギー業界の影響力が優勢であり，地球温暖化の科学的知見に懐疑的であった。中間の立場である日本では，科学的知見には異議はないものの，温室効果ガス排出削減の負担に関して経産省や環境省などの間で合意が形成されていないという事情が指摘される。[23]

　温暖化対策を各国に促すものとして，こうした認識共同体による説明に加えて，利益による説明もあげられる。例えば，COP3 での決定では EU は温室効果ガスを第 1 約束期間中に 8 ％削減することとなった。しかし，COP3 に向け

た国際交渉で EU は 15％削減という案を提示していた。なぜ，EU は 8％削減という選択をしたのか。この点に関しては，日本とアメリカがそれぞれ 6 ％，7 ％という選択を行っている。15％という選択を行った場合，両国の数値目標に対して EU の負担だけが突出するため，両国と比べ妥当な数値目標を選択したとする，いわゆる相対利得による説明が考えられよう。[24]

　さらに国際レジームによる規範の影響も指摘できよう。2001 年にアメリカが京都議定書から離脱した後，日本と EU はアメリカに追随せず，京都議定書に残った。この選択は利益という観点からは必ずしも合理的な行動ではない。すなわち，アメリカだけが温室効果ガス排出削減という負担から逃れ，日本と EU は負担を継続することになる。これは日本，EU ともに単に利益のみにこだわるのではなく，京都議定書の意義を認め，崩壊させないという選択を行った，と指摘される。[25]

5.　ポスト京都議定書の国際枠組み

　既述したマラケシュ合意を受け，地球温暖化交渉の争点は京都議定書で定めていない 2013 年以降の国際制度のあり方に移った。[26] いわゆるポスト京都議定書の議論が活発になった背景としては，アメリカや中国といった温室効果ガスの主要排出国が加わってないこと，主要国首脳会議（G8 サミット）など国際政治の場で注目されるようになったこと，2007 年の IPCC 第 4 次評価報告書の公表により，科学的知見が提示されたこと，アル・ゴア（Albert Arnold "Al" Gore, Jr.）の映画『不都合な真実』などにより，社会の中で関心が高まったことなどがあげられる。2007 年開催の COP13 で 2009 年までに国際枠組みを決定するとしたバリ行動計画が決められた。しかし 2009 年のコペンハーゲンでのCOP15 で決着することができず，コペンハーゲン合意を留意（take note）するにとどまった。2010 年にカンクンで開催された COP16 では，コペンハーゲン合意を基礎としたカンクン合意が採択された。2011 年の COP17 ではダーバン合意，2012 年の COP18 ではリマ合意，2013 年の COP19 ではワルシャワ合意，2014 年の COP20 でリマ合意が成立し，2015 年開催の COP21 でパリ協定と関連の COP 決定が合意された。

　ポスト京都議定書の国際交渉における特徴の 1 つが交渉の場の多様化である。国連気候変動枠組条約や京都議定書だけではなく，G8 や 20 カ国・地域（G20）

といったサミットをはじめとする様々な場で議論された。

　第 2 に，既述した京都メカニズムを受け，二酸化炭素がビジネスの対象となり，いわゆる炭素市場が発展してきている。2005 年から第 1 フェーズが始まった EU 域内排出量取引制度（EU-ETS : European Union Greenhouse Gas Emission Trading System）はその代表的なものである。先進各国でも排出量取引のために制度が検討されている。企業アクターが国際枠組みに関わるようになり，非国家アクターによるプライベート・ガバナンス（private governance），プライベート・ソーシャル・レジームが形成されつつある²⁷⁾。

　第 3 に，様々な理念が打ち出されている。気候安全保障（climate security）はその 1 つである。気候変動を脅威として捉え，国際社会の迅速な対応を促すことを企図している。2007 年には国連安全保障理事会で取り上げられ，日本をはじめ先進各国でも検討されている²⁸⁾。

　ポスト京都議定書の争点の 1 つが数値目標である。2050 年までの削減目標である長期目標，2020 年までの中期目標があげられるが，特に問題となったのは中期目標である。既述した IPCC 第 4 次評価報告書では先進国に対して 2020 年までに 1990 年比で 25-40％の削減を要請している。コペンハーゲン合意では世界全体の気温上昇を 2 度以内に抑えるために，先進国は自主的に定めた数値目標，発展途上国は削減に関する行動を報告することを決めた。また実効性を高めるために，先進国での削減のための行動は国際的に測定・報告及び検証（MRV : Measurable, Reportable, Verifiable）可能である点が求められた。発展途上国に関しては，自主的削減の場合は国内での検証を経て，国際的な協議・分析の対象となり，支援を受けた削減の場合は MRV の対象となる。

　中期目標として，EU の目標は 1990 年比で 20％削減，他の先進国が同調した場合 30％削減である。アメリカは 2005 年比で 17％削減，日本は主要排出国の参加を条件に 1990 年比で 25％削減を提示した。中国は 2005 年 GDP 比で 40-45％削減を掲げる。ここで注意したいのは基準年である。温室効果ガス排出量は増加し続けているので，2005 年比よりも 1990 年比の方が厳格な基準となる。また GDP 比については，経済成長すれば GDP も大きくなるため，結果として排出量は増加し，削減とはならない。

　このほかにコペンハーゲン合意の中には，先進国による発展途上国の支援として，2010 年から 2012 年の間に 300 億ドルの新規かつ追加的な支援を共同で行い，2020 年までに共同で年間 1000 億ドルの資金動員目標を約束することが

盛り込まれた[29]。

　カンクン合意では，前述のようにコペンハーゲン合意の継承を確認したほか，途上国支援を目的としたグリーン気候基金の創設を決めた[30]。ダーバン合意では2015年までに合意し，2020年から実施するというポスト京都議定書の国際枠組み構築の道筋を決めたほか，交渉のための新たな作業部会（ダーバンプラットフォーム）設置も合意した。ワルシャワ合意では，2020年以降の各国の約束について，国内準備を進め，COP21よりも十分に先立って約束草案を提出することを決めたほか，気候変動の悪影響による損失と被害の問題についてワルシャワ国際メカニズムの設立が合意された。COP21で合意されたパリ協定とCOP決定では，気温上昇を（1.5度も視野に置きつつ）2度未満に抑制し，今世紀後半に温室効果ガス排出実質ゼロに向け努力するほか，締約国による5年ごとの進捗評価，国が決定する貢献（NDC：Nationally Determined Contributions）の見直し，途上国への支援などを決めた。

　約束草案については，EUは2030年までに1990年比で少なくとも40％削減する目標，米国は，2025年までに2005年比で26から28％削減する目標，日本は2030年までに2013年比26％削減の目標を提示した。

　パリ協定は2016年11月に発効した[31]。2018年のCOP24ではパリ協定実施指針が採択された。トランプ政権によるパリ協定離脱，COVID-19によるCOP26延期といった事態もあったが，世界各国で脱炭素の機運が高まっている。例えば，EUはグリーンディールを掲げ，脱炭素と経済の相乗効果を目指す。日本も，2020年10月に，菅首相が国会の所信表明演説で2050年排出実質ゼロを目指すことを表明した。アメリカでもバイデン政権はパリ協定への復帰を表明した。この他，NGOや企業など様々なアクターによる脱炭素に向けた取り組みが加速している。

　またIPCCの第5次評価報告書が2013年から2014年にかけて公表されたが，そこでは今世紀末には温室効果ガスの排出をほぼゼロにすることが示されている。2018年にはIPCC 1.5度特別報告書が公表され，気温上昇を1.5度に抑えるためには，2050年に温室効果ガス排出を実質ゼロにすることが必要であるといった点が示された。

6.　持続可能な発展のグローバル秩序に向けて

　以上で地球環境ガバナンスの諸問題をみてきた。国際社会で地球環境問題の重要性は増してきた。地球温暖化，生物多様性など地球環境問題は多様化し，それに伴い様々な枠組みが構築され，国家アクターだけではなく，国際機構やNGO，企業など多様なアクターが多様な方法でかかわるようになり，重層的な地球環境ガバナンスが形成されつつあると見ることができよう。同時に秩序形成にあたり，様々な反対に直面し，地球環境問題の解決という観点からは有効な枠組みを構築できていない点も指摘できよう。

　最後に持続可能な発展に向けた今後の2つの道筋を取り上げる[32)]。1つは現状改良型アプローチである。これは既存の国際政治や経済の仕組みを前提として改良を行う。例えば，前述したように，持続可能な発展の考え方は市場経済の論理を前提とした環境保全の達成という側面を有する。もう1つは現状変革型アプローチである。これは環境保全のためには，市場経済の論理や国家中心の国際関係の仕組みなど既存の仕組み自体をも再検討する。ここで焦点となるのがグローバリゼーションの論理で取り残された地域コミュニティの人々である。冒頭ですべての人々の共通の関心事が公共性の要件の1つであると述べた。このアプローチから見れば，地球環境政策はそうした関心をも反映した仕組を構築する必要があるとする。

　これら2つのアプローチのどちらが望ましいのか，あるいは両立は可能なのか。地球環境政策が公共性を追求するならば，この点に関しても解決を見出していく必要があると言えよう。

注

1）　Inger Andersen, Executive Director, UNEP, "Foreword," United Nations Environment Programme, *Emission Gap Report* 2020, p. xiii.

2）　亀山康子『新・地球環境政策』昭和堂，2010年。

3）　蟹江憲史「地球システムと化石燃料のリスクガバナンス」鈴木一人編『技術・環境・エネルギーの連動リスク』岩波書店，2015年。蟹江憲史『SDGs（持続可能な開発目標）』中央公論新社，2020年，斎藤幸平『人新世の「資本論」』集英社，2020年。

4）　阪口功「地球環境ガバナンスの理論と実際」亀山康子，森晶寿編『グローバル社会は持続可能か』岩波書店，2015年。

5) ここでの公共性の議論は斎藤純一『公共性』岩波書店，1999 年による。

6) 例えば，『地球公共財』ではそうした視点から地球公共財を定義づけている。Inge Kaul et al（edit），*Global Public Goods: International Cooperation in the 21st Century*, Oxford: Oxford University Press, 1999（インゲ・カール他編『地球公共財——グローバル時代の新しい課題』FASID 国際開発研究センター訳，日本経済新聞社，1999 年）。

7) John McCormick, *The Global Environmental Movement*, 2nd ed., Chichester: John Wiley & Sons, 1995（『地球環境運動全史』石弘之・山口裕司訳，岩波書店，1998 年）。

8) 横田匡紀「持続可能な発展のグローバル公共秩序と国連システム改革プロセス——国連環境計画の事例」『国際政治』137 号，2004 年。

9) The World Commission on Environment and Development, *Our Common Future*, New York: Oxford UP, 1987, p. 27（大来佐武郎監修『地球の未来を守るために』環境庁国際環境問題研究会訳，福武書店，1987 年）。

10) 亀山，前掲書。

11) 坪郷實『環境政策の政治学——ドイツと日本』早稲田大学出版部，2009 年，3 - 7 頁。

12) Steven Bernstein, *The compromise of liberal environmentalism*, New York: Columbia University Press, 2001。

13) 米本昌平『地球環境問題とは何か』岩波書店（岩波新書），1993 年。

14) James Gustave Speth, *Red sky at morning: America and the crisis of the global environment*, New Haven: Yale University Press, 2004（『地球環境危機を前に市民は何をすべきか』浜中裕徳監訳，中央法規，2004 年）。

15) 林希一郎編『生物多様性・生態系と経済の基礎知識』中央法規，2010 年，及川敬貴『生物多様性というロジック』勁草書房，2010 年。

16) 「特集：化学物質管理の国際潮流」『化学経済』2009 年 7 月号

17) 宮崎麻美「水銀問題のグローバル化——条約交渉までの取り組みから」神余隆博，戸崎洋史，星野俊也，佐渡紀子編『安全保障論——平和で公正な国際社会の構築に向けて——黒澤満先生古稀記念』信山社，2015 年。宇治梓紗『環境条約交渉の政治学——なぜ水俣条約は合意に至ったのか』有斐閣，2019 年。プラスチック汚染の問題については，枝廣淳子『プラスチック汚染とは何か』岩波書店，2019 年を参照。

18) UN Doc. A/RES/64/236

19) この点については横田匡紀「地球環境」宮脇昇，庄司真理子編『グローバル公共政策』晃洋書房，2007 年を参照。

20) 小野田慎二，沖村理史「国連持続可能な開発会議（リオ＋ 20）交渉と地球環境ガバナンス」『総合政策論叢』25 号，2013 年。

21) 京都議定書については，亀山康子・高村ゆかり編『京都議定書の国際制度——地球温暖化交渉の到達点』信山社，2002 年を参照。

22) 阪口功『地球環境ガバナンスとレジームの発展プロセス』国際書院，2006 年。

23)　山田高敬「地球環境領域における国際秩序の構築——選好形成における知識の役割」藤原帰一，李鍾元，古城佳子他編『国際政治講座 4　国際秩序の変動』東京大学出版会，2004 年。

24)　信夫隆司編『地球環境レジームの形成と発展』国際書院，2000 年。

25)　山田，前掲論文。

26)　小西雅子『地球温暖化の最前線』岩波書店（岩波ジュニア新書），2009 年，横田匡紀「ポスト京都議定書の国際枠組み——地球環境ガバナンスに向けて」『海外事情』56 巻 10 号，2008 年。

27)　沖村理史「炭素市場と気候変動交渉：地球環境ガバナンスに向けた炭素市場の位置付け」『一橋法学』8 巻 2 号，2009 年。阪口功「市民社会——プライベート・ソーシャル・レジームにおける NGO と企業の協働」大矢根聡編『コンストラクティヴィズムの国際関係論』有斐閣，2013 年。

28)　蟹江憲史「気候安全保障をめぐる国際秩序形成へ——ハイポリティクス化する環境政治の真相」『現代思想』35 巻 12 号，2007 年。

29)　コペンハーゲン合意については，亀山康子「気候変動問題への国際的取り組み：COP15 の評価と今後の課題」『海外事情』58 巻 2 号，2010 年。

30)　以下の記述は横田匡紀「地球環境問題をどう解決するのか」佐渡友哲・信夫隆司編『国際関係論【第 2 版】』弘文堂，2016 年に基づく。

31)　パリ協定採択後の展開については，例えば，沖村理史「地球環境問題とグローバル・ガヴァナンス」『広島平和研究所ブックレット』7 巻，2020 年を参照。

32)　この分類は深井滋子『持続可能な世界論』ナカニシヤ出版，2005 年に基づく。なお，現状変革的な視点については，斎藤幸平，前掲書において，人新世の観点から言及されている。

📖 推奨文献

初学者向け

・米本昌平『地球環境問題とは何か』岩波新書，1993 年。
　　地球環境問題における科学と政治の関係を扱う基本的文献。
・亀山康子『新・地球環境政策』昭和堂，2010 年。
　　国際関係論の視点から地球環境政策のメカニズムをまとめている。

発展学習向け

・宇治梓紗『環境条約交渉の政治学——なぜ水俣条約は合意に至ったのか』有斐閣，2019 年。
・蟹江憲史『SDGs（持続可能な開発目標）』中央公論新社，2020 年。
・環境経済・政策学会編『環境経済・政策学事典』丸善出版，2018 年。
・日本国際政治学会編『国際政治（特集　環境とグローバル・ポリティクス）』166 号，有

斐閣，2011 年。

・John Robert McNeill, *Something new under the sun: an environmental history of the twentieth-century World*, New York: W. W. Norton & Company, 2000（『20 世紀環境史』海津正倫・溝口正俊訳，名古屋大学出版会，2011 年）.

⊟ 推奨 URL

・UNEP 〈http://www.unep.org〉
・環境省 〈http://www.env.go.jp〉

考えてみよう

① 地球環境問題をめぐる国際社会の対応の変化を考えてみよう。
② 地球環境ガバナンスにおける合意形成のメカニズムを考えてみよう。
③ 脱炭素に向けた国際枠組みのあり方を考えてみよう。

議論してみよう

　地球環境の悪化が指摘される中で，環境と経済，社会の関係はどうあるべきか議論してみよう。

第16章
資　　　源

玉井良尚

> 「天然資源に対する人民及び民族主権の自由かつ有利な行使は，主権平等に基づいた諸
> 国家の相互尊重によって促進されねばならない。」(1962年12月14日 国際連合総会第
> 17回会期決議1803（XVⅡ）「天然資源に対する永久的主権」宣言より)[1]

1.　資源をめぐる国際環境

　資源（本章では水を含む天然資源を指す）は，空気や土地と同様に人類生存に不
可欠な要素である。しかし，資源ほど歴史的に獲得競争の対象となり紛争要因
となったものはない。例えば16世紀にスペインがアステカ帝国とインカ帝国
を征服し，先住民を奴隷にしたり，あるいは大虐殺を行ったりした理由の1つ
は，金の獲得であった。また19世紀から20世紀前半までの植民地拡大は，単
なる土地をめぐる争いではなく，植民地の人的資源（奴隷），農産物そして地下
資源をめぐる争いであった。そして第1次・第2次世界大戦の主要因の1つも，
仏独間の石炭資源（炭田）であった。
　資源開発は，その国の経済発展を必ずしも高めるとは限らない（「資源の呪い」
論）。それゆえに資源の国際管理の拡大は，資源輸出国にとっても福音となり
うる。
　これまで資源の国際管理政策がなかったわけではない。欧州では世界大戦の
反省と欧州再興のため，シューマン外相（Robert Schuman）とともに，「欧州統
合の父」と呼ばれたフランスのモネ（Jean Monnet）が独仏和解をすすめ，ザー
ル・ルール地区の石炭の国際管理を提唱した。彼は，欧州石炭鉄鋼共同体
（ECSC：European Coal and Steel Community）の構想を強力に推進し，1952年に
ECSC発足とともに初代事務局長となった。石油についても，輸出側のカルテ
ルとして石油輸出国機構（OPEC：Organization of Petroleum Exporting Countries）や

図1　ウィーンの OPEC 本部
（編者より提供）

アラブ石油輸出国機構（OAPEC：Organization of Arab Petroleum Exporting Countries）が誕生し、また消費国側も国際エネルギー機関（IEA：International Energy Agency）を設けている。

　しかし、他の多くの地下資源については、国際公共政策立案の場がない、あるいはあったとしてもうまく機能していない。天然資源の生産は巨万の富を生む。流通段階では、国際石油資本（石油メジャー）のような巨大資本が大きな影響力を振るう。エネルギー価格の上昇は国民経済に打撃を与えるため、各国政府は天然資源の価格に極めて敏感である。資源をめぐる国際公共政策がどのような国際場裡で立案され、いかなる規制を要し限界を抱えているのかを考えてみよう。

2.　資源管理と国際公益

（1）　国際公共政策としての資源管理

　資源管理は第2次世界大戦後、2つの流れに大別できる。1つは国家間ないしは超国家機関による共同管理化、もう1つは資源ナショナリズムに基づいた国有化である。

　第2次世界大戦後にまずみられたのは、西欧において超国家主義の理想に由来する石炭・鉄鋼の共同管理化であった。1951年4月にフランス、西ドイツ、イタリア、オランダ、ベルギー、ルクセンブルクの西欧6カ国によってパリ条約が調印され、その翌年に発効、設立された ECSC がそれである。ECSC は、その後の欧州連合にまで至る欧州統合過程の嚆矢となった。この ECSC では、石炭・鉄鋼の生産と供給の共同管理や統一した自由市場の創出が果たされた。これによって、関税や貿易制限など国境障壁が取り除かれ、共同体域内における石炭・鉄鋼資源へのアクセスが保障されることになった[2]。しかしより重要なことは、この共同管理化が紛争予防の手段として期待されていたことである。石炭・鉄鋼の共同管理化は、仏独間における長年の紛争の種であったルール地

帯の資源紛争の芽を摘み取ると同時に，戦争遂行を目的とした国家権力による
戦略資源の管理・独占を防ぎ，国家戦争の遂行能力に制限を加えた。このよう
に 2 度の大戦に見舞われた欧州は，その悲劇をこれ以上繰り返さないための手
段として，資源の共同管理化への道を選択したのである。

　他方，第 2 次世界大戦以降，欧州で成し得た資源の共同管理化とは異なり，
資源を国家の管理下に置く，すなわち国有化の流れも出現した。この流れの拠
り所となったのは，1962 年 12 月の国連総会で採択された「天然資源に対する
永久的主権」決議であった。さらに 1966 年，国連総会決議 2158 が採択され，
この中で，「資源の開発と販売は，外国の手によらず，資源所在国自らが行う
ことが望ましい」，「資源は本来，所在国に帰するもの」と明記された[3]。このよ
うな国連決議を得て，植民地から独立して間もない発展途上国は資源ナショナ
リズムを高揚させ，資源の国有化へと動いた。その動きをさらに加速させたの
が，OPEC である。OPEC は，欧米の石油メジャーにあった石油の支配権，と
りわけ石油価格決定の主導権を奪うことを目的として，1960 年にベネズエラ，
イラン，イラク，クウェート，サウジアラビアの 5 カ国によって結成された。
OPEC は，設立当初から石油価格決定過程への産油国の参加を 1 つの大きな目
標として活動を続け，1971 年，石油メジャーとの協議による価格決定システム
への移行に成功した。そして 1973 年，第 4 次中東戦争の勃発に際して，OAPEC
が一方的に石油価格の 70％ の値上げとイスラエル支持国に対する禁輸制裁を
実施する。こうして産油国は，石油メジャー抜きの石油価格決定権を握るとと
もに，自国の石油資源の国有化にも成功した。OPEC は，石油資源の国有化と
いう目的を達成したことで，石油メジャーや欧米先進国に対する影響力をさら
に行使できるようになった。この産油国の影響力の増大に対して，その影響を
受ける先進国側では，1974 年，米国が中心となって IEA が設立された。IEA
は，石油やガス供給途絶等の緊急時への準備対応やエネルギー技術の開発協力，
省エネルギーの研究，市場予測・分析などといった加盟国間の協力を通して，
各国のエネルギー安全保障の確立・向上を目指している。

　このように国際公共政策における資源管理の拡大は，経済的合理性よりも各
国の国益や外交の力関係，理念や規範といった政治的意義によって推し進めら
れてきたことに注意する必要がある。

（2）　国際公共政策の立案

　資源生産国と消費国がそれぞれの立場で利益調整をするだけでは，資源の最適利用の追求は困難である。軍備管理，人権，環境の各分野では，国連，地域機構あるいは有志国が中心となって議論の場が制度化されてきた。資源の分野でも，国連経済社会理事会で生産国・消費国の区別なく資源開発・消費についての議論を行ってきた歴史がある。しかし実際のところ，国連は，その時々の加盟国の力の反映の場，そして対立の場となっていたというほうが正確である。例えば OAPEC 議長国であるアルジェリアの提案により，1974 年の国連資源特別総会が開催されたものの，資源開発の権利をめぐり生産国（主に開発途上国）と消費国（主に先進国）の間の激しい対立がみられた。そしてそれは，南北問題として先鋭化していくことになった。

　さらに近年，注目されるのは，産油国同士の争いである。2019 年，アメリカは世界最大の産油・産ガス国となった。これは，アメリカ国内でシェールオイルおよび・シェールガスの開発・生産が進んだことによる。このシェールオイルやガスの出現・シェア拡大という供給面の大変動は，2014 年に国際原油価格の大幅下落を引き起こし，産油国の財政に大打撃を与えた。以降，産油国間では，産油量の調整をめぐって対立が生じている。これは産油コストが産油国間で異なることから生じるもので，サウジアラビアなど中東産油国は原油価格の高値維持のために減産調整を図ろうとする一方，非 OPEC 加盟国でエネルギー大国のロシアは産油コストが非常に安価のために減産に消極的である。むしろロシアは，自国の安価な産油コストを活かして，産油コストの高いアメリカのシェールオイルを駆逐し，国際エネルギーのシェア拡大を企図しているとされる。エネルギー資源国の様相は，サウジアラビアをはじめとする中東産油国，非 OPEC 加盟国で独自のエネルギー戦略を採るロシア，そしてシェール開発によって自国のエネルギー需要を賄うと同時に輸出国となったアメリカといったように複雑化し，各々の国が希求する国際資源環境もバラバラとなっている。それゆえに資源国は今日，自国の国益に基づく資源戦略を展開する傾向にある。

　このように共通の立場に基づいた政策立案の場の生成は，かなり困難な事案であることを忘れてはいけない。

3. 資源管理政策

（1）化石燃料の規制・消費抑制

　石油を例にして資源管理の成否を考えてみよう。石油の場合，輸出国側と輸入国側の生産・消費調整がバラバラになされてきた。これは，上述の通り，共通の立場に基づいた政策立案の場の生成が国連も含めて困難なためである。だが概して，資源輸出国側に大きな力が存していることは間違いない。これは同じ化石燃料である天然ガス輸出国が，ガス輸出国フォーラム（GECF：Gas Exporting Countries Forum）を形成したことにも通底する。

　この力に対抗する消費国の政策はおおむね3つである。（1）消費国が自国内で代替エネルギーを輸入ないしは開発する，（2）エネルギー消費を節約する，（3）輸出国間の反目を外交的に増大させ価格カルテルを崩壊させる，である。

　第1の方法として，例えば，太陽光，風力，波力，水力，地熱等の再生可能エネルギーの開発が挙げられる。再生可能エネルギーの開発と供給量は年々増大しており，世界のエネルギー消費量のおよそ2割を占めるに至っている。[4]しかし，化石燃料への依存は未だ大きい。そのため，石油依存を減らす方策として，CO_2の排出は増加するもののコストが安く調達先も多い石炭や，石油・石炭と比較してCO_2排出量の少ない天然ガスの開発・利用が進められている。例えば日本では，北海道のすぐ北に位置するサハリン（かつての樺太）からLNG（液化天然ガス）が輸入されており，2018年時点では日本の天然ガス輸入の6.4%はロシア産のLNGである。[5]また2011年の東日本大震災と福島第一原発事故による国内の原子力発電所の運転停止は，増大する石油輸入コストを減らすために電力各社に石炭火力発電所の新設を促した。

　第2の方法として資源消費の節約がある。持続的な経済成長と資

図2　日本向けに輸出するサハリンのLNG基地

（編者より提供）

源消費の減少を両立させるには，省エネ技術の開発が必要となる。

　日本では1973年，政府が石油危機への対応策として「石油緊急対策要綱」を閣議決定し，マイカー自粛，給油所の休日営業自粛，暖房器具の合理的使用，企業の石油・電力消費10％減，ネオン点灯自粛等のエネルギー消費節約運動が展開された。この石油危機以降，日本は，省エネ技術の開発を大きく進め，エネルギー消費の抑制につながった。欧州では国境を越えた電力網が形成されて久しいが，現在，送電ロス抑制等に効果のあるスマート・グリッドの導入など資源エネルギー利用の更なる効率化が進みつつある。

　そして，第3の方法として輸出国分断がある。先にも触れた，アメリカのシェールオイル及びガス増産政策がこれにあたる。アメリカ国内のシェールオイル・及びガスの増産は，原油価格を大幅に下落させた。しかしこの結果，石油輸出に財政を依存している産油国はどこも財政難となった。アメリカのエネルギー政策が，結果的にOPEC内で，さらには非OPEC加盟国のロシアも巻き込んで産油国間で産油量調整をめぐって軋轢を生んでいる。

　OPECの盟主で石油輸出大国のサウジアラビアは，第2次世界大戦以降，アメリカと強力な同盟関係を構築してきた。しかし近年，アメリカの中東政策（例えば，2016年のオバマ政権による対イラン制裁解除）やサウジの人権問題（例えば，2018年に発生した在トルコ・サウジ総領事館内でのサウジ人記者殺害事件）などで，サウジアラビアとアメリカの同盟関係は動揺している。この状況下で，産油量調整をめぐるOPEC内での紛糾は，サウジアラビアの外交的求心力および影響力の低下を生み出している。また，2014年のウクライナ危機およびクリミア併合以降，欧米諸国から経済制裁を課され，経済的苦境にある資源輸出大国ロシアも国際原油価格下落によって財政的打撃を受け，強固であったプーチン政権の政治基盤を揺るがしている。

　このように消費国側が上手く対応策や資源政策を打ち出すことが出来れば，資源国に十分に対抗し，圧力を加えることも可能なのである。

（2）　水資源の規制

　それでは次に，近年，重要資源として認識が広がる水の資源管理について考えてみよう。

　21世紀に入って，水は，産業構造の高度化による水質汚染，温暖化による砂漠化，地球規模での人口増加，そして経済発展による新興国での水需要の増大

など，水をめぐる環境や需給関係の悪化によって資源としての価値を高めている。また，水が担っている社会的環境的機能への人びとの理解の向上も水の資源的価値を高める要因となっている。例えば，「温まりにくく冷めにくい」という水の特性は，季節や昼夜の寒暖差を小さくし，人間生活にとって安定した地球環境を提供している。それゆえに水がなくなれば，人間の生活環境は過酷なものになっていく。それは，旧ソビエト連邦による灌漑開発の結果，消滅へと向かっている今日のアラル海周辺地域の環境変化を見れば明らかである。かつてのアラル海周辺地域は，森林があり，乾燥地帯が卓越する中央アジア地域にあって人間の生活環境に適した地域であったが，アラル海が縮小し始めて以降，砂漠化と塩害によって生態系は崩壊し，人間の住環境も失われた。

　さらに水は，人間の経済産業活動のエネルギーとしても重要である。世界の電力発電における1次エネルギーにおいて，水力発電は2018年時点で約17%のシェアを占めている。[8]　そして今日，CO_2排出に対する厳しい批判から，発電過程でCO_2を排出しない水力発電は注目を集めている。このように水は石油や鉄といった資源と比較しても何ら劣ることのない重要性を有し，そのことが世界的に認識されるようになった。

　水資源管理は，かつては王朝や帝国が河川や井戸の管理を通じて行っていた。古代文明が比較的大きな河川流域に集中していることからも理解できるように，文明的な支配体系があるところには必ず水がその基盤として存在し，そして管理対象となっていた。しかし，世界各地で近代主権国家が次々と誕生するにつれて，河川や地下水など水資源は，各々の国家が独自の経済成長政策に基づき管理されていくようになる。この歴史的展開の最大の問題は，近代主権国家が水ではなく，民族や宗教を基盤として誕生したことである。近代主権国家の誕生によって，数多くの河川や地下水といった水資源は国境を跨いで存在するようになり，それにともない，国際社会は，水資源管理の適正な形，つまり多国間による統合的水資源管理を模索するようになった。

　水資源管理を国際環境法の展開で捉えるならば，その規範となるのは，1972年6月，「国際連合人間環境会議」で採択された，「人間環境宣言（ストックホルム宣言）」である。ストックホルム宣言は，環境が人間の生存にとって重要であるとして，環境権を人間の権利として認めた画期的な国際宣言である。当該宣言の第2原則「天然資源の保護」で，「大気，水，大地，動植物及びとくに自然の生態系の代表的なものを含む地球上の天然資源は，現在及び将来の世代のた

めに，注意深い計画と管理により適切に保護されなければならない[9]」と明記され，水は管理保護対象であるということが国際社会において確認された。これにより，水資源開発は，経済発展・都市発展優先からより人権や環境に配慮した総合的な開発への転換を促された[10]。

　環境や人権に配慮した水資源開発管理を行うためには，主権国家の枠組みを越えるガバナンスの構築が必要となる。したがって，多国間での水資源管理を目的としたレジームや国際条約の成立が求められる。水資源管理における多国間協調の流れをまず促したのは，1992年6月の「国連環境開発会議（地球サミット）」で採択された「環境と開発に関するリオ宣言」である。リオ宣言の第2原則において，主権国家の開発が自国の主権外地域の環境に損害を与えてはならないとされた。さらに第7原則で，「各国は，地球生態系の健全性及び完全性を保全，保護及び修復するため地球的規模のパートナーシップの精神に則り協力しなければならない[11]」とし，リオ宣言は水資源管理における国家間協調を指示している。このようにストックホルム宣言やリオ宣言によって，国際的な水資源管理の必要性は今日，国際法または国際条約上，明確化している。

　多国間水資源管理ガバナンス構築の流れの先頭にいるのは，やはり超国家機構が発達している欧州である。欧州では，1992年に国連経済社会理事会の下部機関である国連欧州経済委員会（UNECE：United Nations Economic Commission for Europe）が中心となり，「越境水路及び国際湖水の保護及び利用に関する条約（ヘルシンキ条約）」が採択された。これは，欧州地域の多国間条約で，締約国に対して複数の国にまたがる地表水および地下水の保護管理を求めている。さらに1999年には，先のヘルシンキ条約を発展させた「水及び健康に関する議定書」が採択されている[12]。また国連においても，国際法委員会が草案を作成し，1997年に国連総会において「国際水路の非航行的利用の法に関する条約」が採択され，2014年に発効した。当該条約では，地下水を含む国際水路の航行以外の利用に関して，関係国間の衡平な利用の原則や損害を与えない義務が規定され，水をめぐる国際的協調の方向性が示されている。

　このように水資源の国際的協調管理に関する国際法や条約は，順調に積み重ねられている。しかし実際，管理事例が豊富な欧州地域を除いて，水をめぐる国際規範や条約が実践面で各国にどれだけ影響を及ぼしているかについては議論の余地がある 。それは，水資源管理のための指標や手法が各国バラバラで統一されていないことからも明らかである。その不統一の事例としては，水質

基準，水に関するデータの開示義務の有無，統計数値の正確さ，水へのアクセ
ス権における不公平性の放置，そして水の価格格差などが挙げられる[13]。実際問
題，水の価格格差は，世界各国の経済発展度に大きく左右されるため，世界的
に収斂させることは困難である。加えて，水質基準や情報開示など制度に関わ
る部分でも，国々によって有無や正確さに対する国民の意識の差異は極めて大
きい。さらに，技法や制度の問題だけでなく，メコン河開発における中国のよ
うに，水資源開発で自国主権の優位を今日でも強硬に主張する国家は少なくな
い。主権国家による一元的管理と制度のもとで水資源開発を進めようとする意
思が依然として世界で根強く存在することを理解する必要がある。

　国際的水資源管理を分析すると，環境・人権保護規範が先行する形で開発規
制が行われている。しかし，水資源管理が環境・人権保護の側面を強調すると，
経済性を重視する開発途上国は，国際的な水資源管理の取り組みに参加しにく
くなる。この環境・人権と経済の対立こそが，国際的水資源管理を展開してい
く上での問題の本質なのである。

（3）　その他（金や銅，鉄鉱石など鉱物資源）

　化石燃料以外の鉱物資源をめぐる国際機構も存在する。銅に関しては，「銅
輸出国政府間協議会（CIPEC：Conseil Intergouvernemental des Pays Exportateurs de
Cuivre）」が，チリ，ペルー，ザイール，そしてザンビアの 4 カ国によって 1967
年に創設され，1975 年には，オーストラリア，インドネシア，パプアニューギ
ニアとユーゴスラビアの 4 カ国が加盟した。また鉄鉱石に関しては，「鉄鉱石
輸出国連合（AIOEC：Association of Iron Ore Exporting Countries）」が 1975 年に結
成されている。これら国際組織は，1966 年の国連総会決議（2158 号）における
資源ナショナリズムの動きに呼応したものであった。

　しかし今日，これら組織は，OPEC ほど価格決定力を有していない。銅も鉄
鉱石も国際市場において価格決定される。また，「ボーキサイト生産国機構
（IBA：International Bauxite Association）」も資源カルテルとして形成されているが，
その力はさほど強くはない[14]。いずれの資源についても統一的な国際公共政策立
案の場が形成されているとはいえない状況にある。

4. 国際資源政策の限界と国際公共政策立案の展望

　資源競争あるいは独占を国際的に規制することが難しいのは，資源が国益に
直結しているためである。資源国の財政は資源輸出によって支えられ，当該国
の政権・政治体制も資源抜きには立ち行かなくなる。それは，シェール開発に
よる国際原油市況下落が中東産油国やロシアの政治体制を大きく揺さぶったこ
とからも明らかである。

　しかし軍備，人権，環境等，国益に直結しているといわれた争点領域におい
て，国際社会は国際公共政策立案の場を設け，時間をかけてそれを有効に機能
させてきた。欧州統合の基礎となった資源の共同管理・共同利用の成功は，資
源分野の国際公共政策の立案が可能であることを示している。資源をめぐる公
平な分配と生産国・消費国双方が満足する価格の安定は，21 世紀のグローバ
ル経済の要となる。資源の国際管理において，紛争予防と経済発展のための未
来の政策立案の余地が十分残っていると解することもまた可能である。

注

1）　訳は，松井芳郎編『ベーシック条約集 2006 年版』東信堂，2006 年，124 頁より引用。

2）　ECSC の歴史については，下記ウェブページ〈http://eur-lex.europa.eu/legal-content/
　　EN/TXT/?uri=URISERV:xy0022〉（2020 年 9 月 1 日アクセス）または島田悦子『欧州
　　石炭鉄鋼共同体 EU 統合の原点』日本経済評論社，2004 年を参照。

3）　決議採択日 1966 年 11 月 22 日。UN Doc. A/RES/2158（XXI）.

4）　米国エネルギー省エネルギー情報局ウェブページ〈http://www.eia.gov/forecasts/
　　archive/ieo13/more_highlights.cfm〉（2020 年 9 月 1 日アクセス）。

5）　日本ガス協会ウェブページ〈https://www.gas.or.jp/tokucho/torihiki/〉（2020 年 9 月
　　1 日アクセス）。

6）　『朝日新聞』1973 年 11 月 16 日（夕刊）および同，1973 年 11 月 20 日（夕刊），同，
　　1973 年 12 月 14 日（夕刊）。

7）　ソ連解体後エネルギー輸出が 1990 年代に政治的要因で混乱したことが 21 世紀のロ
　　シアの強力な資源外交にも影響を及ぼしている。1990 年代のロシアのエネルギー政治
　　については，Peter Rutland, "Lost Opportunities: Energy and Politics in Russia," *NBR
　　Analysis,* Vol. 8, No. 5, December 1997 を参照。

8）　IEA ウェブページ〈https://www.iea.org/〉（2020 年 9 月 1 日アクセス）。

9）　訳は，石本泰雄，小田滋編『解説 条約集〈第 9 版〉』2001 年，344 頁より引用。

10)　仲上健一『サステイナビリティと水資源環境』成文堂，2008 年，30 頁。

11)　訳は，石本，小田編，前掲書，346 頁より引用。

12)　広部和也，臼杵知史編『解説　国際環境条約集』三省堂，2003 年，171 頁。

13)　仲上，前掲書，32 頁。

14)　資源カルテルについて詳細は，小川芳樹「資源カルテル」猪口孝他編『国際政治事典』2005 年を参照。

📖 推奨文献 ━━━━━━━━━━━━━━━━━━━━━━━━━━━━━━━━━

初学者用

・Maggie Black, Jannet King『水の世界地図 第 2 版 刻々と変化する水と世界の問題』沖大幹監訳，沖明訳，丸善出版，2010 年。

・ヴァンダナ・シヴァ『ウォーター・ウォーズ 水の私有化，汚染そして利益をめぐって』神尾賢二訳，緑風出版，2003 年。

・浜田和幸『石油の支配者』文藝春秋（文春新書），2008 年。

発展学習用

・蔵治光一郎編『水をめぐるガバナンス 日本，アジア，中東，ヨーロッパの現場から』東信堂，2008 年。

・松井芳郎『国際環境法の基本原則』東信堂，2010 年。

🗂 推奨 URL ━━━━━━━━━━━━━━━━━━━━━━━━━━━━━━━━━

・ガス輸出国フォーラム（GECF）〈http://www.gecf.org/〉
・国際エネルギー機関（IEA）〈http://www.iea.org/〉
・石油輸出国機構（OPEC）〈http://www.opec.org/opec_web/en/〉
・国連食糧農業機関（FAO）の水関連統計サイト（AQUASTAT）〈http://www.fao.org/aquastat/en/〉

　　　考えてみよう ━━━━━━━━━━━━━━━━━━━━━━━━━━━━━

① 資源消費を減らすために，国連は国家や企業に対してどのような政策を打ち出すことができるだろうか。

② 水資源管理に対して実効力を有する超国家機関の創設には，どのような政治的経済的条件が必要だろうか。

　　　議論してみよう ━━━━━━━━━━━━━━━━━━━━━━━━━━━

　資源をめぐって戦争がおきた歴史をふりかえり，資源の共同管理や消費の調整を成功させるためには，どのような条件が必要かを議論してみよう。

第17章
グローバルな貧困問題と開発

大平　剛

「すべて人は，衣食住，医療及び必要な社会的施設等により，自己及び家族の健康及び
福祉に十分な生活水準を保持する権利並びに失業，疾病，心身障害，配偶者の死亡，老
齢その他不可抗力による生活不能の場合は，保障を受ける権利を有する」（「世界人権宣
言」第25条第1項）[1]

1. 貧困のとらえ方と開発

　世界中には暮らし向きの厳しい人たちが大勢いる。一日あたり1.90ドル以
下の生活を余儀なくされている人は絶対的貧困（absolute poverty）状態にあると
言われる[2]。また，ある集団の中で相対的に貧しい場合には相対的貧困（relative
poverty）という概念が用いられる。統計でよく使用される相対的貧困率は，全
人口に占める相対的貧困者の割合のことで，世帯の可処分所得を世帯構成人数
の平方根で割った等価可処分所得が，全人口における中央値（メディアン）の半
分未満である人の全体に占める割合のことである。例えば中央値が400万円で
あれば，200万円未満の所得しかない世帯の全体に占める割合が相対的貧困率
となる。このように貧困は所得を基準に数値化されることが多い。
　しかしながら，貧困は多面的にとらえる必要がある。開発学の泰斗である
R. チェンバース（Robert Chambers）は「窮乏化の罠」が途上国の農村社会には
存在し，複雑な要因が絡み合うことで貧しさは創り出されていると指摘してい
る。食べ物が不足していたりお金が無いといった物質的貧困は，身体的弱さが
あれば一層深刻となる。病気がちであれば労働による収入は当然少なくなるか
らである。また，僻地に住んで孤立していれば，教育機会や医療へのアクセス
が十分でないことから，政治力が無かったり身体的弱さが強められたりする。
　「世界人権宣言」第25条第1項に謳われているように，最低限の生活を営む

権利をわれわれは有しているのであり，それが達成できていない人々に対しては，援助の手をさしのべる必要がある。開発援助は貧困に陥るさまざまな要因を除去する目的で行われる必要があるが，途上国の独立が相次いだ 1960 年代を出発点ととらえても，開発援助が十分に成果を上げてきたとは言えず，世界中から貧困が無くなったわけではない。では，私たちはこういった事態にどう向き合ってきたのだろうか。これまでの開発援助の歴史を簡単に振り返ってみよう。

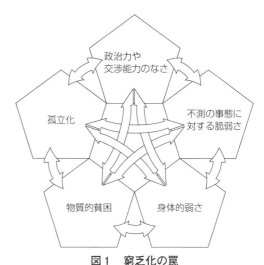

図 1　窮乏化の罠

(出典)　ロバート・チェンバース『第三世界の農村開発』明石書店, 1995 年, 217 頁。

　途上国への開発援助が本格化したのは，北の先進国と南の途上国の経済格差，いわゆる南北問題が意識されるようになった 1960 年代からである。開発のそもそもの対象は国家そのものであり，経済基盤を整えて近代的な国家を造ることが目的とされ，大規模な開発が行われてきた。その際，海外からの資本は途上国の資本家層に向かい，それをもとに行われる大規模開発の恩恵が，徐々に一般大衆にまでしたたり落ちてくるというトリクル・ダウン仮説が信奉された。結果的に国家自体の経済成長は達成されたものの，成長の成果はうまく人々に分配されず，かえって貧富の格差を拡大させてしまった。そこで 1970 年代には貧しい人々に直接届く形での援助の実施が推奨され，衣食住・保健衛生・教育といったベーシック・ヒューマン・ニーズ（BHN：Basic Human Needs）に重点を置く援助が行われた。しかし，この援助方法はあくまでも政府が人々へ必要物を供与するというものであり，「上からの施し」という色彩が強く，人々の間に援助依存体質を生み出してしまった。その反省から，1990 年代からは「人間開発」という概念が提唱され，人々の選択肢の幅を広げることに重点が置かれており，現在はこのアプローチが主流となっている[3]。

　発展途上国の人々の福祉を改善するという目的で実施される援助は公共財と

してとらえることができるが，それがどのような場で議論され，どのような政策が共有されてきたのかを次節では取り上げて考えてみよう。

2. 国際公共財としての政府開発援助（ODA）

（1）先進国による援助

ODA とは，先進諸国が途上国の経済や社会を発展させたり，福祉を向上させたりする目的のために行う資金供与および技術協力であると定義されている。途上国が発展するためには外部からの資金援助が大量に必要だとの言説が唱えられ，1960 年代からその量的拡大の必要性が叫ばれてきた。1971 年に開始された「第 2 次国連開発の 10 年のための開発戦略」では，先進国の ODA の量を国民総生産の 0.7% にまで引き上げることが目標とされた[4)]。

ODA は外交の一部であり，政府が実施する以上，そこにはそれぞれの国の利益，すなわち国益が往々にして反映される。それは経済的な利益であったり，安全保障上の利益であったりするのだが，それぞれの国の置かれた地理的状況や国家間関係の歴史に多分に影響を受ける。このように援助政策や援助方針には各国の特色や独自性が認められるが，一方で国際社会は援助政策について討議し合い，ノウハウを共有するという一面を併せ持つように発展してきたことも事実である。

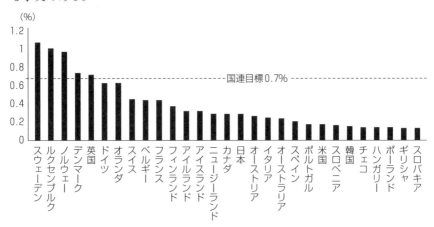

図 2　国民総所得に占める ODA の割合（2018 年）

（出典）　OECD ホームページ〈http://www.compareyourcountry.org/oda?page=0&cr=oecd&lg=en〉をもとに作成（2020 年 8 月 18 日アクセス）。

（2）　OECD・DAC の役割

　世界的な援助の方向性について話し合う場として，OECD の開発援助委員会（DAC：Development Assistance Commitee）という組織がある。先進国と称される国は OECD に加盟しており，2020 年 8 月現在，その加盟国の中でも援助実施体制を整えて実際に援助を供与している 29 カ国が DAC に属している[5]。

　各国がバラバラな援助を行っていては効果的でも効率的でもないとの考えから，DAC は主に次の 3 つの役割を担っているとされる。1 つには，加盟国間における援助政策の協調を図る場としての役割である。次に，ピア・レビューという形をとって，加盟国間で相互に援助システムや実施状況を審査し合うという役割も担っている。最後に，これからの援助の方向性を検討し，方針の共有を推進していくという役割を持つ。DAC における議論を通じて，各国政府がそこで決定された方針を自国の援助政策に反映させることが期待されているのである[6]。

　DAC での議論は，先進諸国の援助政策の方向性を一定程度収斂させる働きを持ち，開発援助分野におけるルール作りという点で重要であった。しかし近年，途上国開発における援助の役割が低下していることに加えて，開発の担い手が多様化したことから DAC の存在意義は薄らいでいるのが現状である。その点については第 3 節で明らかにしよう。

（3）　国連を中心としたグローバルな政策議論へ

　冷戦が終結して以降，教育，環境，人権など世界大での解決が必要なグローバル・イシューへの関心が高まり，国連を中心としていくつもの世界会議が開催され，国際的な開発目標が提示されてきた。それらを 2000 年 9 月の国連ミレニアム・サミットにおけるミレニアム宣言を受けて集大成したものがミレニアム開発目標（MDGs：Millenium Development Goals）であった。

　ミレニアム開発目標は 2015 年を達成年限とし，8 つの目標と 21 のターゲットを定めたものであった。貧困削減や初等教育の普及については十分な成果が見られたが，妊産婦死亡率や乳幼児死亡率については当初の目標には届かなかった。ある分野では一定の成果を上げたものの，他の分野では課題が残されたことや，MDGs では目標設定がなされなかった分野があったことから，2010年ごろからは MDGs の後継となる開発目標の策定が議論され始めた。結果，2016 年から 2030 年にかけての達成が目指される「持続可能な開発目標」(SDGs：

Sustainable Development Goals) が 2015 年 9 月の国連総会で採択された。

　上述したように，1990 年代からの援助は潜在能力アプローチに基づく人間開発が基本となってきた。一方で，「環境と開発に関する世界委員会」が 1987 年に発表して以来，「持続可能な開発」も開発の方向性を規定してきた。これら 2 つの潮流は長らく並存状態にあったが，SDGs によってそれが一本化されるとともに，地球環境こそが第一義的に重要であるとの認識に基づき，開発に対する新たな思考変容が生じたと言える。

　SDGs はその名が示すとおり，持続可能性を重視しており，気候変動などの環境問題だけでなく，強靱な社会の構築，すなわちレジリエンス（resilience）を

表 1　持続可能な開発目標

目標 1	あらゆる場所のあらゆる形態の貧困を終わらせる
目標 2	飢餓を終わらせ，食料安全保障及び栄養改善を実現し，持続可能な農業を推進する
目標 3	あらゆる年齢のすべての人々の健康的な生活を確保し，福祉を促進する
目標 4	すべての人々への包摂的かつ公正な質の高い教育を提供し，生涯学習の機会を促進する
目標 5	ジェンダー平等を達成し，すべての女性及び女児の能力強化を行う
目標 6	すべての人々の水と衛生の理容可能性と持続可能な管理を確保する
目標 7	すべての人々の，安価で信頼できる持続可能な近代的なエネルギーへのアクセスを確保する
目標 8	包摂的かつ持続可能な経済成長及びすべての人々の完全かつ生産的な雇用と働きがいのある人間らしい雇用（ディーセント・ワーク）を促進する
目標 9	強靱（レジリエント）なインフラ構築，包摂的かつ持続可能な産業化の促進及びイノベーションの推進を図る
目標 10	各国内及び各国間の不平等を是正する
目標 11	包摂的で安全かつ強靱（レジリエント）で持続可能な都市及び人間居住を実現する
目標 12	持続可能な生産消費形態を確保する
目標 13	気候変動及びその影響を軽減するための緊急対策を講じる
目標 14	持続可能な開発のために海洋・海洋資源を保全し，持続可能な形で利用する
目標 15	陸域生態系の保護，回復，持続可能な利用の推進，持続可能な森林の経営，砂漠化への対処，ならびに土地の劣化の阻止・回復及び生物多様性の損失を阻止する
目標 16	持続可能な開発のための平和で包摂的な社会を促進し，すべての人々に司法へのアクセスを提供し，あらゆるレベルにおいて効果的で説明責任のある包摂的な制度を構築する
目標 17	持続可能な開発のための実施手段を強化し，グローバル・パートナーシップを活性化する

（出典）外務省ウェブサイト〈https://www.mofa.go.jp/mofaj/files/000101402.pdf〉（2018 年 8 月 26 日アクセス）。

１つのキーワードとしている。レジリエンスとは復元力，回復力を意味し，物理学や心理学で用いられる用語だが，開発分野では社会関係資本（人やコミュニティにおける絆）の再構築や災害からの復興といった文脈で使用される。

　MDGs との大きな違いは，地球環境問題に言及していることはもちろんだが，不平等（格差）の問題に取り組むこと（目標 10）や平和についても言及している点（目標 16）である。また，担い手が多様化した点も重要である。MDGs では，目標達成の責任の多くは途上国に課せられていたが，SDGs では地球上のすべての国家だけでなく，非政府組織や企業も目標の達成に向けて取り組むことになっている。

3.　新興援助国の台頭と揺らぐ開発援助レジーム

　上述したように，1960 年代以降，DAC を中心に開発援助は制度化され，ルールや規範が明確になることで開発援助分野はレジームとしての様相を帯びるように発展してきた。しかし 21 世紀に入って，このレジームに陰りが見え始めている。１つ目の要因は ODA そのものの地盤沈下である。途上国に流れる資金全体に占める ODA の割合が低下する一方で，民間資金の割合が上昇しているのである。２つ目の要因は中国を筆頭とする新興援助国の台頭である。ここでは中国による開発協力[7]について言及しておこう。

　中国による援助は，援助と投資と貿易がセットになった三位一体型であるとされる[8]。つまり，援助が投資の呼び水となり，その結果，貿易が生み出されるという構図である。このような中国式援助に注目が集まったのは 21 世紀に入ってからである。人権蹂躙や政権腐敗を理由に先進国からの援助が停止ないしは減少したアフリカの国々に対して，中国は援助を約束してその見返りに資源を獲得するという資源外交を展開した。そのやり方に対して，先進諸国側からは非難が巻き起こったが，先進諸国からすれば，中国式援助は長年にわたって構築してきた援助レジームのもとでのルールを台無しにするものであったからである。

　しかし，ダンビサ・モヨ（Dambisa Moyo）によれば，アフリカに援助依存体質をもたらしたのは他ならぬ先進国による援助であり，それがもとで政権の腐敗や貧困も生み出されてきたと批判している。一方で中国による開発は大規模インフラ整備を行うなど，投資を重視してアフリカ諸国の経済成長をもたらした

と評価している。[9]

　また中国をはじめとする新興援助国は，途上国間での協力，いわゆる南南協力に力を入れているが，そこには対等な関係による協力が前提となっており，先進諸国が援助供与の際に民主化や人権保護を要求するなどの条件付け（コンディショナリティ）を課すのとは対照的である。ともすれば内政干渉ともとらえられる先進国からの援助ではなく，供与の際に条件を付けない新興国による援助が，徐々に途上国の支持を集めて既存のレジームを脅かしているのである。

4.　多様化する問題解決の担い手

（1）　ビジネスによる問題解決──ソーシャル・ビジネス，BOP/ インクルーシブ・ビジネス

　グローバルな貧困問題の解決において，国家以外の担い手の活躍が飛躍的に増加している。なかでも企業はこの分野における新しい担い手である。とりわけ SDGs 策定後，その重要性は増すばかりである。

　貧しい層の人々を顧客としてとらえ，ビジネスとして彼らの満足を追求しようとする BOP（Base of the Economic Pyramid）/ インクルーシブ・ビジネスが興[10]隆してきた。世界には年間所得が 3000 ドル以下の人々が 40 億人いるとされ，そういった人々を対象に，あくまでも利益を追求する新しいビジネスである。例えば，家庭用品メーカーであるユニリーバは，洗剤やシャンプーをボトル販売ではなく，少量の小袋でしかも安価で販売することによって，貧困層でも購入できるように仕様を変更している。その際，農村女性を販売員として雇用を創出したり，手洗いを奨励して保健衛生面で貢献したりしている。また，フランスの食品メーカーであるダノンは，バングラデシュのグラミン銀行と提携し，バングラデシュでヨーグルトの小売り販売を実施しているが，販売を手がける女性たちには収入の機会が提供されるだけでなく，栄養価の高いヨーグルトが子どもたちに摂取されることで，彼らの健康状態の改善も目指されている。このように社会が抱える問題の解決を目指すソーシャル・ビジネスが，途上国の状況改善に一役買っているのである。

（2）　市民でできる国際協力──フェアトレード

　フェアトレード（fair trade）は「公正な貿易」と訳され，途上国住民の生産物

が不当に搾取される現行の貿易体制に対して異議を申し立て，途上国住民の暮らしを改善するための草の根の活動である。欧米諸国では旧植民地に対する贖罪の意識も強く，官民挙げて取り組む活動に至っている。英国では運動の浸透度は高く，大手スーパーマーケットでのフェアトレード商品のシェアは年々高まっている。

　フェアトレードでは，現地生産者と公正な買い取り価格で長期契約を結ぶことから，現地生産者の生活が安定する。また，代金とは別にプレミアムという奨励金が支払われ，使途は生産者コミュニティによって民主的に決められ，学校の整備などのコミュニティの経済社会開発のために用いられる。

　「身近な買い物でできる国際協力」であるフェアトレードは，国内の NGO が途上国の NGO と連携して，販売や産品の開発を行っていることも多い。NGO を通して，私たちは途上国の生産者と繋がり，彼らの生活改善に一役買うことができるのである。

5.　開発の課題と展望

　最後に開発の課題と展望について考えてみよう。すでに述べたように，新興援助国の台頭によって既存の開発援助レジームが変容しつつあり，国家は国益を前面に出して，開発がもたらす利益というパイの取り合いを開始しようとしている。とりわけアジアにおけるインフラ整備の需要は多く，そこから生じる利益を求めて各国がしのぎを削っている。

　次に，貧困層の生活改善に一役買っている BOP ビジネスだが，BOP ビジネスはあくまでも貧困層に商品を購入させることを目的としており，グローバル市場に貧困層を取り込むことを狙いとしている。新自由主義のもとで進行しているグローバリゼーションは，ますます貧富格差を生み出しており，英国の老舗 NGO であるオックスファムは，世界の最富裕層 1 ％の人々の富が，2016 年には残り 99％の人々の富の総量を上回り，たった 80 人の億万長者の富の総量が，全世界で貧しい側に属する半数の人たちの富の総量に匹敵すると報告している。[11]

　国内および国家間の不平等は SDGs でも取り上げられている（目標 10）。しかし，そのような歪みを生み出すメカニズムである資本主義，とりわけ新自由主義のもとでのグローバリゼーションを是正することなく，問題は解決できるの

だろうか。公平性に欠け，公正でない社会の是正に向けて，国家に任せるだけではなく，市民社会組織や個人も問題解決の担い手になり得ることを自覚してシステムの弊害を是正する行動を行う必要がある。

注

1） 世界人権宣言は第 3 回国連総会において 1948 年 12 月 10 日に採択された（訳は外務省のホームページより）。

2） 絶対的貧困の基準は世界銀行が定めているが，1.90 ドルという基準は 2011 年の購買力平価に基づいて 2015 年 10 月に決められた。

3） 人間開発の概念の基礎になったのは，アマルティア・セン（Amartya Sen）の潜在能力（ケイパビリティ）アプローチである。それによれば，人には「〜できる」（doing）と「〜である」（being）といった機能（functioning）があり，それら機能の集合体が潜在能力であるとされる（アマルティア・セン〔池本幸生他訳〕『不平等の再検討』岩波書店，1999 年などを参照）。また，その概念は国連開発計画（UNDP）に採用され，1990 年以降，毎年『人間開発報告書』が刊行されている。

4） この目標は国際公約として今でも有効とされているが，0.7 という数値については十分な根拠がないとの意見もある（浅沼信爾・小浜裕久『ODA の終焉──機能主義的開発援助の勧め』勁草書房，2017 年）。

5） ヨーロッパ連合（EU）もメンバーであり，それを加えると 30 となる。

6） 詳しくは，村田良平『OECD（経済協力開発機構）世界最大のシンクタンク』中央公論社（中公新書），2000 年，80-102 頁を参照。

7） 中国は途上国との対等性を強調し，上下関係を連想する「援助」ではなく，対等な関係を示す「開発協力」という用語を用いている。本稿では便宜上，「援助」を用いる。

8） 稲田十一は，ここに開発現場への中国人民という労働力の輸出も加え，四位一体であると指摘する（下村ほか編『中国の対外援助』日本経済評論社，2013 年）。

9） ダンビサ・モヨ『援助じゃアフリカは発展しない』東洋経済新報社，2010 年。

10） BOP ビジネスが BOP 層をターゲットにしているのに対して，インクルーシブ・ビジネスは BOP 市場に特化するのではなく，BOP 層のニーズを通常の企業活動に取り込んで新たなビジネスを構築するという違いがある（富士通総研 HP，〈http://www.fujitsu.com/jp/group/fri/column/opinion/201409/2014-9-5.html〉を参照。2015 年 8 月 25 日アクセス）。

11） Oxfam, *Wealth: Having it All and Wanting More*, 2015.

📖 推奨文献

初学者用

・下村恭民・西垣昭・辻一人『開発援助の経済学（第 4 版）』有斐閣，2009 年。

　　開発援助の基本を学ぶ上での好著。経済学とあるが数式は用いられていない。

・石井光太『絶対貧困』光文社，2009 年。

　　スラム街で生活した著者の実体験を元に書かれており，貧困の本質がわかる。

・東洋大学国際地域学部子島ゼミ『館林発フェアトレード——地域から発信する国際協力』上毛新聞社事業局出版部，2010 年。

　　フェアトレード産品の販売を通して，国際理解と地域振興を促進したゼミの活動記録。ゼミ等で主体的に課外活動をしたい大学生にお勧めの本。

発展学習用

・ロバート・チェンバース『第三世界の農村開発』明石書店，1995 年。

・ダンビサ・モヨ『援助じゃアフリカは発展しない』東洋経済新報社，2010 年。

・浅沼信爾・小浜裕久『ODA の終焉——機能主義的開発援助の勧め』勁草書房，2017 年。

🖥 推奨 URL

・外務省国際協力ホームページ〈http://www.mofa.go.jp/mofaj/gaiko/oda/〉

・国際協力機構（JICA）〈http://www.jica.go.jp/〉

・OECD 開発援助委員会ホームページ〈http://www.oecd.org/dac/〉

・持続可能な開発目標に関する国連広報のホームページ〈http://www.unic.or.jp/activities/economic_social_development/sustainable_development/2030agenda/〉

考えてみよう

① 貧困には複雑な要因が絡んでいるが，途上国の農村社会にはどのようなリスクが存在するだろうか。

②SDGs の達成のために，個人として何ができるかを考えてみよう。

③BOP ビジネスの事例を調べてみよう。

議論してみよう

　各国の援助（開発協力）の特徴を調べ，国益との関係について議論してみよう。

第18章
グローバル・コモンズ
——グローバルな公共領域と地政学

横田匡紀

> 「グローバル・コモンズのガバナンスは持続可能な発展，ひいては，人類の福利を達成するために必要とされています。我々は単に経済発展と環境保護のための，国家の優先事項のみに焦点をあてることはもはや，できないのです。」（ヨハン・ロックストローム[1]）

は じ め に

　国家は主権，領域，国民を構成要素とし，領土，領海，領空からなる領域に対する管轄権を有している。本章でとりあげるのは，グローバル・コモンズと呼ばれ，主権を有する国家の管轄権が及ばない領域の問題である[2]。その特性としては，利用の自由が誰にでも認められ，誰の専有からも自由であり，平和的な利用に供され，一定の国際的管理や規制の下に置かれていることが指摘されている[3]。グローバル・コモンズは安全保障や地政学との関連で注目されている。また地球環境問題もグローバル・コモンズの観点から言及されるようになっている。こうした点を踏まえ，国家のコントロールが及んでいないものの，各国が権益を主張する動きには事欠かないといった状況を踏まえ，グローバル・コモンズを「互いの利害の調整や共通の利益の促進のための合意形成が求められるグローバルな公共領域」ととらえる見解もある[4]。

　グローバル・コモンズの問題は，第1に，グローバル公共財との関連で捉えられる必要がある。グローバル公共財は「すべての国家，すべての人々，すべての世代に便益を与える」という性質を有している。本章でとりあげる諸問題は，単なる国家の管轄権に属さない問題という意味だけではなく，様々なアクターがかかわり，地球全体の問題として認識されるようになっているため，グローバル公共財の視座で考え，破局的な結末となる「コモンズの悲劇」を防ぐことが求められている。

　第2に規範との関連である。国家領域を超える問題にかかわる秩序形成に関して，人類の共同の財産（The Common Heritage of Mankind）などの概念が提示され，その適用が試みられた。現代の国際社会において，グローバルな課題に対するために，持続可能な発展，人間の安全保障，保護する責任などの規範が提示されている。人類の共同の財産などの概念はこうした規範に先立って提起され，現代国際社会の秩序形成に影響を与えている。グローバルな諸課題への対応，国際社会における規範の意味を考える上で，本章の事例は様々な問題を提起すると考えられる。

　本章では，グローバル・コモンズの問題として，具体的に南極，北極といった極地の問題，宇宙空間，深海底，サイバー空間に注目し，現状をみていく。[5)]

1.　深　海　底

　深海底は，国家の管轄権の及ぶ区域の境界（大陸棚）外の海底とその下を範囲とする。大陸棚とは，大陸や島周辺の海底で水深およそ200メートルのなだらかな部分のことである。1958年の大陸棚条約では，沿岸国による大陸棚の資源開発の権利を認めている。200メートル以遠でも開発が可能な場合は大陸棚に含めることができるとしている。

　1960年代に入り，技術開発が進み，200メートル以遠の開発も可能となり，それに伴い，大陸棚の範囲も拡大する可能性がでてきた。特に先進国による大陸棚の拡大，資源独占の危険性が懸念されるようになった。公海の自由という自由競争では参加の平等が保証されないという懸念があった。

　1967年に国連総会第1委員会で，マルタ代表のパルド（Arvido Paldo）大使が深海底を人類の共同の財産とする演説を行った。すなわち，先進国による深海底の資源独占を防ぎ，平和利用のために，人類の共同の財産とし，新たな国際制度の樹立を主張したのである。人類の共同の財産により，すべての国に平等な資源へのアクセスを確保することを企図しているという。[6)]この提案に基づき海底平和利用委員会が設置され，そこでの審議の結果，1970年に深海底原則宣言が採択された。

　深海底の国際制度設立に向け交渉が行われ，1982年採択の国連海洋法条約では詳細な深海底制度が盛り込まれた。国連海洋法条約は1994年に発効した。同年に国連海洋法条約の深海底条項に関して，実施協定が採択された。そして，

深海底をめぐる国際制度として，1996 年には国際海底機構が発足した。

　これらの展開において，深海底はどのように位置づけられたのであろうか。国連海洋法条約では深海底及びその資源を人類の共同の財産と位置付けたうえで，第1に，国または人は，深海底のいかなる部分も専有してはならず，主権または主権的権利を行使してはならないこと，第2に，深海底の資源に関するすべての権利は人類全体に付与され，機構は人類全体のために行動すること，第3に，深海底はすべての国に開放され，平和的目的のために利用されることとしている。

　次に，深海底の資源を管理し，深海底における活動を組織・管理する国際機構として設立された国際海底機構についてである。国際海底機構には，すべての構成国からなる総会，総会から選出された 36 カ国の代表から構成される理事会，そして事務局およびエンタープライズ（事業体）が主要な内部機関として設置されている。総会と理事会における意思決定はコンセンサス方式を原則としている。エンタープライズは深海底における活動を直接行い，かつ，深海底から採取される鉱物の輸送・精錬，販売も行う機関である。

　こうした経緯で成立した深海底の国際制度をめぐるプロセスの根底にあるのは先進国と発展途上国間の意見の相違である。先進国側は深海底での活動に対して強い経済的なインセンティブを有しているのに対して，発展途上国側は先進国による開発，資源の独占を批判するということから人類の共同の財産の考え方を提起したのである。例えば，前述の実施協定については，1982 年に採択された国連海洋法条約では，先進国による開発の条件が厳しく，反発を生んだため，先進国の条約参加を実現し，深海底制度の実際の運用を容易にするために採択されたのである。

　また近年は海底下で新たに発見される生命体などの海洋遺伝資源の問題が指摘されている。特に先進国は生物資源探査（バイオプロスペクティング）という海洋遺伝資源から医薬品や化粧品などを製造するための活動を開始するようになった。一方，発展途上国側は，海洋遺伝資源を人類の共同の財産と位置づけ，国際的な規制や管理を強めようとする見解を示し，先進国側と対立しているとされる。[7] この他に，公海や深海底などの「国家管轄権外区域における海洋生物多様性（BBNJ：Marine Biological Diversity of Areas beyond National Jurisdiction）」の問題が注目され，法的拘束力のある文書の採択に向けた国際交渉が行われている。BBNJ の問題でも人類の共同の財産との関連が議論されている。

2.　南　　　極

　極地の問題について，まず南極をとりあげることにしよう。[8] 20 世紀に入り，南極大陸で科学的探検が行われるようになった。そして南極大陸に対して領土的な野心が向けられ，イギリス，ニュージーランド，オーストラリア，フランス，ノルウェー，アルゼンチン，チリの 7 カ国がセクター主義に基づく領土権を主張していた。すなわち，南極大陸の極を頂点とし，2 つの子牛線と 1 つの経度線によって囲まれる扇形の部分の全域にわたる領域権が特定の国に帰属するという主張である。

　これらの国々と対するのが，ノンクレイマントの立場をとる国々である。すなわち，南極大陸に関して，いかなる領域権も主張しないと同時に，他国によるいかなる主張も認めないという立場である。南極大陸で盛んに探検を行っていたアメリカのほかに，ソ連，日本，南アフリカ，ベルギーもノンクレイマントの立場をとっていた。

　1957 年の国際地球観測年に各国の協力による南極観測が行われたことを契機に，アメリカ主導により国際制度形成が試みられた。領域権を主張している 7 カ国と，ノンクレイマントの 5 カ国を加えた 12 カ国で 1959 年に南極条約が採択された。

　南極条約では，科学的調査の自由，平和的利用，領土権，請求権の凍結，核爆発・放射性廃棄物処分の禁止といった点が定められている。国際紛争を未然に防ぎ，科学的調査の国際協力を推進していくことが国際社会共通の利益として重視され，米ソ協調により冷戦時代の南極秩序の安定が図られたのである。[9] なお領土主権・請求権の凍結に関しては，セクター主義に基づき領域権を主張する国々とノンクレイマントの国々双方に配慮し，条約の有効期間中の活動が過去や将来の領土権・請求権の主張・設定に影響を与えないとし，新たな請求権の主張・拡大を禁止している。また条約制度の履行確保と促進のため，協議国会議が設けられた。協議国会議は，条約締約国の中で，南極地域で実質的な科学的研究活動を行っていると認定される国に限定される。

　その後，南極条約を中心としたいわゆる南極条約システムが形成された。すなわち，資源開発や環境保護の問題の調整が問題となり，1972 年に「南極のあざらしの保存に関する条約」，1980 年に「南極の海洋生物資源の保存に関する

条約」，1988 年に「南極の鉱物資源活動の規制に関する条約」が採択された。

　環境保護に関しては，上記の条約では配慮が不十分であるとして，1990 年に「環境保護に関する南極条約議定書」が採択されている。この議定書では，南極の環境・生態系を包括的に保護することを目的とし，南極地域を平和と科学に貢献する「自然保護地域」に指定した。加えて，「南極の鉱物資源活動の規制に関する条約」が未発効であることから，科学的調査を除いて少なくとも 50 年間はいっさいの鉱物資源活動が禁止された。

　人類の共同の財産に関しても，上記のプロセスにおいて，1980 年代に入り，発展途上国側から提起された。すなわち，協議国を中心とする南極条約システムに批判的な諸国から提起され，南極およびその資源の領有・専有の禁止，国際機関による管理，平和利用の必要性が主張されている。この他にも，南極を「世界公園」とする構想も出されていた。この構想は非政府組織（NGO：Non-Governmental Organizations）により 1970 年代から表明されていたが，議定書採択に至るプロセスで注目を集めるようになった。人類の共同の財産では資源の公平な配分が強調されていたのに対して，世界公園構想では，南極の野生動植物の価値を優先させている。

　前述のように，議定書では「自然保護地域」とされ，「世界公園」とされていない。また議定書は南極条約を優先するとしているため，協議国を中心とする南極条約システムの根幹に修正は加えられていない。南極条約システムは，利害関係を有する国をほぼ締約国として吸収し，前述の様々な批判についても，締約国間での連携や協力を強化し，情報公開などを行い，柔軟な対応を行ったと指摘される。

　以上のプロセスで，協議国を中心とした既存の南極条約システムを前提としつつも，南極大陸で保護するべき国際社会共通の利益はその包括的な環境保護にあるとの認識が一般化するようになった。南極条約システムは，1960 年代の「平和と科学の時代」，1970 年代と 1980 年代の「資源の開発と利用の時代」から，1990 年代以降の「生態系保護の時代」へと変容したのである。

3.　北　　極

　北極については，南極とは異なり，制度化が進んでいない。南極大陸と違い，北極は氷で覆われているため，概して北極海沿岸諸国（スカンジナビア諸国，ソ連，

アメリカ，カナダ）の管轄権の問題として捉えられており，この点が南極との大きな法的相違点となる。冷戦が終焉し，北極をめぐる国際協力への関心が高まり，環境の領域などで協力体制の構築を模索した。1991年には北極環境保護戦略が策定され，1996年に北極評議会が設置された。北極評議会はカナダ，デンマーク，フィンランド，アイスランド，ノルウェー，ロシア，スウェーデン，アメリカをメンバーとし，北極における持続可能な発展や環境問題に関して，北極の先住民やその他の居住者の関与を得て，協力を促進することを目的としており，軍事安全保障の問題は扱わないとしている。[14] ただこれらの試みは緩やかな段階に留まっている。[15]

　近年，地球温暖化（気候変動問題）の影響により，北極海の資源や航路開発に対する関心が高まっている。例えば，前述の北極評議会についても，2013年に日本，中国，インド，イタリア，韓国，シンガポールのオブザーバー資格が承認されている。そのため北極評議会の役割強化，国連海洋法条約などの既存の法的枠組みの活用を行うことが求められている。[16]

4.　宇宙空間

　宇宙空間についてみることにしよう。宇宙空間は，SF小説などで扱われ，憧れの対象としてイメージされていた。しかし，1957年にソ連が人工衛星スプートニクの打ち上げに成功すると，国連宇宙空間平和利用委員会を設置し，宇宙空間に対する規制の議論が行われ，いわゆる宇宙法が形成されるようになった。1966年には宇宙条約が採択された。宇宙条約では，月その他の天体を含む宇宙空間の探査と利用に関する国家活動を対象とした原則を定めている。その後，1967年に宇宙救助返還協定，1971年に宇宙損害賠償協定，1974年に宇宙物体登録条約，1979年に月協定が採択された。宇宙救助返還協定は，宇宙飛行士の救助及び送還，宇宙空間に打ち上げられた物体の返還などを対象とする。宇宙損害賠償協定は，宇宙物体により引き起こされる損害に関する国際的責任を扱い，宇宙物体登録条約では，宇宙空間に打ち上げられた物体の登録についてとりきめている。月協定は，月その他の天体での国家活動を対象としている。また1998年には国際宇宙基地協定が結ばれている。この協定により，国際宇宙ステーションのプロジェクトが開始され，2011年7月に完成した。[17]

　宇宙法の基本原則は，第1に，宇宙活動の自由である。宇宙条約では，すべ

ての国が国際法に従って自由に宇宙の探査及び利用ができるとしており，同時に，そうした活動をすべての国の利益のために行うものとしている。ただここでの「すべての国の利益のため」とは，宇宙の探査・利用から得られた様々な利益や知見を，宇宙開発に乗り出すことのできない国々に対して分配すること，技術移転することを義務づけるものではないと解釈されている。

　第2の原則は国家による宇宙空間および天体の領有を禁止している点である。この点については，国家による領有が禁止されていることを逆手にとり，私人による領有は禁止されていないと解釈し，天体の土地を売却するビジネスがある。例えば，1980年設立のルナー・エンバシー社があげられる。ルナー・エンバシー社は，天体の土地所有権について，国連事務総長やロシア大統領に通告したところ，抗議がなかったことを根拠としている。ただ所有権には，その土地を物理的に管理すること，またはその可能性を有することが求められるため，ルナー・エンバシー社の主張が認められる可能性はない。

　第3の原則は平和利用である。宇宙を宇宙空間と天体に分けたうえで，天体は専ら「平和的目的」のために利用する義務があり，月そのほかの天体において，軍事基地の設置，軍事演習，軍事実験が禁止されている。宇宙空間においては，核兵器その他これに類する大量破壊兵器を地球周回軌道にのせ，宇宙空間に配置することを禁止している。そのため，宇宙空間では，軍事偵察衛星の打ち上げや，大量破壊兵器の単なる飛行や通過は禁止されていない。

　人類の共同の財産については，月協定で言及されている[18]。1979年に採択された月協定は，実定法としてはじめて人類の共同の財産の概念を盛り込んでいる。月その他の天体を人類の共同の財産として位置づけ，国家による取得の対象とならないこと，天然資源の開発が可能となった場合，国際制度による管理下におき，天然資源から得られた利益は公平に分配するとしている。ただ月協定は批准国が18カ国にとどまっており，アメリカ，ロシア，日本といった主要国は批准していない[19]。

　現在，宇宙空間の秩序形成においてどのような点が課題となっているのであろうか。第1にあげられるのは企業のかかわりである。宇宙空間における企業活動については，当該国家が責任を負うことになっている。宇宙開発は進展し，多くの企業が宇宙ビジネスに参入し，宇宙産業が形成されている。地球周回軌道には，多くの民間の衛星があり，GPS，衛星通信，気象情報といった形で様々な企業がかかわっている。そのことにより，我々は様々なサービスの恩恵

を享受している。

　第2にあげられるのは軍備管理の問題である。宇宙空間平和利用委員会が設置され，既述したように，宇宙法において，「平和的目的」の規定が曖昧なため，「ミリタリゼーション（軍事化）」と「ウェポニゼーション（武装化）」が問題となっている。両者を区別する基準は，宇宙空間に配置する物体が攻撃能力を持つか否かである。前者は，地球上での軍事活動に役立てるために，それ自体は攻撃能力を持たない軍事衛星を配置するといった宇宙空間の受動的な軍事利用を意味する。後者は攻撃能力を持つ物体を配置し，宇宙空間を能動的，積極的に利用する活動である。前者に関しては民生にも用いられ，区別が困難なため，後者のウェポニゼーションの禁止が模索されている。

　第3にあげられるのは環境問題である。スペースデブリと呼ばれる宇宙ゴミの問題が注目されている。スペースデブリは，衛星やロケットの破片など，機能を失ってなお，宇宙空間に漂う宇宙物体やその部分を意味する。スペースデブリは，低軌道上では秒速10キロメートルで移動するため，宇宙船に損害を与える危険がある。地球上に降ってきた場合，人的・物的被害を引き起こす可能性があることが危惧されている。スペースデブリは微小なものも含めると3500万個あるといわれている。この問題に関しては，1993年に「国際機関間デブリ調整委員会」が設立され，2002年にスペースデブリ低減ガイドラインが採択され，2004年に同ガイドラインの補完文書を採択，2007年に2002年採択のガイドラインが改訂された。国連宇宙空間平和利用委員会においても2007年にスペースデブリ低減ガイドラインが採択された[20]。

　また日本では2008年より宇宙基本法が施行されている。従来は国会決議により，宇宙は「平和の目的に限り」開発利用するとの立場であったが，宇宙基本法では「国際社会の平和及び安全の確保並びに我が国の安全保障に資する」宇宙開発を志向するようになった。宇宙産業の産業振興を促進し，宇宙技術を国家戦略のツールとして定めている[21]。また2009年より，宇宙基本計画が策定されている。

5.　サイバー空間

　近年，サイバー空間の問題がグローバル・コモンズの1つとして取り上げられている[22]。ただサイバー空間は人工空間であるため，他の問題と併置できるも

のなのか疑問がもたれている。この問題が注目される背景としては，インターネットや携帯電話の爆発的な普及により，サイバー空間の重要性やサイバー空間への依存度が増す一方で，サイバー攻撃などの問題も生じるようになったことが指摘できよう。コンピュータへ不正にアクセスし，情報を盗み出すだけではなく，情報通信技術を用いることで物理的な破壊や人命にかかわる事態（サイバー戦争）も想定されている。特に安全保障にかかわる問題（サイバーセキュリティ）とされ，各国で対応が行われている。日本でも 2013 年にサイバーセキュリティ戦略を打ち出し，2014 年にはサイバーセキュリティ基本法が成立した。

おわりに

　以上で本章では，グローバル・コモンズと呼ばれる国家領域に属さない問題についてとりあげてきた。グローバル・コモンズといっても様々な問題があり，問題ごとに制度化の度合い，人類の共同の財産概念の位置づけが異なる。

　深海底の問題については，国際海底機構のもとで管理されているのに対して，南極条約は限られた協議国を中心とした枠組みとなっている。宇宙空間については，宇宙法のもとで管理されている。北極に関しては法的枠組みが形成されておらず，北極評議会といった緩やかな枠組みにとどまっている。またいずれの問題の枠組みについて，国家アクターが中心となり，NGO などの非国家アクターの参加は限定されている。

　人類の共同の財産の概念については，深海底の問題では，この概念を前提として秩序形成が試みられたのに対して，南極，宇宙空間については制度形成が先行し，後から人類の共同の財産概念の適用が試みられた。南極については，人類の共同財産よりも先進的な「世界公園」構想も提示され，環境保護の規範が浸透しつつある。また宇宙空間については，月協定で人類の共同の財産概念が盛り込まれたが，批准国が少なく，この概念は普遍化されていない。宇宙開発技術を有するのは主として先進国であり，人類の共同の財産概念を主張する途上国の参入が進まなかったことが背景として指摘される[23]。

　以上のように，問題により制度化の度合いが異なる。ただいずれの問題も単に国家領域に属さない問題だけではなく，様々なアクターがかかわり，我々の生活に影響を与えてきており，いわば，グローバル「公共財化」してきている[24]。これらの問題について，単に過去のものとしてその経験を参考にするだけでは

なく，今後も「グローバルな公共領域」を築き上げていくために活動すること
が求められているといえよう。

注

1）　Johann Rockstöm, "Common Boundaries," Our Planet, September 2011, p. 21.

2）　グローバル・コモンズについては，池島大策『南極条約体制と国際法——領土，資
源，環境をめぐる利害の調整』慶応義塾大学出版会，2000 年，Mark F. Imber,
"Governing the Global Commons," in Trevor C. Salmon, Mark F. Imber eds., *Issues In
International Relations, 2nd Edition,* London: Routledge, 2008, John Vogler, "Global
Commons Revisited," *Global Policy,* Vol. 3, No. 1, 2012 を参照。

3）　池島大策「公共圏におけるグローバル・コモンズの安定的利用と国連の役割」日本
国際連合学会編『グローバル・コモンズと国連：国連研究 15 号』国際書院，2014 年。

4）　星野俊也「総論：グローバル・コモンズにおける安全保障ガバナンスのあり方と日
米同盟の課題——サイバー空間，宇宙，北極海を中心として」日本国際問題研究所編
『平成 25 年度外務省外交・安全保障調査研究事業（調査研究事業）「グローバル・コモ
ンズ（サイバー空間，宇宙，北極海）における日米同盟の新しい課題」』日本国際問題
研究所，2014 年。安全保障とのかかわりについては宮岡勲『入門講義　安全保障論』
慶應義塾大学出版会，2020 年を参照。

5）　本章の記述については，横田匡紀「グローバル・コモンズ——国家を越える公共圏」
宮脇昇，庄司真理子編『新グローバル公共政策』晃洋書房，2011 年に基づき，その後
の展開について加筆している。

6）　この点に関しては，古賀衛「「人類の共同遺産」概念再考」『西南学院大学法学論集』
第 35 巻，第 3・4 号，2003 年を参照。また深海底制度については，古賀衛「深海底制
度の今日」『西南学院大学法学論集』第 32 巻，第 2・3 号，2000 年も参照のこと。

7）　池島，前掲論文を参照。BBNJ については，佐俣紀仁「「人類の協同の財産」概念の
現在：BBNJ 新協定交渉の準備委員会に至るまでのその意義の変容」『国際法外交雑
誌』117 巻 1 号，2018 年，髙橋知子「国際制度の交差に見る中国の国益——国連海洋法
条約の事例」日本国際政治学会編『国際政治』197 号，2019 年。

8）　南極の問題全般については，池島，前掲書を参照。

9）　この点については，臼杵知久「環境保護に関する南極条約システムの変容」『北大法
学論集』第 49 巻，第 4 号，1998 年を参照。

10）　この議定書については，臼杵，前掲論文の他に，星野一昭「南極条約環境保護議定
書」西井正弘編『地球環境条約——生成・展開と国内実施』有斐閣，2005 年も参照。

11）　人類の共同の財産概念と世界公園構想の異同については，古賀，前掲論文，2003 年
を参照。NGO の活動については，池島，前掲書，臼杵，前掲論文を参照。

12)　池島，前掲論文を参照。

13)　こうした時期区分の把握については，臼杵，前掲論文を参照。

14)　柴田明穂「国際化地域・空域・宇宙空間」浅田正彦編『国際法（第 2 版）』東信堂，2013 年。玉井雅隆「北極海航路と資源通過——民族問題と資源輸送」稲垣文昭・玉井良尚・宮脇昇編『資源地政学——グローバル・エネルギー競争と戦略的パートナーシップ』法律文化社，2020 年，58 頁。

15)　Timo Koivurova, "Alternatives for an Arctic Treaty: Evaluation and a New Proposal," *Review of European Community and International Environmental Law*, Vol. 17. No. 1, 2008.

16)　オラン・R・ヤング「変革の時代における北極海のガバナンス」佐藤俊輔訳，奥脇直也，城山英明編『北極海のガバナンス』東信堂，2013 年。この他に，稲垣治，柴田明穂編『北極国際法秩序の展望——科学・環境・海洋』東信堂，2018 年，田畑伸一郎・後藤正憲編『北極の人間と社会——持続的発展の可能性』北海道大学出版会，2020 年を参照。

17)　ここでの記述は青木節子『日本の宇宙戦略』慶応義塾大学出版会，2006 年に基づく。

18)　古賀，前掲論文，2003 年。

19)　United Nations Office for Disarmament Affairs, Agreement Governing the Activities of States on the Moon and Other Celestial Bodies〈http://disarmament.un.org/treaties/t/moon〉（2020 年 12 月 20 日アクセス）。

20)　青木節子「宇宙における環境保護」西井正弘，臼杵知史編『テキスト国際環境法』有信堂高文社，2011 年。青木節子「宇宙ガバナンスの現在——課題と可能性」『国際問題』684 号，2019 年。

21)　鈴木一人「宇宙安全保障」鈴木一人編『技術・環境・エネルギーの連動リスク』岩波書店，2015 年。

22)　サイバー空間の問題については，土屋大洋『サイバーセキュリティと国際政治』千倉書房，2015 年を参照。

23)　池島，前掲論文を参照。

24)　公共財化については，宇宙空間の事例で言及したものとして，鈴木一人『宇宙開発と国際政治』岩波書店，2011 年を参照。

📖 推奨文献 ●━━━━━━━━━━━━━━━━━━━━━━━━━━━━━━●

初学者用

・浅田正彦編『国際法（第 4 版）』東信堂，2019 年。
　国際法の標準的教科書の 1 つであるが，本章でとりあげた課題の基本事項について言及している。

発展学習用

・池島大策『南極条約体制と国際法——領土，資源，環境をめぐる利害の調整』慶応義塾
　　大学出版会，2000 年。
・鈴木一人『宇宙開発と国際政治』岩波書店，2011 年。
・土屋大洋『サイバーセキュリティと国際政治』千倉書房，2015 年。
・宮岡勲『入門講義　安全保障論』慶應義塾大学出版会，2020 年。

推奨 URL

・国際海底機構〈https://www.isa.org.jm/〉
・南極条約事務局〈http://www.ats.aq/e/ats.htm〉
・国際連合宇宙局〈http://www.oosa.unvienna.org/〉
・北極評議会〈http://www.arctic-council.org/index.php/en/〉

考えてみよう

① 人類の共同の財産とは何か？
② 宇宙の平和は守れるのか？
③ 南極の環境は守れるのか？

議論してみよう

　本章でとりあげた国家の管轄権が及ばない問題について，身近に感じられることがある
か，グローバル・コモンズはどうあるべきか議論してみよう。

第19章
国際機構と
デジタル・トランスフォーメーション (DX)

九島伸一

> 「コロナ後の時代には多くの分野でデジタル・トランスフォーメーションが加速し，デジ
> タル政府，デジタル経済，デジタル金融，デジタルヘルス，デジタル教育などがニュー
> ノーマルになっていく。」（劉振民 国連事務次長）

1990年代中頃にPCとインターネットが普及し始めると，情報技術（IT：
Information Technology）の進化は急速に進み，検索エンジンの登場，ソーシャ
ル・ネットワーキング・サービス（SNS：Social Networking Service）の誕生などを
経て，その進化は今も止まることなく続いている。

その進化とは別に，2010年代中頃になると，ビッグデータ分析，モノのイン
ターネット（IoT：Internet of Things），人工知能（AI：Artifical Intelligence），ブロッ
クチェーンといった技術の応用が進み，社会に「デジタル・トランスフォー
メーション（デジタル変革，DX）」と呼ばれる変化をもたらし始めた。

ITの進化が社会活動やビジネスの効率を上げ，作業や業務を改善するのに
役立ってきたのに対し，デジタル・トランスフォーメーションは社会活動やビ
ジネスそのものを変え，新しい社会活動やビジネスを創り出す原動力にもなっ
ている。

国境を超えるインターネット空間の広がりは，公共空間のグローバル化，さ
らには公共政策のグローバル化をもたらしている。このようなデジタル・トラ
ンスフォーメーションがグローバル公共政策に与える影響について考えてみ
たい。

1.　今までとは違うデジタルテクノロジー
　　── 「変革を生むテクノロジー」

　ビッグデータ分析，IoT，AI，ブロックチェーンといった技術が，なぜ「変革を生むテクノロジー（Transformational Technology）」などと呼ばれ，デジタル・トランスフォーメーションを生むことになったのだろう。それを知るために，まず1つ1つの技術についておさらいしてみよう。

　IoT は，さまざまなモノ（センサー機器，駆動装置，住宅・建物，車，家電製品，電子機器，ウェアラブル端末など）がインターネットに接続され，相互に情報を交換する仕組みだ。モノがインターネットと接続されることで，これまで存在しなかったようなデータが生まれ，新たなサービスが生み出されている。機器やインフラの高性能化・低価格化に伴い IoT はさらなる拡がりを見せ，世界中の IoT デバイスの数は 190 億にもなり，それぞれのデバイスから時々刻々とデータが生成されている。

　ビッグデータはその特徴から 4 V（Volume：データ量，Velocity：データの生成される速度，Variety：扱うデータの多様性，Veracity：データの正確さ）で説明されることが多い。[1] 技術の進歩により大量のデータを短時間で処理することができるようになり，また分析技術の進歩によりフォーマットの違うバラバラなデータを同時に扱えるようになり，現実の場面で役立つことが認識されてきたことで，「ビッグデータは信頼できない」といった批判も徐々に消えていった。しかし，データの正確さが向上したわけではなく，過度な信頼は禁物だということは心に留めておく必要がある。

　「AI とは何か」とか「AI はなにを目指すのか」という議論は，まとまることなく延々と続いているが，そんな議論とは別に，広い範囲でのコンピュータの応用が AI と呼ばれ，ものすごい勢いで発達してきた。その結果，アルゴリズムとデータさえ用意すれば，認識・推論・創造といったことを，AI が人間にはできない速さと正確さでするようになり，それがあたりまえになってきた。AI は，すでに身近な製品やサービスに組み込まれ，活用されている。インターネットの検索エンジン，スマートフォンの音声検索や音声入力機能，掃除ロボットといったものから，自動車の自動停止機能，株の自動売買といったものまで，利用分野は多岐にわたっている。人間のように考える AI を目指す開

発と，合理的に考える AI を突き詰める開発とが並行して進んでいるが，実際
には，人間の出来ないことを高速で合理的に判断し処理するというタイプの
AI が多く見られる。AI によって大勢の人の仕事が奪われるという予測が多く
見られ，それが現実になるという専門家は多い。²⁾ブロックチェーンは，ブロッ
クと呼ばれる時間や場所の情報を含むデータレコードが鎖状にリンクされた
データの集合体で，データベースと違ってデータの改変がすべて記録されてい
るため，データの改ざんができない。そのためブロックチェーンは「当事者間
の取引を効率的かつ検証可能で恒久的な方法で記録することができるオープン
な分散型台帳」などといわれてきた。ブロックチェーンは，元々は暗号通貨
ビットコインの公開取引台帳としての役割を果たすために考えられたもので，
銀行などの中央の役割を必要とせず，当事者間で取引ができる優れた決済手段
であったため，ビジネスの広い分野で利用されることになった。現在ではその
利用はビジネスにとどまらず，個人の行動履歴や病歴を記録したり，事務手続
きの履歴を記録したりといったように，公共の場でも広く使われている。

　ここまで読んで，ビッグデータ，IoT，AI，ブロックチェーンがどんなもの
なのか，イメージ出来ただろうか。「IoT からのデータがビッグデータの一部
になり，AI がビッグデータを分析する」とか，「IoT からのデータが AI によっ
てブロックチェーンに記録され，AI がブロックチェーンからデータを取り出
す」というようなイメージが浮かんだだろうか。

　ビッグデータ分析，IoT，AI，ブロックチェーンといった技術には，人がど
んなに頑張ってもできないことを短時間でやってしまうという特性がある。
「変革を生むテクノロジー」を複合的にうまく組み合わせて使うことで，社会
活動やビジネスそのものを大きく変えることができるということを覚えておき
たい。

2.　「変革を生むテクノロジー」から見た4つの活動分野

　国際機構をデジタル・トランスフォーメーションという観点から見ていくと，
4つの異なった活動分野が見えてくる。

1.　政策決定，予算管理，文書管理，会議の運営，統計データの管理などの
　　組織的活動

2．持続可能な開発のための財政的・人的な開発協力活動
3．自然災害や紛争によって生じた危機的な状況への迅速な対応
4．弱い立場に置かれた人々の保護や自律を目的とした人に寄りそった支援
　　活動

　国際機構には4つの分野すべてが存在する。自分がどの分野に興味があるか，自分がどの分野に合っているのか，そんなことを考えてみるのもいいのではないだろうか。各分野の活動は大きく異なり，テクノロジーの導入のされ方も違ったものになっている。
　農業・食糧分野を例に取れば，

1．国際連合食糧農業機関（FAO：Food and Agriculture Organization）が，政策
　　決定，会議の運営などの組織的活動を
2．国際農業開発基金（IFAD：International Fund for Agricultural Development）
　　が，持続可能な開発のための開発協力活動を
3．国際連合世界食糧計画（WFP：United Nations World Food Programme）が，
　　人道援助を中心とした人道的活動を
4．国際非政府組織（NGO：Non-Governmental Organizations）が，弱い立場に置
　　かれた人々のための援助活動を

主な活動分野にしていて，それぞれが異なった「変革を生むテクノロジー」を
導入している。
　以下に4つの分野においての「変革を生むテクノロジー」の応用の仕方について，おもに国連システムを例にとって述べることにする。「変革を生むテクノロジー」は，それぞれの分野に合ったかたちで導入されれば大きなチャンスとなるが，個人データの悪用やアプリケーションの誤用があれば大きな問題となってしまう。各分野で利用される「変革を生むテクノロジー」の特性・特徴や考えられる影響についても，同時に考えていくことにする。

3.　組織的活動と「変革を生むテクノロジー」

　政策決定，予算管理，文書管理，会議の運営，統計データの管理などの公共政策にかかわる組織的活動は，国連事務局，国連基金および計画，専門機関と

いった国連システムのオフィスや，さまざまな活動に携わっている NGO・NPO のオフィス，そして各国政府，地方自治体，企業，教育・研究機関のオフィスなどグローバルに広がりを見せている。

　そのようなオフィスでは，ありとあらゆるデータや情報を扱ってきた。データは集められ編集され，意味のある情報が作られ，情報は使われたり，発表されたりしてきた。この一連のプロセスは労働集約的で時間がかかるものだった。現在ではそういった業務がすべて変わりつつあり，データ収集と分析の長いプロセスは，ビッグデータと AI に置き換えられ，すべてのプロセスが一瞬のうちに処理されるようになり，いくつもの可能な解決策が提案されるようになってきている。

　世界保健機関（WHO：World Health Organization）では事務局長直属のデータ分析の部署が作られ，国連には「グローバル・パルス（UN Global Pulse）」というビッグデータや AI に特化したウェブサイトが登場した。国連ではまた，2017年から「国連世界データフォーラム（UN World Data Forum）」を定期的に開催してきていて，統計の専門家たちがビッグデータとの共存をはかろうとしている。

　ビッグデータと AI に置き換えられてしまうプロセスに携わってきた人たちの抵抗は当然ながら強く，新しい「変革を生むテクノロジー」の導入は容易ではない。しかし，導入に消極的なオフィスは大きく後れを取っていってしまう。すべてのオフィスがインターネットで繋がっているという状況のなかでは，データも情報も国際機構全体で共有される。国際機構のスタンダードから外れてしまえば，後れを取ったオフィスの存在価値はなくなってしまうのだ。

　どの部署においても，AI が，かなりの数のマネージャーやスペシャリストに取って代わる。正しいかどうかはともかくとして，すべての行政サービスが変化してゆくのは確かだ。ブロックチェーンと AI は，人間にできないことが瞬時にできてしまうという特性を生かし，監査や検査に関わるすべてのデータを調査し，異常や違反を見つけ，問題点や改善するための方策を知覚的なツールで提供する。ビッグデータと AI は採用プロセスを改善し，採用をより簡単かつ迅速にする。デジタルツールの恩恵を受けない理由はもうあまりない。

　それぞれの組織が効率や生産性を高め，すべてのサービスの質の向上と作業の迅速化に努力しているなかでは，質の低いサービスの提供や遅い作業は大きな批判を受けてしまう。また，グローバルな環境のなかで，公共サービスの重複は許されなくなってきている。そう考えると，「変革を生むテクノロジー」

の導入は，政策決定，予算管理，文書管理，会議の運営，統計データの管理などの組織的活動において，急速に優先事項になってゆくと思われる。

4.　持続可能な開発と「変革を生むテクノロジー」

デジタル・テクノロジーはグローバル空間の公共化にも一役買っている。長期的な視点を持った開発途上地域での「持続可能な開発」のための財政的・人的な開発協力活動は，結果がすべてであると同時に，パートナーを大事にしなければ成功しない。測定可能な目標を設定し，その目標を，限られた財源と人的資源で，長期的な枠組みの中で達成していくのは容易ではない。

国連持続可能な開発グループ（UNSDG：United Nations Sustainable Development Group）の現在の戦略的優先事項の1つは，各国の持続可能な開発目標（SDGs：Sustainable Development Goals）の達成に向けての活動を支援することだ。SDGs は政治的手段だけで達成できるわけではない。ビッグデータ，IoT，AI をプロセスのなかに導入して行ってはじめて達成できるのだ。こうしたテクノロジーは途上国には関係ないと思っている人もいるが，途上国の多くの課題を解決するのに大きく役立つことが証明されてきている。

SDG の「飢餓をゼロ」という「目標2」を例にとって考えてみよう。今日飢えている10億人のために十分な食糧を確保するには，世界の食糧と農業のシステムを大きく変えなければならない。そのためにはビッグデータ・IoT・AI の利用が不可欠になってくる。スマートファーミングは農業そのものを変え，食品業界におけるサプライチェーン・マネジメントを強化する。生産性の向上，センサーデータの監視，収穫量のモニタリングなど，情報の自動収集，意思決定と計画をサポートし効果的で効率的な農業への転換，政策立案に必要な資料の作成など，「変革を生むテクノロジー」にできることは多い。

表1 は SDGs の 17 の目標1つ1つについてビッグデータの使用例を示したものだが，実際にはこの表に収まりきらないほどの多種多様な使われ方をしている。と同時に，IoT・AI・ブロックチェーンの利用や応用も急速に進んでいる。近い将来，「変革を生むテクノロジー」は SDGs にとって，なくてはならないものになって行くだろう[3]。

IoT・ビッグデータ・AI には，社会を劇的に変化させ，生産性の向上や公共サービスの向上など，並外れたメリットがある。しかし同時に，途上国の人々

表1　SDGs（持続可能な開発目標）とビッグデータ

	SDG	ビッグデータの使用例
1	貧困をなくそう	携帯電話サービスの支出パターンを収入レベルの指標として使うことで，貧困の実態をモニターする。
2	飢餓をゼロ	ビッグデータから食糧貯蔵の状況や食品価格の動向をつかみ，食糧不足のアラートを出す。
3	すべての人に健康と福祉を	携帯電話ユーザーの動きを分析しマッピングすることで，感染症の拡大を防ぐ。
4	質の高い教育をみんなに	教育機関のデータベースやSNSをモニターすることで，留年・休学・退学などの理由を明らかにする。
5	ジェンダー平等を実現しよう	金融取引の分析により，支出パターンの男女の違いや，経済情勢が男女に与える影響の違いを明らかする。
6	安全な水とトイレを世界中に	ウォーターポンプに接続されたセンサーにより，きれいな水へのアクセスを保証する。
7	エネルギーをみんなにそしてクリーンに	スマートメータリングにより，電気・ガス・水道の供給を調節し，廃棄物のない適切な供給を確保する。
8	働きがいも経済成長も	世界中の郵便や荷物の送付パターンを分析して，経済成長・送金・貿易・GDPなどの指標を提供する。
9	産業と技術革新の基盤をつくろう	GPSデバイスからのデータを利用して，公共交通機関の改善や交通渋滞解消のための交通制御を行う。
10	人や国の不平等をなくそう	地方ごとのラジオの音声分析により，差別の懸念を明らかにしたり，政策対応をサポートしたりする。
11	住み続けられるまちづくりを	衛星リモートセンシングにより，公園や森林などの公共の土地への不正侵入を発見・追跡する。
12	つくる責任 つかう責任	ビッグデータの解析から，エネルギー効率の高い製品への移行のペースを明らかにする。
13	気候変動に具体的な対策を	衛星画像とオープンデータを組み合わせることで，森林破壊の長期にわたる実態調査を行う。
14	海の豊かさを守ろう	衛星からの海上船舶追跡データにより，不法操業などの違法な漁業活動を監視する。
15	陸の豊かさも守ろう	SNSモニタリングにより，災害管理をサポートし，災害による生物への影響を把握する。
16	平和と公正をすべての人に	SNS上の大衆の感情の動きや世論の分析により，効果的なガバナンスや公共サービスの提供を行う。
17	パートナーシップで目標を達成しよう	ビッグデータの中から地域の開発に興味を持っているNGOを見つけ出し，協調した開発協力につなげる。

（出典）　UN Global Pulse, Big Data and the SDGs: How data analytics can support monitoring and progress towards sustainable development and humanitarian action, 2016.

の職を奪うとか，プライバシーや人権が侵害されるといった脅威も感じさせる。脅威を少しでも抑えるために，「デジタル開発の原則（Principles for Digital Development）」という「デジタル技術を開発プログラムにうまく適用するためのガイダンス」が作られ，多くの国際機関で共有されている。IoT・ビッグデータ・AI が SDGs 関連で使われる場合には，いつも負の影響のことを考えなければならない。

5.　人道的活動のための「変革を生むテクノロジー」

　国境を越えた人道的活動のためにデジタル・テクノロジーは欠かせない公共材となっている。あまりニュースにはならないが，世界中で災害や紛争の影響を受ける人々が増加している。国連システムの諸機関は人道援助を掲げ，災害や紛争への対応において中心的役割を果たし，NGO や各国政府などとともに，被害にあった人々に食糧，避難所，医療，飲み水，衛生サービスなどを提供するために尽力している。このような組織は，ダイナミックで迅速な対応と，短期間での資金確保や活動を考えた緊急事態への準備に重点を置いている。

　人道的活動では，緊急事態への準備と人道的救済のために，ビッグデータが非常に重要になってきている。ビッグデータ・AI と地理情報システム（GIS：Geographic Information System）を併せて使うことで，高齢者の多い地域とか乳幼児が集中している地域などを特定して，援助を効果的なものにしている。また，緊急時に必要な支援物資を特定し，ロジスティクスを計画し，住民が危機にどのように対応するかを予測し，緊急時に人道援助の現場でリアルタイムのコミュニケーションができる環境を用意し，災害・紛争の前，最中，および後に，意思決定を行うことができるよう準備している。[4]

　ビッグデータと AI を組み合わせた「変革を生むテクノロジー」は，緊急事態がいつ発生するかをよりよく予測するのに役立つ[5]。IoT，パターン認識，データ分析，AI を組み合わせた「変革を生むテクノロジー」は，緊急時に離ればなれになった家族の再会に役立つ。ビッグデータ，IoT，AI の組み合わせにより，人道的な緊急活動が驚異的に改善している。

　ロボットやドローンが配備されていれば，被害者を救うことができるし，ボランティア，エンジニアなどのリスクを減らすこともできる。また，ロボットやドローンは，化学物質，生物物質，核物質が関わる緊急事態への対応に特に

役立つ。

　実際に国際機構は，緊急事態において衛星画像で人道的問題点や避難所の状態を知ることができたり，ロボットや自動運転の車両を使って届きにくい場所や危険な場所に食料を届けたり，必要とされる食糧支援のためのサプライチェーンプロセスの最適化をしたり，気象や土壌状態の膨大な情報を収集したりというような，人が何人集まってもできないことを，IoT，ビッグデータ，AI を使って，連携して行っている。

　災害や紛争の影響を受けてしまった人々への救命援助を遅れることなく効果的に行うには，周到な準備が鍵であると言われている。ビッグデータ，IoT，AI のアプリケーションを検討する場合にも，緊急事態が起きる前の準備作業に重点を置かなければならない。人道的活動においては事前の準備が重要だということを忘れてはならない。

6.　弱い立場に置かれた人々のための「変革を生むテクノロジー」

　地球上で 6850 万人もの人たちが現在，迫害，紛争，暴力，人権侵害により住む場所をなくし，知らない土地で避難生活を続けている。そうした避難民のうちの半分以上が 18 歳以下の未成年だというデータもある。住む場所をなくした人たちの立場は想像以上に弱い。

　難民，移民，種族的・宗教的な少数者，戦争の犠牲者，災害の犠牲者，犯罪の犠牲者，暴力の犠牲者などの弱い立場に置かれた人々と接し，その人たちの目線で活動するのは，とても難しい。文化的な背景が違い，価値観が違う人々のための活動は，活動する人たちの共通の価値観，良心，士気，信念，献身的努力などによるところが多い。

　国連難民高等弁務官事務所（UNHCR：The Office of the United Nations High Commissioner for Refugees）と国際連合人権高等弁務官事務所（OHCHR：Office of the United Nations High Commissioner for Human Rights）は，このような活動を象徴しているとされている。このような組織にとって，他の国連システム組織（国際連合ジュネーブ事務局（UNOG：United Nations Office at Geneba），国連薬物犯罪事務所（UNODC：United Nations Office on Drugs and Crime），国際移住機関（IOM：International Organization for Migration）など）との協力や他の国際組織（赤十字国際委員会（ICRC：International Committee of the Red Cross）など）との協力，それに政

府機関や NGO との協力は，任務を遂行する上で欠かせない。

　こうした支援活動の分野では，他の分野と比べ，デジタル・トランスフォーメーションの導入がなかなか進まない。実際，支援活動に従事している人たちにはデータサイエンティストたちの用語がわからず，コミュニケーションは容易ではない。しかしデジタル・トランスフォーメーションは，適切に導入されさえすれば，弱い立場の人々にとっての大きな味方になる。

　UNHCR は，ニジェール，ブルキナファソ，ウガンダなどの国で，ドローン，IoT，ビッグデータ分析，AI といった「変革を生むテクノロジー」を積極的に使用しており，そういったテクノロジーによって，膨大な数の避難民を地図上で追跡し，ニーズを評価し，支援を得るためのさまざまな資料を作成している[6]。国際連合児童基金（UNICEF：United Nations Children's Fund）も，弱い立場に置かれた人々のために「変革を生むテクノロジー」を活用していて，ウェブサイトでその成果を公表している[7]。ICRC は多くの NGO の協力のもと，犯罪や暴力の背後関係，事件や事故のパターン，病気や自然災害の状況，安全なルートの確認と確保などを，ビッグデータを利用して行っている[8]。こうしたさまざまな活動が，他のあまり積極的でない組織に，いい影響を及ぼすことが期待されている。

　弱い立場に置かれた人々にとって最も重要な問題はデジタル・デバイトだ。情報や通信の手段，使うことのできる道具，教育，知識など，すべての面で格差が大きくなっている。解決は容易ではないが，まずは弱い立場に置かれた人々に，情報，教育，銀行などへのアクセスを提供することから始めるしかないだろう[9]。弱い立場に置かれた人々にとってテクノロジーへのアクセスはチャンスであり，子供たちにとっては希望だ。

　ビッグデータへのアクセス，IoT の恩恵，AI の利用は，先進国の人々だけでなく，あらゆる状況にいるすべての人々のためのものだ。「変革を生むテクノロジー」によって生み出される機会は，弱い立場に置かれたすべての人々の未来を変えていくに違いない。誰一人取り残さないグローバル公共政策にとって，「変革を生むテクノロジー」は欠かせないものとなっている。

おわりに

　国際機構で進んでいるデジタル・トランスフォーメーションは，近い将来，

グローバルな社会全体に及んでいくと思われる。ビッグデータ分析，IoT，AI，ブロックチェーンといった技術の使われ方が違っても，考えなければならないことは，どの社会でもそうは変わらない。今，デジタル・トランスフォーメーションについて考えておくことは，決して無駄なことではない。

「変革を生むテクノロジー」の急速な進化により，多くの人たちがそういったテクノロジーから取り残されている。ありとあらゆる分野の人たちが，「変革を生むテクノロジー」を理解していないためにせっかくの機会を逃したり，脅威を感じることができなかったり，変化に対応した的確な考えを持てずにいたりしている。すべての人たちに，「変革を生むテクノロジー」の最低限の理解が望まれる。

「変革を生むテクノロジー」の進化のスピードは速く，何年か経てばすべてが変わってしまう。進化のスピードは速まることはあっても遅くなることはない。グローバル公共政策を検討するうえで，ビッグデータ，IoT，AI，ブロックチェーンなどの「変革を生むテクノロジー」の使われ方を，これからも考え続ける必要があるだろう。

注

1 ） IBM Big Data & Analytics Hub, TheFour V's of Big Data ⟨http://www.ibmbigdatahub.com/sites/default/files/infographic_file/ 4 -Vs-of-big-data.jpg⟩（2020 年 12 月 12 日アクセス）.

2 ） Karl Flinders, Highly skilled professionals at risk of being replaced by computers ⟨https://www.computerweekly.com/news/450418467/Highly-skilled-professionals-at-risk-of-being-replaced-by-computers⟩（2020 年 12 月 12 日アクセス）.

3 ） SDG Group, Big data architecture ⟨https://www.sdggroup.com/es-419/practices/big-data-architecture⟩（2020 年 12 月 12 日アクセス）.

4 ） Ryan Ayers, How Big Data Assists in Disaster Relief and Preparedness ⟨https://dataconomy.com/2018/12/how-big-data-assists-in-disaster-relief-and-preparedness/⟩（2020 年 12 月 12 日アクセス）.

5 ） OCHA, Using artificial intelligence to track displacement, *World Humanitarian Data and Trends 2018,* pp. 38-39, ⟨https://web.archive.org/web/20201119211928/https://www.unocha.org/sites/unocha/files/WHDT2018=web=final=spread.pdf⟩（2020 年 12 月 12 日アクセス）.

6 ） UNHCR, UNHCR uses drones to help displaced populations in Africa ⟨https://www.unhcr.org/news/latest/2016/11/582dc6d24/unhcr-uses-drones-help-displaced-

populations-africa.html〉（2020 年 12 月 12 日アクセス）.

7 ）　UNICEF, Office of Innovation, Data science and artificial intelligence〈https://www. unicef.org/innovation/Magicbox〉（2020 年 12 月 12 日アクセス）.

8 ）　Christopher Kuner and Massimo Marelli（co-editors）., Handbook on data protection in humanitarian action〈https://www.privacy-web.nl/cms/files/2017-07/handbook-data-protection-and-humanitarian-action-2-.pdf〉（2020 年 12 月 12 日アクセス）.

9 ）　Bhavesh Jaglan, TBC's Strategy on Digital Identity and Inclusion〈https://medium. com/towardsblockchain/tbcs-strategy-on-digital-identity-and-inclusion-4b3e5ef93786〉（2020 年 12 月 12 日アクセス）.

📖 推奨文献

初学者用

・ティモシー・E・カローネ『進化するオートメーション――AI・ビッグデータ・IoT そしてオートノマスが拓く未来』東京化学同人，2020 年。

・ダニエル・ドレシャー『徹底理解ブロックチェーン――ゼロから着実にわかる次世代技術の原則』インプレス，2018 年。

発展学習用

・キム・S・キャメロン，ロバート・E・クイン『組織文化を変える』ファーストプレス，2009 年。

・United Nations Department of Political and Peacebuilding Affairs, *E-Analytics Guide: Using Data and New Technology for Peacemaking, Preventive Diplomacy and Peacebuilding*, 2019

・International Telecommunication Union, *United Nations Activities on Artificial Intelligence (AI)*, 2018

🔲 推奨 URL

・United Nations Global Pulse〈https://www.unglobalpulse.org/〉
・United Nations World Data Forum〈https://unstats.un.org/unsd/undataforum/〉
・United Nations Big Data for Sustainable Development〈https://www.un.org/en/sections/issues-depth/big-data-sustainable-development/〉

考えてみよう

①「変革を生むテクノロジー」は，国際機構，政府，企業などの組織的活動にどのような変化をもたらすか。
②「変革を生むテクノロジー」は，持続可能な開発とどのような関係にあるか。
③「変革を生むテクノロジー」は，人道的活動にどのような変化をもたらすか。

④「変革を生むテクノロジー」は，弱い立場に置かれた人々のために役立つか，役立たないか。

■ 議論してみよう・-

　ビッグデータ，IoT，AI，ブロックチェーンの利用についての各国の政府や企業の実力差は大きい。そういう状況のなかで，どうしたら格差を解消できるのか，どんな提案ができるのか，議論してみよう。

略 語 一 覧

略　語	正 式 名 称	日 本 語 訳
ABS	Access to genetic resources and Benefit-Sharing	遺伝資源へのアクセスと利益配分
ADB	Asian Development Bank	アジア開発銀行
AI	Artificial Intelligence	人工知能
AIIB	Asian Infrastructure Investment Bank	アジアインフラ投資銀行
AIOEC	Association of Iron Ore Exporting Countries	鉄鉱石輸出国連合
AMRO	ASEAN+3 Macroeconomic Research Office	ASEAN+3マクロ経済リサーチオフィス
ASEAN	Association of Southeast Asian Nations	東南アジア諸国連合
ATT	Arms Trade Treaty	武器貿易条約
AU	African Union	アフリカ連合
BHN	Basic Human Needs	人間の基本的ニーズ
BRI	The Belt and Road Initiative	一帯一路
BWC	Biological Weapons Convention	生物兵器禁止条約
CAN	Climate Action Network	気候行動ネットワーク
CBO	Community-based Organizations	共同体組織
CDF	Comprehensive Development Framework	包括的開発フレームワーク
CDF	Civil Defense Force	市民防衛軍
CDM	Clean Development Mechanism	クリーン開発メカニズム
CEDAW	Committee on the Elimination of Discrimination Against Women	女性差別撤廃委員会
CICC	Coalition for the International Criminal Court	ICCのための連合
CIPEC	Conseil Intergouvermental de Pays Exportateurs de Cuivre	銅輸出国政府間協議会
CMI	Chiang Mai Initiative	チェンマイ・イニシアチブ
CMIM	Chiang Mai Initiative Multilateralisation	――多国間枠組
COP	Communication on Progress	コミュニケーション・オン・プログレス
COP	Conference of the Parties	締約国会議
CSCE	Conference on Security and Co-operation in Europe	欧州安全保障協力会議
CSD	United Nations Committee on Sustainable Development	国連持続可能な発展委員会

CSO	Civil Society Organizations	市民社会組織
CSR	Corporate Social Responsibility	企業の社会的責任
CSV	Creating Shared Value	共通価値の創造
CSW	Commission on the Status of Women	女性の地位委員会
CTBT	Comprehensive Nuclear Test Ban Treaty	包括的核実験禁止条約
CWC	Chemical Weapons Convention	化学兵器禁止条約
DAC	Development Assistance Committee	開発援助委員会
DSB	Dispute Settlement Body	紛争解決機関
DX	Digital Transformation	デジタル・トランスフォーメーション
EAEC	European Atomic Energy Community	欧州原子力共同体
EC	European Commission	欧州共同体
EC	European Council	欧州理事会
ECB	European Central Bank	欧州中央銀行
ECDC	European Centre for Disease Prevention and Control	欧州疾病管理センター
ECOSOC	United Nations Economic and Social Council	国連経済社会理事会
ECSC	European Coal and Steel Community	欧州石炭鉄鋼共同体
EEAS	European External Action Service	欧州対外活動庁
EEC	European Economic Community	欧州経済共同体
EESC	European Economic and Social Committee	欧州経済社会評議会
EFF	Extended Fund Facility	拡大信用供与措置
EIB	European Investment Bank	欧州投資銀行
EPC	European Political Community	欧州政治共同体
ESG	Environment, Society and Governance	環境，社会及びガバナンス
ESM	European Stability Mechanism	欧州安定メカニズム
ESS	European Security Strategy	欧州安全保障戦略
EU	European Union	欧州連合
EU-ETS	European Union Greenhouse Gas Emission Trading System	EU 域内排出量取引制度
FAO	Food and Agriculture Organization	国連食糧農業機関
FOIP	Free and Open Indo-Pacific Strategy	自由で開かれたインド太平洋
FRB	Federal Reserve Board	連邦準備制度理事会
FSC	Forest Stewardship Council	森林管理協議会
FTA	Free Trade Agreement	自由貿易協定
FTAAP	Free Trade Area of the Asia-Pacific	アジア太平洋自由貿易圏
GA	United Nations General Assembly	国連総会

GATT	General Agreement on Tariffs and Trade	関税及び貿易に関する一般協定
GC	Global Compact	グローバル・コンパクト
GCAP	Global Call to Action against Poverty	グローバルな貧困根絶運動
GDP	Gross Domestic Product	国内総生産
GECF	Gas Exporting Countries Forum	ガス輸出国フォーラム
GNI	Gross National Income	国民総収入
GNP	Gross National Product	国民総生産
GRI	Global Reporting Initiative	グローバル・リポーティング・イニシアチブ
HIPCs	Heavily Indebted Poor Countries	重債務貧困国
IAEA	International Atomic Energy Agency	国際原子力機関
IBA	Internatilnal Bauxite Association	ボーキサイト生産国機構
IBRD	International Bank for Reconstruction and Development	国際復興開発銀行
ICBL	International Campaign to Ban Landmines	地雷禁止国際キャンペーン
ICC	International Criminal Court	国際刑事裁判所
ICC	International Chamber of Commerce	国際商業会議所
ICISS	International Commission on Intervention and State Sovereignty	介入と国家主権に関する国際委員会
ICRC	International Committee of the Red Cross	赤十字国際委員会
ICSID	International Centre for Settlement of Investment Disputes	国際投資紛争解決センター
IDA	International Development Association	国際開発協会
IEA	International Energy Agency	国際エネルギー機関
IFAD	International Fund for Agricultural Development	国連農業開発基金
IFC	International Finance Corporation	国際金融公社
ILO	International Labour Organization	国際労働機関
IMF	International Monetary Fund	国際通貨基金
INGOs	International Non-Governmental Organizations	国際非政府組織
IOC	International Olympic Committee	国際オリンピック委員会
IOM	International Organization for Migration	国際移住機関
IoT	Internet of Things	モノのインターネット
IPCC	Intergovernmental Panel on Climate Change	気候変動に関する政府間パネル
IPO	Indigenous Peoples Organization	先住民組織
ISO	International Organization for Standards	国際標準化機構

IT	Information Technology	情報技術
ITO	International Trade Organization	国際貿易機関
LDCs	Least Developed Countries	後発開発途上国
LTOs	Long-Term Observers	長期型選挙監視団
MDGs	Millenium Development Goals	ミレニアム開発目標
MEF	Major Economic Forum	主要経済国フォーラム
MIGA	Multilateral Investment Guarantee Agency	多数国間投資保証機関
MRV	Measurable, Reportable, Verifiable	測定，報告，検証
MSC	Marine Stewardship Council	海洋管理協議会
MTCR	Missile Technology Control Regime	ミサイル技術管理レジーム
NAFTA	North American Free Trade Agreement	北米自由貿易協定
NATO	North Atlantic Treaty Organization	北大西洋条約機構
NDB	New Development Bank	新開発銀行
NEC	National Economic Council	国家経済評議会
NGO	Non-Governmental Organizations	非政府組織
NIEO	New International Economic Order	新国際経済秩序
NPT	Treaty of the Non-Proliferation of Nuclear Weapons	核不拡散条約
NPO	Non-Profit Organization	非営利組織
NSC	National Security Council	国家安全保障会議
NSG	Nuclear Suppliers Group	原子力供給グループ
OAPEC	Organization of the Arab Petroleum Exporting Countries	アラブ石油輸出国機構
ODA	Official Development Assistance	政府開発援助
ODIHR	Office for Democratic Institutions and Human Rights	民主制度・人権事務所
OECD	Organisation for Economic Cooperation and Development	経済協力開発機構
OFC	Office for Free Elections	自由選挙事務所
OHCHR	Office of the United Nations High Commissioner for Human Rights	国連人権高等弁務官事務所
OMB	Office of Management and Budget	行政管理予算局
OMC	Open Method of Coordination	開放型政策整合化方式
OPCW	Organization for the Prohibition of the Chemical Weapons	化学兵器禁止機関
OPEC	Organization of Petroleum Exporting Countries	石油輸出国機構
OSCE	Organization for Security and Co-operation in Europe	欧州安全保障協力機構

PBC	Peacebuilding Commission	平和構築委員会
PFA	Platform for Action	行動綱領
PKO	Peace Keeping Operation	平和維持活動
PRI	Principles for Responsible Investment	責任投資原則
PRME	Principles for Responsible Management Education	責任ある経営教育原則
PTBT	Patial Test Ban Treaty	部分的核実験禁止条約
QDR	Quadrennial Defense Review	四年ごとの国防戦略見直し
RCEP	Regional Comprehensive Economic Partnership	東アジア地域包括的経済連携
SAICM	Strategic Approach to International Management	国際的な化学物質管理のための戦略的アプローチ
SC	United Nations Security Council	国連安全保障理事会
SDGs	Sustainable Development Goals	持続可能な開発目標
SDR	Special Drawing Right	特別引出権
SNS	Social Networking Service	ソーシャル・ネットワーキング・サービス
SOPs	Standard Operating Procedures	標準作業手続
SPS	Sanitary and Phytosanitary Measures	衛生植物検疫
SRI	Social Responsible Investment	社会的責任投資
STOs	Short-Term Observers	短期型選挙監視団
STR	Office of the Special Trade Representative	特別通商代表部
TAN	Transnational Advocacy Network	トランスナショナル・アドボカシー・ネットワーク
TNC	Transnational Corporation	多国籍企業
TPP	Trans-Pacific Partnership	環太平洋パートナーシップ協定
TPRB	Trade Policy Review Body	貿易政策検討機関
TRIPS	Agreement on Trade-Related Aspects of Intellectual Property Rights	知的財産権の貿易関連の側面に関する協定
UFC	The Uniting for Consensus Group	コンセンサス・グループ
UN	United Nations	国際連合
UNAMSIL	United Nations Mission in Sierra Leone	国連シエラレオネ・ミッション
UNCTC	United Nations Centre on Transnational Corporations	国連多国籍企業センター
UNDP	United Nations Development Programme	国連開発計画
UNECE	United Nations Economic Commission for Europe	国連欧州経済委員会

UNEP	United Nations Environmental Programme	国連環境計画
UNESCO	United Nations Educational, Scientific and Cultural Organization	国連教育科学文化機関（ユネスコ）
UNHCHR	United Nations High Commissioner for Human Rights	国連人権高等弁務官
UNHCR	United Nations High Commissioner for Refugees	国連難民高等弁務官
UNICEF	United Nations Children's Fund	国連児童基金（ユニセフ）
UNODC	United Nations Office on Drugs and Crime	国連薬物犯罪事務所
UNOG	United Nations Office at Geneva	国連ジュネーブ事務局
UNSDG	United Nations Sustainable Development Group	国連持続可能な開発グループ
UPR	Universal Periodic Review	普遍的定期審査制度
USTR	United States Trade Representative	アメリカ通商代表部
WB	World Bank	世界銀行
WBCSD	World Bussiness Council for Sustainable Development	持続可能な開発のための経済人会議
WCED	World Commission on Environment and Development	環境と開発に関する世界委員会
WEPs	Women's Empowerment Principles	女性のエンパワーメント原則
WFP	United Nations World Food Programme	世界食糧計画
WHO	World Health Organization	世界保健機関
WMO	World Meteorological Organization	世界気象機関
WSF	World Social Forum	世界社会フォーラム
WTO	World Trade Organization	世界貿易機関

（作成：玉井雅隆）

あ と が き

　『新グローバル公共政策』初版を上梓してはや9年半が経った。この間，ア
ラブの春の余波による中東の混乱と難民に世界が震撼し，ロシアによるクリミ
ア占領によりG8の枠組みに変容を迫った。中国主導のAIIBの設立はこれま
での世界に挑戦を迫るものと受け止められた。アメリカはトランプ政権をはさ
んで再び民主党政権に，日本では再び自公政権に回帰した。コロナ禍が世界を
覆い，WHOをめぐる議論がまきおこった。

　こうした国際・国内環境の変化をふまえ，前版に引き続き，国際機構，国家，
NGOなどが共同して問題解決にとりくむ様相を，グローバル公共政策の観点
からアクターの協力方法，その際の政策過程，課題ごとの問題領域の固有の特
性等に注意を払いつつ多角的にとらえてきた。

　初版以来，国際公共政策やグローバル公共政策をめぐっていくつかの書籍が
新たに刊行されている。新たな理論枠組み，政策決定過程の固有性，そして具
体的な問題領域の実践の模様を，新たな執筆者の陣容で問い直そうと試みたの
が改訂第2版である。

　編集作業が編者の責任により時間を要してしまったにもかかわらず，執筆者
の方々が最後まで協力を惜しまなかったことに感謝したい。また前版に引き続
いて山本武彦先生（早稲田大学名誉教授）より巻頭の辞を賜ったことも，我々に大
きな自信と勇気を与えるものになった。最後に，原稿の集約が遅延したにもか
かわらず，本書刊行を暖かく見守ってくださった晃洋書房編集部の西村喜夫氏，
山中飛鳥氏に，記してお礼申し上げる。

　　2021年3月3日

　　　　　　　　　　　　　　　　　　　　　　　　　編　　　　者

《執筆者紹介》(50 音順, ＊印は編者)

大平　剛（オオ ヒラ ツヨシ）　北九州市立大学外国語学部教授　　**第 17 章**

軽部恵子（カル ベ ケイ コ）　桃山学院大学法学部教授　　**第 14 章**

九島伸一（ク シマ シン イチ）　情報技術コンサルタント 思水舎代表　　**第 19 章**

佐渡紀子（サ ド ノリ コ）　広島修道大学国際コミュニティ学部教授　　**第 11 章**

＊庄司真理子（ショウジ マリ コ）　敬愛大学国際学部教授, 早稲田大学大学院アジア太平洋研究科講師　　**第 1, 3, 10 章**

菅原絵美（スガ ワラ エ ミ）　大阪経済法科大学国際学部教授　　**第 9 章**

＊玉井雅隆（タマ イ マサ タカ）　東北公益文科大学公益学部准教授　　**第 13 章**

玉井良尚（タマ イ ヨシ ナオ）　岡山理科大学・京都先端科学大学講師, 立命館大学授業担当講師　　**第 16 章**

福田八寿絵（フク ダ ヤス エ）　鈴鹿医療科大学薬学部教授　　**第 5 章**

増永真（マス ナガ シン）　千葉大学・秀明大学・桜美林大学・文京学院大学・東京家政学院大学講師　　**第 7 章**

松村博行（マツ ムラ ヒロ ユキ）　岡山理科大学経営学部准教授　　**第 4 章**

宮坂直史（ミヤ サカ ナオ フミ）　防衛大学校総合安全保障研究科教授　　**第 12 章**

＊宮脇昇（ミヤ ワキ ノボル）　立命館大学政策科学部教授　　**第 2, 6 章**

横田匡紀（ヨコ タ マサ トシ）　東京理科大学教養教育研究院教授, 駒澤大学講師　　**第 8, 15, 18 章**

改訂第2版

新グローバル公共政策

2011年10月30日　初版第1刷発行	＊定価はカバーに
2014年10月5日　初版第2刷発行	表示してあります
2016年4月30日　改訂第1版第1刷発行	
2020年9月25日　改訂第1版第3刷発行	
2021年4月20日　改訂第2版第1刷発行	

	庄 司 真 理 子
編著者	宮 脇　　昇 ©
	玉 井 雅 隆
発行者	萩 原 淳 平
印刷者	田 中 雅 博

発行所　株式会社　晃 洋 書 房

〒615-0026　京都市右京区西院北矢掛町7番地
電　話　075(312)0788番(代)
振 替 口 座　01040-6-32280

ISBN978-4-7710-3464-8　印刷・製本　創栄図書印刷(株)